江户
花落

德川家康和
他所创立的江户幕府

JIANGHUHUALUO

An Extensive Read on
the History of Japan IV

赵恺 赤军 著

纵览日本史
书系 ④

团结出版社
UNITY PRESS

图书在版编目（ＣＩＰ）数据

江户花落：德川家康和他所创立的江户幕府 / 赵恺，
赤军著. -- 北京：团结出版社，2021.3
　（纵览日本史书系；4）
　ISBN 978-7-5126-8475-1

　Ⅰ．①江… Ⅱ．①赵… ②赤… Ⅲ．①日本－中世纪
史－江户时代 Ⅳ．①K313.36

中国版本图书馆CIP数据核字(2020)第229416号

出　版：团结出版社
　　　　（北京市东城区东皇城根南街84号　邮编：100006）
电　话：（010）65228880　65244790　（出版社）
　　　　（010）65238766　85113874　65133603（发行部）
　　　　（010）65133603（邮购）
网　址：http://www.tjpress.com
E-mail：zb65244790@vip.163.com
　　　　fx65133603@163.com（发行部邮购）
经　销：全国新华书店
印　装：三河市东方印刷有限公司

开　本：165mm×235mm　　16开
印　张：25.75
字　数：292千字
版　次：2021年3月　第1版
印　次：2021年3月　第1次印刷

书　号：978-7-5126-8475-1
定　价：78.00元

目录

contents

楔子　隐忍与狂飙　01

德川家康的"天下人"之路

第一卷　从关原到大阪

德川家族对日本列岛的武力统一

一、大老共治　38

丰臣秀吉生前设计的政治格局及其死后的崩溃

二、东西对决　47

德川家康与石田三成对立背后的日本政治风云

三、一战功成　61

关原之战的前因后果及其持续影响

四、登峰造极　72

江户幕府的创立及德川家康所设计的政治架构

五、大坂冬夏　84

德川家康对丰臣政权武力绞杀背后的政治博弈

第二卷 御令天下

江户幕府初期的内政外交

六、元和偃武　98

大坂之战后"江户幕府"对日本政治版图的全面梳理

七、锁国之前　109

德川家康生前的日本对外交交往及其成果

八、御家骚动　123

德川家康死后江户幕府内部的政治暗战

九、问鼎宫中　135

德川和子与后水尾天皇的婚姻及幕府"老中"体系的确立

十、兄弟相忌　147

"江户幕府"第三代统治者德川家光的上位之路

第三卷 将军传承

江户幕府的动荡和延续

十一、岛原之乱　158

日本版的"太平天国"运动

十二、大奥之中　166

德川家光的"后宫"风云及继承人之争

十三、老中独裁　175

松平信纲和酒井忠清的执政及德川家纲、纲吉的传承

十四、犬之公方　186

德川纲吉的执政能力及后世非议

十五、倒幕难题　193

德川吉宗的短暂中兴和成功"倒幕"的前提

第四卷 有风西来

西方列强进入东亚后的江户幕府内外危机

十六、北寇八年 204

　　日俄在东北亚的初次交锋

十七、《无二念打拂令》 214

　　在西方滋扰中不胜其烦的日本

十八、大盐不死 222

　　外部压力下的日本民间骚动

十九、山雨欲来 228

　　西方列强对日本列岛的加紧探索和江户幕府的内讧

二十、黑船来袭 236

　　美国逼迫日本开国的幕后故事

第五卷 武家之殇

江户幕府的崩溃和武士时代的终结

二十一、继嗣之争 246

　　江户幕府的内讧和错失的良机

二十二、安政大狱 252

　　幕府独裁统治的高潮和终结

二十三、"公武合体" 263

　　江户幕府最后的政治努力

二十四、西南强藩 272

　　"攘夷"运动的失败和武装倒幕的兴起

二十五、长州征伐 280

　　德川家茂教你如何打烂一手好牌

第六卷　戊辰战争

西南强藩的崛起和德川家族的退场

二十六、龙马飞去　307

　　坂本龙马之死和维新志士的时代

二十七、王政复古　315

　　德川家族被迫交出政权及"和平倒幕"的挫败

二十八、关原再见　325

　　鸟羽、伏见之战及其影响

二十九、无血开城　338

　　德川家族的一败涂地及江户的易手

三十、无力回天　356

　　旧幕府残余势力的顽抗和覆灭

尾声　新时代　381

明治维新的剪影

德川家康和江户幕府　401

年表

楔子　隐忍与狂飙

德川家康的"天下人"之路

作为江户幕府的开创者，德川家康的名号在今天可谓家喻户晓。不仅在日本以其为主人翁的历史评述、文学小说、影视剧乃至动漫不胜枚举，即便是在国内，与之相关的各类著作亦可谓汗牛充栋。但遗憾的是在相当长的一段时间内，在中国官方修史之中，对德川家康及其家族却只字未提。

《明史·日本传》中因记述"万历援朝之役"的需要，对丰臣秀吉的生平略作描述，虽然谬误甚多，但总算可谓于史有载。但对于丰臣秀吉死后的日本政局变迁，却只用了一句"秀吉凡再传而亡"便潦草带过了。《清史稿》虽将日本列为"邦交第六"，但也主要将笔墨集中于明治维新之后的中、日外交摩擦，对江户幕府时代仅作了"日本专主锁港，通华商而禁西洋诸国"的简单处理。

明、清两朝之所以选择对主政日本的江户幕府避而不谈，固然是由于中国断代史的写作惯例，没有给江户幕府留下更多的书写空间。但另一方面却也反映出在整个江户幕府时代中、日官方交流的匮乏。但如果就此得出当时的中国政府对日本国内政治动态缺乏了解的结论，却也未必就是事实。因为在整个江户幕府时代，与日本一衣带水的朝鲜始终与之保持着密切的接触。

公元 1598 年，在明帝国的全力支援之下，中朝联军历时七年最终击败了日本丰臣秀吉政权的入侵。但是这场被朝鲜方面称为"壬辰卫国战争"的军事胜利，既未以双方签署停战协议而告终，也未彻底摧毁日本再度发动战争的能力。因此朝鲜王国不仅将此前仅作为临时机构的"备边司"，升级为负责军国机务的中央文武合议机构，更不断强化对日本的情报收集工作，以免再被对方打个措手不及。而在丰臣秀吉死后，由于日本国内政局动荡，各方大名此前入侵朝鲜期间劫掠回国的大批朝鲜民众之中，不断有人伺机逃回故乡，而其中大儒姜沆更撰文详尽地介绍了丰臣秀吉死后的日本政治格局以及德川家康的崛起。

姜沆于公元 1567 年出生于朝鲜半岛南部全罗道灵光郡的流峰里，其早年经历已不可考。公元 1593 年，二十七岁的他正式通过了朝鲜王国的文科科举，由此步入仕途。但此时的朝鲜王国正遭遇日本丰臣秀吉政权的全面入侵，姜沆顶着刑曹佐郎的虚衔，也无非在家乡为征兵征粮而奔走。

公元 1597 年 3 月，随着和谈破裂，日本再度对朝鲜半岛发动新的攻势。不过此时领教了明军铁骑及大炮威力的丰臣秀吉已经不敢好高骛远地宣称要一举征服朝鲜，甚至将战火烧过鸭绿江。而是集中兵力进攻姜沆的家乡全罗道，以扫荡当地的朝鲜水军基地。

是年 8 月 27 日，朝鲜水军主力于巨济岛跟漆川岛之间的漆川梁，遭遇日军围攻，除了庆尚右水使裴楔所部的十二艘板屋船侥幸突围外，朝鲜水军几乎覆没。10 月 26 日，名将李舜臣于鸣梁海峡指挥残存的朝鲜水军击败来犯的日本舰队，掩护全罗道右水营的朝鲜军民撤离。但混乱之中正在当地主持后勤工作的姜沆及其家人还是被日军藤堂高虎所部俘虏。

在被俘之后，姜沆起初被关押在藤堂高虎的领地伊予大洲城。但在一次失败的越狱之后，这位朝鲜中下层官员却引起了丰臣秀吉的重视，随即于公元 1598 年 8 月，命藤堂高虎将姜沆送往伏见城。而正是在伏见城中，姜沆结识了公卿出身的日本儒学泰斗藤原惺窝，在两人广泛地交流有关中国朱子理学的心得体会的同时，自然也会谈及日本的历史和现状。通过藤原惺窝之口，姜沆初步了解了丰臣政权的基本结构和日本政坛的风云人物，并在被释放回国之后，写成了《看羊录》一书。

姜沆起初的关押地——伊予大洲城的复原建筑

　　《看羊录》这个名字，倒不是姜沆揶揄日本举国上下皆为犬羊，而是为了表示自己一如中国汉代牧羊北海的苏武一般"留胡而节不辱"。姜沆虽然身为楚囚，不得自由，但藤原惺窝位列公卿，对于各方豪强的情况了如指掌。因此《看羊录》一书对丰臣政府内部各方势力的情况，表述相当清楚。但也正是因为藤原惺窝天性八卦，《看羊录》中又不可避免地混入了不少令人真伪莫辨的"私货"，其中最为著名的莫过于丰臣秀赖并非丰臣秀吉的亲生骨肉，和丰臣秀吉秉承"决不让寡妇再守活寡"的精神，遗言要德川家康迎娶自己的遗孀——浅井茶茶：

　　及至壬辰年冬，秀吉之嬖妾生男子秀赖。或云大野修理大夫者（指大野治长）得宠於秀吉，常出入卧内，潜通秀吉之嬖妾所生也……家康又以秀吉之遗命，欲室秀赖之母。秀赖之母，方与大野修理等通，有身。故辞不从。家康益怒，执修理窜于关东。

　　姜沆以亲历者的身分记述这些宫闱秘史，自然令其颇具可信性。后世许多日本学者据《看羊录》的相关记载，结合江户中期的逸话见闻集《明良洪范》中摘录的《内藤隆春书状》、日本奈良兴福寺多闻院历代院主所著之《多闻院日记》中的相关记载，认定浅井茶茶与大野治长私通以及其在丰臣秀吉死后一度将嫁与德川家康均确有其事。

　　当然《看羊录》真正的价值，并不在于记录了这些道听途说的绯闻轶事，更多的时候姜沆是站在一个相对中立的角度，描绘了丰臣秀吉病故前后日本列岛的政治生态，而在其中收录的《倭之大名》里，姜沆首先提到的人，便是当时权倾朝野的德川家康。

　　对于德川家康的身分，姜沆给出了"关东大帅，今称内

颇为八卦的公卿藤原惺窝，这幅画像也带有浓郁的拷贝孔子的气息

府^①"的定位，可谓非常准确。但是对其身世却似乎不甚了了。更不知道从哪里听来了德川家康是"藤原源义定十一世孙"这个说法。日本史学家阿部吉雄认为这个不存在的"源义定"或许是新田义贞之讹。因为长期以来德川家都以"清和源氏"的支系新田氏后裔自居。而从年代来看德川家康自称新田义贞^②第十一世孙似乎也合情合理。

　　从姜沆的描述不难看出，在丰臣秀吉统治时期德川家康乃是根红苗正的"武家始祖"——源氏后裔的观念已然深入人心。但事实上出生于日本三河国^③小豪族松平氏的德川家康，为了攀龙

---

① 内府：为日本律令制官职内大臣的简称。
② 新田义贞：日本镰仓幕府统治末期至南北朝时代的名将。
③ 三河国：日本古代令制国，位于今天日本爱知县东部。

附凤，可谓挖空心思，个中的艰辛苦楚更不足以向外人道。

有关松平氏的源流和早期的历史，今天早已众说纷纭、真伪难辨。唯一可以确定的是，在室町幕府统治中期，依附于"政所执事"伊势贞亲的松平氏第三代当主——松平信光，利用"应仁之乱"前三河地区的政治动荡，凭借着武力和联姻，逐渐以安祥城（今日本爱知县安城市附近）为中心，建立起了属于自己的势力范围。

经过松平亲忠、松平长亲、松平信忠三代当主的不懈努力，至大永三年（1523）年仅十三岁的松平清康继承家督时，多次击败东部强邻——骏河守护今川氏，已然基本完成了对三河西部地区的控制。大永六年（1526），松平清康离开祖辈经营多年的安祥城，于菅生川与矢作川交汇的龙头山上修筑起了一座名为冈崎的新城。

德川家康的祖父松平清康的画像

　　站在后世的角度来看，松平清康移居冈崎城的决策可谓其家族发展的一道分水岭。一方面，这座地处平原中央的山城，成为松平清康向东扩张，一统三河的核心基地。另一方面，也正是在冈崎城，松平家建立起了家老、代官、小代官的三级管理体系，逐步形成了自己以松平氏旁支酒井氏及所谓"冈崎五人众"的核心家臣团。

　　经过三年的准备，享禄二年（1529）松平清康大举东征，至当年的 11 月 24 日攻占地处三河国最东端的宇利城，松平氏正式完成了对三河国全境的控制。随即松平清康又调转马头，于享禄三年（1530），夺取了西邻织田氏所控制的尾张国岩崎城、品野城两地。

　　接连不断的胜利，令年轻的松平清康多少有些忘乎所以。天文四年（1535），以鲸吞尾张全境为目标的松平清康亲率万余兵马，深入了织田氏的腹地，大举围攻织田信秀居城清州城的外围据点守山城。12 月 29 日，就在松平清康忙于大举攻城的准备之际，突遭家臣阿部正丰的背后袭击，当场遇刺身亡。

　　由于是德川家康的祖父，因此日本史学家向来对松平清康不乏褒美之词，甚至有人曾断言："他（松平清康）如果能活到三十岁，必能夺取天下！"平心而论，松平清康在祖辈的积累之上，能够顺利地通过武力征服完成松平氏由豪族向一国大名的转化，确有几分将才，但其个性之中也难免有刚愎自用、不近人情的短板。而松平氏快速扩张的背后亦是暗流涌动。松平清康的遇刺及随后爆发的松平家内讧，都可谓这一系列问题的集中爆发。

　　松平清康死时，其嫡子松平广忠年仅九岁，自然无力领导家族对抗织田氏的大举反攻。因此，不待松平广忠正式继承家督之位，其叔祖父松平信定便趁势夺占了冈崎城，迫使松平广忠逃往与三河隔海相望的伊势国暂避。讽刺的是，在逃亡的道路之上，始终忠心耿耿地保护着松平广忠的竟是其杀父仇人阿部正丰的爸爸——阿部定吉。正是源于这份患难之情，阿部氏在日后不仅没有因弑君的罪名而万劫不复，相反还以谱代重臣的身分在江户幕府中享有高官厚禄。

在与自己家族有着姻亲关系，且同样仇视尾张织田氏的伊势国当地贵族吉良持广的庇护之下，松平广忠暂时没有性命之虞，但要想夺回家业，单纯依靠吉良持广显然是无法办到的。为此松平广忠不得不主动向昔日的强敌今川氏寻求帮助，此时刚刚在"花仓之乱"中夺得家督之位的今川义元，正急需功绩来回应对自己执政合法性的质疑，因此不仅亲至远江迎接来投的松平广忠，还积极为其联络三河国中旧部。

天文六年（1537），在今川氏的全力支持下，松平广忠凭借以大久保忠俊为首的谱代家臣及叔叔松平信孝、松平康孝的支持，最终从叔祖父松平信定的手中夺回了冈崎城。但是经历了这场内耗，松平氏在三河的统治基础不可避免地遭遇重创。在叔叔松平信孝倒戈投靠织田氏的情况下，天文九年（1540），松平氏的龙兴之地——安祥城被织田信秀所夺。

为了缓解家族内部的分崩离析，天文十年（1541）新春，松平广忠迎娶了刘谷城主水野忠政的女儿于大之方。尽管这对新人从家庭伦理上来说是异父异母的兄妹 ①，但基于政治需要，两人在婚后一度似乎还颇为甜蜜，次年农历十二月二十六日（1543 年 1 月 31 日），他们的第一个孩子便呱呱坠地。可惜此刻看着这个沿用了松平家嫡长子"竹千代"乳名的男孩，初为人父的松平广忠却无论如何也高兴不起来。

---

① 于大之方的母亲于富之方本是水野忠政的妻子，生下于大之方后改嫁松平广忠的父亲松平清康。因此其与松平广忠可以说是异父异母的兄妹。

　　因为就在不久之前，松平广忠与今川义元一同纠集了号称四万的大军，攻入织田氏控制的三河国西部，试图一举夺回安祥城，却不料在冈崎城东南的额田郡小豆坂遭遇了一支织田氏四千余人的军队截击。由于事发突然，松平——今川联军的兵力优势来不及展开，便被战后织田家号称"小豆坂七本枪"的精锐武士所击溃。经此大败之后，松平广忠不仅无望在短时间内收复失地，甚至连手中现有的地盘亦是岌岌可危。

　　天文十二年（1543），随着松平广忠的岳父水野忠政因病去世，其继承刘谷城的小舅子水野信元也随即倒向了织田氏。恼羞成怒的松平广忠随即于次年宣布与发妻于大之方离婚。至于前妻留下的孩子"竹千代"，松平广忠也出于眼不见为净的心理，于天文十六年（1547）决定将其作为人质送往今川义元所居住的骏府城。

　　此时年仅六岁的"竹千代"无力反抗自己的父亲，只能孤苦无依地踏上东去之路，却没想到刚走到半路，织田氏的人马便再度出现，将其掠往尾张。后世一般认为，织田氏之所以能够准确获知"竹千代"离开冈崎城的时间及行进路线，是由于负责护送的松平氏家臣户田康光的出卖。由于此时户田康光的女儿已经成了松平广忠的继室，因此这位"竹千代"的继外公视其为眼中钉。但也有史料宣称，松平广忠此刻为了保住冈崎城，而与织田氏展开秘密外交，本就决定将名义上送给今川氏为人质的"竹千代"送往尾张。

　　无论真相究竟如何，在此后的两年时间里"竹千代"长期滞留在了尾张国织田氏家臣加藤顺盛的家中。在此期间他是否与织田氏的嫡长子——幼名"吉法师"的织田信长建立友谊，后世众说纷纭。但可以肯定的是，对于孩提时代的"竹千代"而言，在尾张的生活虽然寄人篱下，却未必比得不到父母关爱的冈崎城中更糟，何况他本来就是人质，只是被送到另一个地方而已。

天文十七年（1548）三月，在实现了与宿敌美浓国主斋藤道三的联姻之后，织田氏再度向冈崎城发动了进攻。得到了今川氏上万精兵支援的松平广忠于小豆坂设下伏兵，一举击溃了织田氏的前锋部队，松平—今川联军趁势反卷，以本多忠高等三河武士的性命为代价，终于一举收复了安祥城，并俘虏了织田信秀的庶长子织田信广。

夺回安祥城之后的松平广忠随即信心满满地向三河国西部推进，但就在他自以为将重振家族之际，公元1549年4月3日，这位二十四岁的松平氏少主突然撒手人寰。比较常见的说法，是其死于名叫岩松八弥的近臣行刺。更有传说称刺杀松平清康、松平广忠父子的凶手所使用的都是伊势桑名出产的"村正"刀，因此在日后由德川家康所建立的江户幕府统治时期，有关"村正"乃妖刀邪剑的传说不胫而走。但事实上真正巧合的是传说松平清康、松平广忠父子遇刺之后，均是一位名叫植村氏明的武士当场砍杀了凶手。

当然也有史料记载松平广忠实为病逝。但无论如何，随着他的离世，作为其嫡子"竹千代"再度成了各方争夺的焦点。经过一番折冲樽俎，今川氏最终与织田氏达成了以被俘的织田信广交换"竹千代"的政治协议。此时织田氏尽管在三河国西部的势力范围已全面退潮，但今川氏麾下的重臣们却纷纷鸠占鹊巢地进驻松平氏治下安祥、冈崎诸城，其中控制安祥城的是远江豪族井伊直盛，而以"城代"身分入主冈崎的则为今川义元的心腹山田景隆。在这样的情况下，年幼的"竹千代"虽然名义上肩负起了领导松平氏的重任，但仍不得不前往骏府城，继续自己的人质生活。甚至在路过冈崎城时也无缘入住象征城主身分的"本丸"，只能在客人和家臣居住的"二之丸"过夜。

　　天文二十四年（1555）三月，十二岁的“竹千代”终于在骏府城迎来了自己的成人礼——元服，并迎娶了今川义元的侄女“筑山殿”。“竹千代”以今川义元所赐之“元”字与自己祖父松平清康的“康”字，为自己取名为松平元康。三年之后的永禄元年（1558），松平元康首次从征，跟随今川氏的大军成功攻取了尾张国境内的与织田氏暗通款曲的寺部城，今川义元对这位年轻武士颇为欣赏，亲自赠其腰刀。并视之为即将发动的“上洛之役”的先锋人选。

　　永禄三年（1560），苦心经营多年的今川义元率部浩浩荡荡地打着“上洛”的旗号向尾张进击。此时织田信秀已于九年前中风而死。继承了其家督之位的长子织田信长首先要面对的是自己家族的内讧。在直面今川氏的大军之前，织田信长虽然夷平了尾张国内部的反对势力，但可以动员的兵力也不足五千人，面对以松平元康所指挥的三河武士为前锋的今川氏大军，织田家的外围据点不断被攻占。而织田信长却始终按兵不动，也没有做出任何的迎战部署。一时间织田家上下无不弥漫着末日般的绝望。

　　认定织田信长无力翻盘的今川义元率领着五千余人的本阵于5月19日正午抵达了东海道与大高道交会处的丘陵地带。由于前线捷报频传，今川义元的心情大好，随即选择了距离前沿约三公里的桶狭间山就地休整。显然今川义元并不知道就在这一天的黎明时分，织田信长以一段名为《敦盛》的“能剧”表达了必死的信念，动员全部的机动兵力也正在向桶狭间奇袭而来。

　　织田信长的举动并非无谋的逐突，事实上，自今川氏大军压境以来，他便通过各种情报渠道寻找着今川义元本阵的位置，而秉承着“要欺骗敌方，首先要欺骗友方”的宗旨，织田信长始终未将自己的计划向家臣透露，甚至在突击之初也仅有织田信长自己麾下的二百零六人的亲卫队知晓作战计划，其余人马都是在得知家督出阵之后才匆忙赶来会合的。因此抵达桶狭间之时，织田家也仅有二千多人可以投入战斗。但在织田信长的鼓舞之下，人人奋勇争先。而今川义元的部下却大多在午餐中喝得酩酊大醉，借着一场突如其来的大雨，织田军迅速突破了对手的前锋。惊慌失措的今川义元在不足三百人的亲信保护下向东逃去。但在大雨中泥泞的道路上本就足短身长不善骑术的今川义元此时酒意未退，最终倒在织田家武士的刀下。

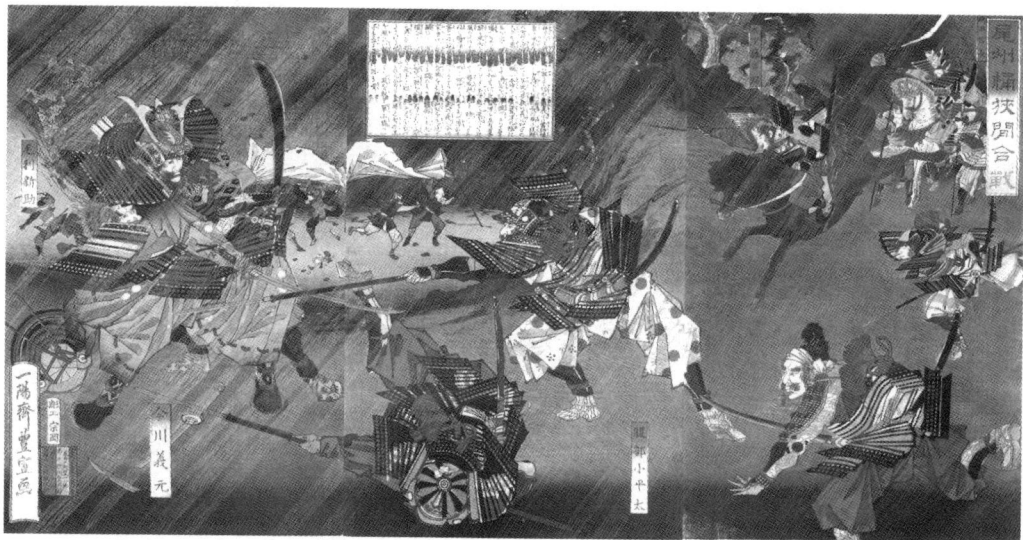

桶狭间之战

今川义元战死之后，仍具有兵力优势的今川氏大军随即陷入崩溃。这场史称"桶狭间之战"的奇袭不仅挽救了濒临灭亡的织田氏，更令长期沦为附庸的松平氏一举获得了独立的契机。在跟随今川氏败军撤回骏府的途中，松平元康以防备织田氏的反攻为名，入主了冈崎城。经过一段时间的酝酿和谋划之后，永禄五年（1562），松平元康以自己的舅舅水野信元为中间人，正式与织田信长订立盟约。并于次年以向武家领袖源义家致敬的名义，抛弃了今川义元所赐的"元"字，而改名为松平家康。

此后的几年里，利用今川氏一蹶不振、织田信长忙于向近畿发展的有利时机，松平家康逐步完成了对三河国的再度统一，并形成了以谱代重臣石川家成、酒井忠次分别领导三河西部、东部国人众，自己亲率以冈崎城为据点的常备军"旗本"的所谓"三备"军制。

松平家康除了在制度建设方面高瞻远瞩之外，在自己的家族出身问题上，这位年轻的三河领主也可谓别具慧根。永禄九年（1566）在向朝廷请求"从五位下三河守"之时，面对公卿阶层以正亲町天皇名义发出的"松平氏始祖从未出任三河守"的托词，松平家康随即听从时任关白的近卫前久的建议，自称藤原氏后裔"得川"的子孙。正式改名为德川家康。此举当时看来似乎并没有太大的意义，却在一定程度上为其日后的发展埋下了伏笔。

在效仿中国的唐帝国展开律令制改革以来，日本国内便形成一整套复杂的权力世袭制度，在此后逐步演化中，又形成以藤原氏为首的公卿阶层及平、源两氏武士集团分庭抗礼的局面。而如何从公卿手中夺取政权，平氏和源氏各自给出了自己的答案。

平氏武士集团的首脑平清盛依靠武力，通过出任日本律令制度下的最高官位——太政大臣，从而左右政局，堪称后世"公（卿）武（士）合体"的滥觞。源氏领袖源赖朝则在颠覆平氏政权之后，受封为"征夷大将军"，通过私人幕僚机构幕府，掌管天下武士，进而架空公卿阶层和天皇，以达到大权独揽的目的。

日本武家政治的始祖源赖朝

　　自源赖朝建立镰仓幕府以来，无数自诩为"武家人"的日本各地豪强家族沿着其所开辟的康庄大道前仆后继，却往往忽视了其实登顶权力之巅，从来不止这一条途径。永禄十一年（1568），领有尾张、美浓两国一百一十万石的织田信长，以拥立幕府将军足利义昭的名义出兵近畿。此时昔日执掌日本的室町幕府早已在各派势力的疯狂互殴之中名存实亡。而成功控制京都之后，对于足利义昭继承昔日幕府管领斯波家或出任副将军的提议，信长也一笑置之。而正当天下均以为织田氏大公无私之际，信长却最终露出了獠牙，他所追求的并非控制室町幕府，而是要另起炉灶，取而代之。

　　永禄十一年（1568）十月二十八日，织田信长受朝廷所授之弹正少忠一职。尽管这一职务在当时毫无实际意义，官阶也仅为从五位下。但是仔细分析，却不难看出织田信长从这个职务切入背后的勃勃野心：

　　首先自日本实行律令改革以来，弹正台就是一个非常特殊的机构：一方面其职能上类似于中国的御史大夫，掌握着监督左大臣以下所有朝廷官员言行的弹劾权；另一方面还掌握维持京都乃至近畿地区社会风纪和治安的职权。尽管日本列岛连番的政治动荡乃至内战，早已令弹正台名存实亡，但从法理上来讲，其作用从未废止过。织田信长出任这一职务，对内可以左右朝纲，对外则可以弹劾不法、维护秩序之名，行征讨之事，可谓切中要害。

其次织田信长的出身在当时来看颇为尴尬，织田氏本出自以神官为主业的忌部氏。在公卿招摇过市、武家群雄并起的战国时代显得格外另类，信长虽然下了一番功夫，伪造谱系向藤原氏或平氏靠拢，但缺乏从政传统却无疑是一个硬伤。于是织田信长便干脆宣称织田氏世代自称"弹正忠"，摆出一副"我即弹正台"的架势。

次年日本改元元龟，织田信长也趁势进位为正四位下的弹正大弼。元龟四年（1573），织田信长在流放足利义昭之后，又加官为从三品的参议。此举不仅标志着织田信长正式跻身公卿的行列，更使其可以名正言顺地上奏天皇、获取敕令。也许是为了检验这一功能是否有效，织田信长在升任参议后的第十天，便以正亲町天皇方仁的名义，要求东大寺中保管什器宝物的正仓院，交出国宝级文物兰麝待（一作：兰奢待）。兰麝待本身只是一块树脂化了的沉香原木，文物价值远高于其经济价值。但织田信长此举与所有政治人物的旁敲侧击、悄然试水一样，布局深远、意义非凡。

通过索取兰麝待，成功试水"挟天皇以令天下"之后，织田信长可谓食髓知味，此后频繁通过"敕令"为自己张目。天正三年（1575），织田信长在就任地位仅次于三公（太政大臣、左大臣、右大臣）的大纳言的同时，又兼任了右近卫府大将。至此织田信长不仅在官阶上力压仅为近卫中将的幕府将军足利义昭一头，同时也向世人宣告了织田信长所谋并非延续源赖朝所开创的"幕府—武家"统治，而是效法平清盛，倡导"公武合一"。

公卿化的织田信长

　　信长基于怎样的考虑才做出这样的抉择，后世学者有着各种不同的分析和推测。但总体来看，随着室町幕府在其统治后期逐渐衰弱并最终"僵尸化"，各地割据一方的武士集团均在谋求与公卿阶层靠拢，信长只是凭借其成功"上洛"而比他人更进一步而已。而足利义昭这个"贫乏公方"与室町幕府这个"政治僵尸"的长期存在，并不断组织各地豪强形成"信长包围网"，也迫使织田氏不得不另辟蹊径。当然更为重要的内部因素还在于：织田氏本身没有源氏、足利氏那般强大的武家号召力和世代效忠的庞大家臣团，转而选择介入并控制朝廷体系也是迅速确立自身权威的不二法门。

　　在盟友信长不断做大的同时，德川家康的日子却不好过。虽然从永禄十一年（1568）开始，家康便趁着武田信玄出兵骏河之机，趁势将三河以西的远江国收入了囊中，并以当地的曳马城为基础，修筑了名为滨松城的前进据点，收容了今川义元之子今川氏真，准备进一步向骏河国发展。但此时织田信长因与室町幕府的关系恶化，陷入与近畿豪强朝仓氏、浅井氏的纷争，德川家康不得不暂停西进，出兵支援织田信长。

　　待信长重新在京都站稳了脚跟，武田信玄也完成了对骏河国的消化，开始大举入侵德川家康所控制的远江、三河地区。虽然织田信长投桃报李地派来了佐久间信盛、平手汎秀支援家康，元龟三年十二月二十二日（1573年1月25日），德川—织田联军于滨松城外的三方原与号称无敌的武田军团正面交锋，最终却一败涂地。在一干家臣的护卫之下，德川家康侥幸逃出生天。

　　尽管在回到滨松城后，德川家康连忙命人找来画师，记录下自己狼狈不堪的模样，以铭记三方原之战的耻辱。但事实上三方原之战对德川家康的打击并不如想象中那般巨大，一方面从伤

三方原会战失利后的德川家康

亡数字来看，即便是最夸张的说法也不过认定拥有二万大军的德川—织田联军损失了二千余人。而另一方面，武田军团虽然在野战中大获全胜，但接下来面对德川家康以滨松、冈崎、安祥等核心要塞所构筑的堡垒群，武田军团仍须逐一拔除。

元龟四年（1573）二月，武田信玄在攻克德川氏所控制的野田城的过程中健康状况恶化，被迫选择了退兵，并最终病故于途中。德川家康由此渡过了人生最大的危机。随后从近畿腾出手来的织田信长大举增援德川家康，两家联手于天正三年（1575）在长篠之战中大败武田信玄之子武田胜赖。

长篠之战对于织田信长而言，可谓其个人军事生涯的巅峰。但在参与此战的德川家康看来，却无形中日益拉开了两人之间的巨大差距。毕竟在投入战场的兵力上，长途跋涉而来的织田氏出动超过三万大军，而本土作战的德川氏仅有八千余众。而在这样强弱悬殊的背景之下，天正七年（1579）德川家康的长子松平信康被迫自杀，才被后人认定为迫于织田信长的淫威。

松平信康之死较为常见的说法，是因为松平信康的母亲筑前殿与其妻子德姬婆媳关系恶劣，进而夫妻关系不睦。德姬向自己的父亲织田信长告发松平信康母子与武田胜赖勾结、意图不轨。信长随即命家康将松平信康赐死，德川氏上下虽群情汹涌，意与织田氏断交，以保全少主。但最终家康还是从大局出发，选择了隐忍，密令心腹处决了筑前殿，并令松平信康切腹自尽。

尽管这一所谓"德姬诬告说"在江户幕府统治时期流传甚广，更被视为是家康早年忍辱负重的重要表现，但个中却是疑点重重。因此近代不断有学者从父子关系、德川氏内部三河派与远江派的斗争等方面出发，竭力证明松平信康之死，完全是德川家康的自主选择，与织田信长无关。但有一个有趣的细节，却似乎为大众所漠视了：在松平信康死后，德姬也被送回了织田家。

　　至此，维持德川与织田同盟的联姻关系被解除，此后德川家康再也没有与织田信长平起平坐的理由，只能以近乎家臣的身分俯首帖耳。

　　借助天皇的无上权威和近畿富庶之地的经济优势，织田信长的权势在天正十年（1582）达到了巅峰，这一年，织田信长以正亲町天皇方仁的名义，宣布雄踞琵琶湖东岸美浓、远江、骏河、甲斐、信浓、上野诸国的武家豪门——武田氏为"朝敌"，随即联手德川、北条等盟友，出动十万人以上的庞大军势，一举将号称"东海道一弓取"的武田胜赖逼得无路可走，只能自刃身亡。

在织田信长压倒性的优势面前，看似强大的武田氏顷刻土崩瓦解

　　武田氏的灭亡与武田信玄、武田胜赖两代家主一系列错误决策，家臣团离心离德，领地经济机构不合理等因素有关，但织田

　　信长主导的这场声势浩大的"甲州征伐"也展现了一种全新的战争模式，即在政治上指认对手为天皇的敌人，经济上最大限度集结战备物资以形成压倒性的优势，最终在泰山压顶般的强弱对比之下，迫使对手内部崩溃。面对掌握着政治、经济上的绝对优势的织田信长，一时间日本列岛之上的各路豪强，无不为之股慄。望风而降者有之，抱残守缺者有之。只有少数不知死活者还敢叫嚣"信长孰与我大乎？"

　　自诩天下无人能敌的织田信长在下达扑杀武田遗臣的"狩猎武田令"后，便转头命令各路人马向京都集结，打算以同样的雷霆万钧之势支援正在本州岛西部与毛利氏交锋的丰臣秀吉。掌握日本列岛大半富庶之地的织田信长一路从甲斐回归安土城，并于六月一日夜下榻京都本能寺，长期被织田信长委以重任的家臣明智光秀突然举起了叛旗。身边仅有百余亲信的织田信长虽然亲自上阵，最终寡不敌众，被迫切腹自焚。史称本能寺之变。

面对明智光秀的大军，仅有少量亲信随从的织田信长最终丧生火海

　　关于本能寺之变，日本学者以各种笔记为出发点，拼凑出了一幅织田信长与明智光秀逐步结怨的长卷。但事实上明智光秀不仅与信长的正室斋藤归蝶是表兄妹，更长期为织田氏东征西讨，发动本能寺之变时，明智氏已然从昔日的美浓土豪跃升为丹波一国的守护。应该说诸多所谓织田信长当众羞辱明智光秀的记载无非信长的性格使然，也是两人关系不凡的另类证明。真正促使明智光秀铤而走险的并非意气之争，而是赤裸裸的利益矛盾。

　　自织田信长控制京都并修筑安土城以来，一个有实无名的安土幕府便已然成型。而昔日的织田氏家臣亦不无坐领一国甚至多国之地，拥有不输于战国大名的实力。但是在织田信长所追求的"公武合一"的政治体系之中，却无法给予这些"从龙之众"合法化的政治地位，毕竟公卿政治的基础是出身和血统，而武家政治则依赖于根植于土地的封建从属关系。这两者对于跟随着信长从尾张、美浓等地一路杀入近畿乃至日本列岛的那些织田家武士均不具备。一旦天下平定，他们自然难逃兔死狗烹的命运。

　　天正八年（1580），统一指挥织田氏所属尾张、三河、大和、河内、和泉、纪伊六国之兵的佐久间信盛，因为长期围攻石山本愿寺无果，而被织田信长一撸到底。佐久间信盛自幼便跟随信长之父织田信秀转战沙场，跟随信长之后更每每在战场之上舍死断后，被称为"撤退佐久间"。这样的两代老臣都被弃如敝履，其他织田氏武将自然人人自危。

　　织田信长本人也留意到了这些躁动的情绪，开始多次以各种方式敲打和试探其忠诚。对于明智光秀，织田信长虽然曾有过一些过激的言行，但总体上还是信任的。因此在支援羽柴秀吉的军事行动中，以明智光秀所部为前锋，为了激励其斗志，还特意许下了出云、石见二国的封赏，不过作为交换，明智氏必须先吐出已经入账的丹波国。此举在信长看来是要明智光秀"置之死地而后生"，但明智氏上下却视为卸磨杀驴，因此光秀一呼"敌在本能寺"，全军上下便不无诛杀信长而后快。

明智光秀袭杀织田信长之后，织田氏的合法继承人织田信忠也在京都附近的二条城遭遇了明智氏大军的包围，自感前途渺茫的信忠最终选择了切腹自杀。在肃清了京都附近的织田氏人马之后，明智光秀以征夷大将军的名义传檄天下，指望一举成为日本列岛的主宰。但他等来的并不是"贺电"，而是从本州岛西部连夜赶回的丰臣秀吉所部的三万大军。史称"中国大回还"。

在决定性的山崎会战中，明智光秀最终兵败被杀。作为一个投衅而起的野心家，明智光秀并未选错时机。纵观当时日本列岛的格局，织田信长所属各兵团均正与当面之敌紧张对峙。所谓的"织田四天王"之中除了丰臣秀吉正在本州岛西部征伐毛利之外，丹羽长秀正在辅佐织田信长的三子信孝准备渡海平定四国，柴田胜家在越后与上杉氏对峙，刚刚完成"武田征伐"任务的泷川一益则要维持信浓、上野等地治安，背后还有北条氏在虎视眈眈。因此从这个角度来看，明智光秀成功在本能寺之变中翦除了信长父子及其亲随之后，的确有很大机会控制近畿地区，随后与各地豪强联手，将织田氏在各方的军团逐一击破。

与明智光秀的战略眼光形成鲜明对比的，是其兵力上的孱弱和战术部署上的一系列昏招。在姻亲细川氏、旧友筒井等多方势力都保持观望的情况下，明智光秀的"三日天下"最终宣告终结。此后在著名的"清州会议"之上，丰臣秀吉抓住了柴田胜家、丹羽长秀等人急于瓜分信长遗产的心理，成功排斥了信长次子信雄、三子信孝的继承权，以年仅两岁的信长嫡孙秀信为傀儡，开始了全面窃取织田氏的历程。

浮世绘：明智光秀的末路

在此后的两年时间里，丰臣秀吉先后击败了织田信孝及其幕后的柴田胜家。但就在丰臣秀吉自以为已将信长全盘纳入囊中之际，长期被视为无能之辈的信长次子织田信雄却在德川家康的支持下，向其发起了挑战。天正十二年（1584）三月，丰臣秀吉与信雄、家康联军于尾张、伊势一线展开对峙，是为小牧·长久手之战。

纵观小牧·长久手之战的交战双方，丰臣秀吉的优势在于兵多将广、财货雄足，但所部夹杂着信长旧臣、近畿豪强等各路人马，在战场之上难免会出现协调不利等情况。而德川家康与织田信雄虽然兵力处于劣势，但占据着小牧山等要冲，加之全军上下同仇

小牧·长久手之战

敌忾，可谓立于不败之地。最终丰臣秀吉方面屡次出击都未能撕破对手的防线，只能与之讲和。

　　小牧·长久手之战虽以德川氏的战术胜利而告终，但从战略上看，德川家康不仅未能阻止织田信长的次子织田信雄向羽柴秀吉屈服，更坐视后方牵制丰臣秀吉的各方势力被各个击破。眼见昔日声势浩大的"秀吉包围网"只剩下自己仍在独自奋战，德川氏上下的惶恐可想而知。而此时德川氏虽然通过配合信长的甲州征伐，并在本能寺之变后的壬午之乱中击败了进入信浓的上杉、北条两家，将势力扩充至三河、远江、骏河、甲斐、信浓五国，领有一百四十万石。但较之号称六百万石的丰臣秀吉仍力有不逮。

好在天正十三年（1585）冬，德川、丰臣方面相继发生的"地震"，令两家的对立情绪逐渐消散。

当年十一月十三日，德川氏重臣冈崎城代石川数正突然投奔丰臣秀吉。石川氏是德川氏的谱代老臣，数正本人更是与家康自幼相识，一起长大。此时突然率家臣、族人出奔，对本就人心不稳的德川氏而言可谓一场政治上的大地震。由于石川数正熟知德川氏的战备情况，因此事情发生后仅两天，德川家康便令驻守信浓的德川氏各部迅速南撤，回防滨松城。同时改筑石川数正曾经管理的冈崎城，命武田氏遗臣提交武田信玄、胜赖时代的军制文书，改三河军制为武田军制。

德川氏的此番军制改革，由于长期以来缺乏具体的史料，因此各方褒贬不一。但战国时期所谓的军制本身就是大同小异。德川家康崛起之前，三河武士虽忠诚骁勇，但实则并无专门的传世兵法。因此德川家康的这一举动与其说是改革，不如说是订立相关的管理。而德川家康如此高调地征集武田氏的相关资料，可能还有另一层深意，便是趁势收拢武田遗臣的人心。毕竟信浓已成必然放弃的态势，如果甲斐地区再出现动荡，那么德川氏将被压缩在三河、远江、骏河的狭长地带，战略态势更为糟糕。

幸运的是，就在织田信雄向德川家康通报羽柴秀吉即将出兵，劝说其归降之际。十一月二十九日，羽柴秀吉治下的日本中部地区发生里氏八级左右的大地震。在这场"天正大地震"的面前，羽柴秀吉不得不暂时停止对外用兵，全力抗震救灾。对德川氏也只能转而采取怀柔的态度。天正十四年（1586），羽柴秀吉先是将自己的妹妹旭姬嫁入德川氏，此后又将自己的母亲大政所也送了过去。最终以极大的诚意将德川家康邀请到京都，完成了两家的和睦。而在德川家康"上洛"之前，上杉景胜也在京都正式宣

大樹連枝鬱天下
九州四海一家春
嘖

蜜往尖笑論甚有
垢無垢燈籠費呋
嘖

創南明禪剎柳髪
花顏傾國親拜西
方美人說甚即心
非心

涅槃城不存惹末
掀翻頓悟海把定
要津碧瓦朱欄照
山大

却馬鎖目前一軸
經佰楊妊太真誦
般若了大事緣因
踢倒

向何處死化蝶不
意夢擐宫徒結姻
生如章提布淨業
脫萬

富士千秋雪不意
夢擐宫徒結姻生
只恨期椿龄飛烏
無跡壽對丸

南坤儀貞洴婦德
溫溥肴遷菜五色
雲只恨期椿空戲
對丸

明光室宗玉大禪
院殿定尼肖像

前南禪照春叟龍喜焚香拜讃

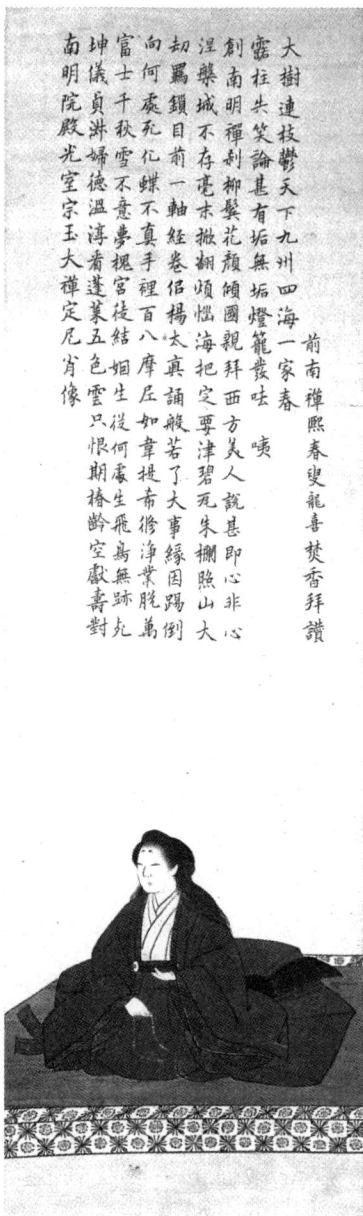

丰臣秀吉的妹妹旭姬

布臣从于丰臣氏。至此丰臣政权开启了鲸吞信长遗产后的第二个高速发展期。

与织田信长崇尚武力征服不同，丰臣秀吉更愿意维持各地豪强原有的领地和统治秩序。丰臣秀吉之所以做出这样的选择，除了其自身的才干和抱负不如信长之外，本能寺之变似乎也向秀吉揭示了信长所追求的"天下布武"不过是一条"扶植新军阀消灭旧军阀"的不归路。与其养肥又一个明智光秀反噬己身，不如多与几个小早川隆景这样的地方实力派结盟。不过小早川隆景这样的"智将"终究是少数。"四国霸主"长宗我部元亲、南九州豪强岛津氏虽然最终都选择了向丰臣秀吉臣服，但终究不过是鉴于丰臣秀吉掌握强大军事优势的无奈之举。而地处关东要冲的北条氏更是明目张胆地与丰臣秀吉相抗衡，最终引来了一场声势浩大的"小田原征讨"。

丰臣秀吉如此大张旗鼓地

对关东用兵，固然有一举铲除异己，统一日本的意味，更不乏削弱德川家康等人，在战争中扶植自己号称"贱之岳七本枪"的核心家臣团及得力干将石田三成的意味。所谓"贱之岳七本枪"指的是丰臣秀吉与柴田胜家决战于贱之岳时表现出色的七名武将，其中以福岛正则与加藤清正两人最为有名，由于与丰臣秀吉沾亲带故而长期被视为丰臣系武将的核心。

面对丰臣秀吉麾下的大军，北条氏放弃了野战龟缩在以小田原为中心的城堡之中。此举不但令丰臣秀吉借机削弱各方大名力量的图谋落了空，更使战争有可能演变为长期对峙的局面。好在此时关东各地以伊达政宗为首的各路豪强审时度势纷纷加入了丰臣秀吉一方，而北条氏内部也在长期围困中分崩离析。

复原的小田原城天守阁。在被丰臣秀吉大军包围之下，北条氏重臣每天均召开军议，却始终没有形成统一的意见，从此之后《小田原会议》便成了日本文化中无聊、无意义会议的代名词

　　北条氏的最终灭亡虽然标志着丰臣秀吉对日本列岛名义上的统一，但是利用此役削弱德川等大名，扶植自己亲信的目的却并未达到。怀着忿忿不平的心理，丰臣秀吉要求德川家康吐出包括世代盘踞的三河国在内的大片领土，代之以昔日北条氏的领地。德川家康虽然心有不甘，却最终选择了忍让。

　　丰臣秀吉将德川家康移封关东，固然是怀着驱虎离山的念头。但是德川氏以三河、远江、骏河、甲斐、信浓五国交换武藏、伊豆、相模、上野、上总、下总、下野、常陆八国，经济实力由一百五十万石陡增为二百五十万石，这笔生意怎么看都是稳赚不赔。而站在丰臣秀吉的立场上来看，德川家康不仅是老相识，更是自己的妹夫，两人之间的关系原非后世所传说的那般不堪。更何况当时云集于丰臣秀吉身边的一干新贵大多为织田信长的部将出身，普遍缺乏可供分治各方的谱代家臣团。

　　如曾被织田信长用为"黑母衣众笔头"（近卫军指挥官）的佐佐成城，在参与丰臣秀吉的九州征伐后，一度受封肥后一国五十四万石的领地，但正是由于没有足够强大的家臣团辅佐，佐佐氏最终为当地"肥后国人一揆"所驱。虽然事后有一些揣测，认为丰臣秀吉是故意将曾与自己为敌的佐佐成城派往豪强林立的肥后，最终导致其兵败之后被迫自刃。但客观地说，以丰臣秀吉当时的权势要处死佐佐成城，可谓易如反掌。而为了替佐佐成城收拾烂摊子，丰臣秀吉也不得不动员九州、四国等地诸多大名参战，不仅劳师糜饷，更可谓颜面扫地。从这个角度来看，丰臣秀吉将关东八国交给德川家康，既是一种考验更是一种信任。而放眼当时日本列岛的各方势力，也唯有德川氏有足够的力量迅速填补北条家灭亡之后在关东所留下的政治真空。

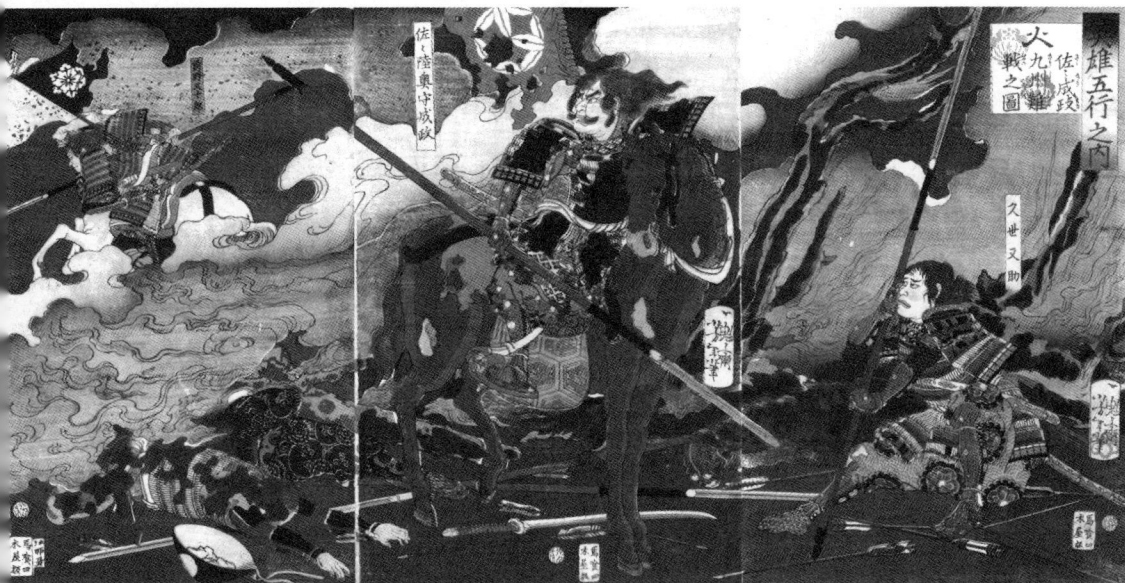

佐佐成城在九州被肥后豪强击败，最终只能切腹谢罪

　　日本地理上的所谓关东和关西的划分，大体以本州岛东西部之间对来往行人进行检查的三处关卡为准。但这一称谓并非亘古相传，其真正盛行始于公元12世纪末期，而在此之前，日本国内通行的叫法，是以平安京周围的关西地区为近畿，而三关之外的关东地区则长期被视为荒蛮之地的关外。而自以源、平二氏为代表的武士阶层的崛起，日本的历史便可以简单地概括为关东对近畿的侵攻。

　　关东地区对今天的日本而言是首都东京的所在地，堪称政治、经济和文化的中心。但是在公元12世纪之前，这里却是刚从虾夷人手中夺来的不毛之地。面对着群山环抱之下的有限耕地，以及不适宜水稻种植的水温条件，关东地区的武士们抱着何等"羡慕妒忌恨"的心态注视着近畿的公卿和豪族自然可想而知。是以源赖朝崛起于伊豆、足利尊氏龙兴于镰仓。北条早云以一介浪人的身分亦能开创后北条氏五代近百年之基业。

当然家康初到关东之时，日子也并不好过。一方面小田原征讨刚刚结束，北条氏残党和各地豪强依旧蠢蠢欲动；另一方面丰臣秀吉此时势力如日中天，就在德川氏转封关东的当年，丰臣秀吉将领有尾张、伊势两国的织田信雄一撸到底。加上此前领有若狭、越前、加贺三国一百二十三万石的丹羽长秀长子丹羽长重因几件小事而被不断减封，最后落得仅有加贺松任一城、四万三千石的前车之鉴，令家康不得不担心秀吉要求自己转封之后，会不会随即举起减封的屠刀。因此为了消弭秀吉对自己的猜忌，家康首先放弃了地处关东水陆要冲且工事完备的北条氏主城小田原，选择了当时相对荒僻的江户作为根据地。

关于家康以江户为关东统治中心，还有一个有趣的坊间传闻，说是在小田原开城前夕，丰臣秀吉在笠挂山本阵召集家康等人叙议军务，丰臣秀吉盛赞小田原城防坚固、町市繁荣之余，突然开口说自己不日便要返回大阪，劳烦家康代为守之。家康随即诚惶诚恐地表示：小田原城是东国咽喉要塞，自古主君守之，哪有末臣代守之理，殿下绝不可拱手送人！秀吉闻言甚喜，过两日又对家康说道，此去往东有个叫江户的形胜之地，家康可据之以镇关东。

这则出自江户幕府官方史料《德川实记》的逸话，虽孤证难立，却将秀吉的老辣和家康的隐忍刻画得入木三分。而后世学者更从地形、政治、军事、经济等多个角度系统地分析了江户之于关东和德川氏的诸多便利。但事实上在德川氏入主关东的头十个年头里，家康始终秉承着韬光养晦的政策，并未在江户地区大兴土木，对关东的控制，主要依靠的是遍封家臣。

附表 1　德川家康移封关东后配置家臣团简表

国名	领地名	石高	家臣名
上野国	箕轮（后高崎）	12 万石	井伊直政
	馆林	10 万石	榊原康政
	厩桥	3.3 万石	平岩亲吉
	白井	3.3 万石	本多康重
	宫崎（小幡）	3 万石	奥平信昌
	藤冈	3 万石	松平康贞
	大胡	2 万石	牧野康成
	吉井	2 万石	菅沼定利
	总社	1.2 万石	诹访赖水
	那波	1 万石	松平家乘
	沼田	2.7 万石	真田信幸
下野国	皆川	1 万石	皆川广照
下总国	结城兼常陆国内土浦	10.1 万石	结城秀康
	矢作	4 万石	鸟居元忠
	白井	3 万石	酒井家次
	古河	3 万石	小笠原秀政
	关宿	2 万石	松平康元
	山崎	1.2 万石	冈部长盛
	芦戸（阿知戸）	1 万石	木曾义昌
	守谷	1 万石	菅沼定政
	多古	1 万石	保科正光
	佐仓	1 万石	三浦义次
	岩富	1 万石	北条氏胜

续表

国名	领地名	石高	家臣名
武藏国	岩付（岩槻）	2万石	高力清长
	骑西（寄西）	2万石	松平康重
	河越	1万石	酒井重忠
	小室	1万石	伊奈忠次
	松山	1万石	松平家广
	忍	1万石	松平家忠
	羽生	1万石	大久保忠邻
	深谷	1万石	松平康忠
	东方	1万石	户田康长
	本庄	1万石	小笠原信岭
	阿保	1万石	菅沼定盈
	八幡山	1万石	松平清宗
上总国	大多喜	10万石	本多忠胜
	久留里	3万石	大须贺忠政
	佐贯	2万石	内藤家长
	鸣户（成东）	2万石	石川康通
相模国	小田原	4.5万石	大久保忠世
	甘绳	1万石	本多正信
伊豆国	韮山	1万石	内藤信成

　　日本战国时代的"偶像派"大名武田信玄曾云"人即城垣"。这句话固然有其片面性，但在纷乱的战国时代，拥有一个忠诚且强大的家臣团，却是掌控庞大领地、建造坚固城垣等一切的基础。当然这份忠诚绝不是一两句口号便能实现的。而在农耕时代唯有土地才是招揽一个家族为自己效命的物质基础。但与德川家康拿

出新入手的关东近百万石领地，安置自己的谱代重臣，同时与强化对新领地控制形成鲜明对比的是，丰臣秀吉的直属家臣团的经济地位却并不高。

　　在平定四国、九州的过程中，丰臣秀吉麾下的 "贱之岳七本枪" 虽然各有封赏，其中福岛正则获得了四国岛伊予地区十一万石的领地，加藤清正则顶替佐佐成城，领有九州肥后北半国十九万五千石的领地。但此二人以下，其余五人领地均不足五万石。其中虽有血缘亲疏的成分，但更多地折射出丰臣政权内部 "股权关系" 的尴尬。

加藤清正领有肥后后修筑的熊本城天守阁

　　丰臣秀吉虽然名义上翦灭群雄、一统列岛，但其成功却是建立在其昔日主公织田信长 "天下布武" 的基础之上的。因此，从一开始丰臣政权便是一个丰臣秀吉主导下的庞大政治同盟，其最为核心的部分自然是以秀吉之弟丰臣秀长、秀吉养子（实为外甥）丰臣秀次为首的"一门众"，但丰臣秀吉出身农民，家族之中人丁单薄。丰臣秀长虽然被认为能力出众，受领大和国一百一十万石领地，但九州征讨之后便长期卧病在床，不能理事。而以秀次为首的丰臣氏新生代虽然在战场上也有过人的表现，但毕竟太年轻缺乏政治根基。

在冠以丰臣姓氏的"一门众"之外，丰臣秀吉一路走来也招揽、培养了如"贱之岳七本枪"、石田三成等一批年轻家臣。但更多的却是织田信长时代便已跟随秀吉的老将，如蜂须贺正胜、黑田孝高、浅野长政、生驹亲正等人；清州会议之后织田系武将内战中陆续来投者，如前田利家、蒲生氏乡、堀秀政之辈。这两部分人中前者跟随秀吉一共发家，倒也休戚与共，但后者却不免心怀异志，每每蠢蠢欲动，其中最为典型的例子莫过于蒲生氏乡。

蒲生氏乡本为近江中野城少主，十三岁时被送往织田信长所在的岐阜城为质。织田信长当时也在用人之际，在与蒲生氏乡接触了一段时间之后便招其为婿。在织田家中地位特殊加上领有近江中野城的祖业，使得蒲生氏乡在本能寺之变后虽然选择了从属于丰臣秀吉，却仍怀有问鼎天下的雄心。

小田原征伐之后丰臣秀吉便借口雄踞陆奥的伊达政宗参与围攻北条氏时首鼠两端、失期后至，令其吐出从芦名氏手中夺取的会津等地，转手册封给蒲生氏乡。受封会津一度令蒲生氏乡一跃成为坐拥九十二万石的天下第四强藩，但恰如他本人所说："封地若在中原，虽小国足以图霸业。如今弃居边陬，根本做不成什么了。"丰臣秀吉对蒲生氏乡的这番处置，除了借其牵制伊达政宗之外，更是对蒲生氏乡本人的防备和控制。

在丰臣氏的"一门众"和家臣团之外，与一些昔日战国豪门名为君臣、实为同盟的战略协作，也是秀吉稳定天下局势的重要手段。自西向东，秀吉通过掌握龙造寺家的锅岛直茂、把持大友家的立花宗茂，配合就封于九州的丰臣系家臣小西行长、加藤清正钳制九州霸主岛津氏。而在四国方向，丰臣秀吉以福岛正则领有伊予，以生驹亲正领有赞岐、蜂须贺正胜，家政父子领有阿波，对昔日一度统一四国的长宗我部氏三面合围。而在被日本称为"中国"的本州岛西部，丰臣秀吉通过加封小早川隆景，完成了对毛利氏"两川体系"的分化，同时扶植从属于丰臣政权的宇喜多家牵制毛利氏。

近畿地区，利用加贺、越前、能登三国的前田利家构成了丰臣政权北部的屏障。领有北伊势及尾张的丰臣秀次保卫着大坂的南部。东边则有织田信长的嫡孙织田秀信守备美浓。继续向东则北有上杉景胜控制的越后，南有堀尾吉晴、山内一丰等一干丰臣系家臣驻守的远江、三河和骏河，加上加藤光泰、真田昌幸等一干小诸侯瓜分的甲斐和信浓。丰臣政权对德川家康领有的关东可谓构成了层层防线。何况家康身后还有蒲生氏乡、佐竹义宣、伊达政宗、最上义光等一干豪强，在丰臣秀吉看来可谓高枕无忧。

天正二十年（1592）三月，丰臣秀吉动员三十余万兵力渡海远征朝鲜。关于秀吉发动这场战争的动机，后世众说纷纭，有所谓"丧子移心说"，即秀吉因为深爱的嫡子鹤松于天正十九年病丧，愤懑难当之余移心于征战攻伐；有所谓"信长豪言说"，认为织田信长曾在志得意满之时，放出豪言未来将远征朝鲜和明帝国，秀吉深以为然。此外满足领土的扩张欲望、打通日本通往亚洲大陆的贸易网络、通过战争强化自身统治之类的分析更是不胜枚举。这些说法固然都不无道理，但即使是日本列岛无可争议的"天下人"，在发动一场倾国远征的问题上，也绝非个人的意志便能左右的。背后必然是整个利益集团共同的推动。

登陆朝鲜的日本军队一路高歌猛进，迅速夺取了朝鲜大半领土，但随着大明帝国的强势介入，日本军队的攻势便遭到了遏制。庆长三年（1598）八月十八日，一代枭雄丰臣秀吉在自己所修筑的伏见城中与世长辞。由于出身卑微，世人对其早年经历知之甚少；而晚年深居宫闱，更令死因扑朔迷离。梅毒入脑、肾衰竭、尿毒症、肠癌、赤痢，甚至为明使沈惟敬鸩毙之说不一而足。

与之相映成趣的是，后世对其军政才能更是颇多争议。撇去中、朝两国对其狂妄自大、穷兵黩武的主观认知之外，即便在日本岛内，史学界也长期存在着两种截然不同的看法。赞许者认为其虽出身卑微，但智计过人，不仅长于军略，堪称"日本战国第一智将"，更治国有方，最终成功终结了应仁之乱以降日本列岛的纷争态势，一度令全社会呈现出国泰民安的景象。而反对者则以其晚年包括远征朝鲜在内的种种倒行逆施为依据，攻讦其不学无术，种种成功无非机缘巧合而已，垂暮之年更是原形毕露，并无统治一朝一国的能力，死后丰臣政权迅速土崩瓦解便是最好的明证。

客观地说这两种说法均不无道理，纵观丰臣秀吉的成功之路，早年因于生计而被迫辗转于美浓、尾张、远江等地，除了为今川氏武士松下之纲短暂收留，学习过枪术和兵法之外，并未有系统地受过教育，的确堪称"不学无术"。但丰臣秀吉当时所处的，正是一个近臣渴望取代将军，家臣阴谋推翻领主，连昔日老实本分的农民都渴望在战场上建功立业的"下克上"时代。在这样的大背景之下，没有任何固有思维模式的束缚，恰恰是丰臣秀吉的幸运和优势。随着他的离世，一个全新的、属于德川家康的时代悄然降临。

晚年的丰臣秀吉

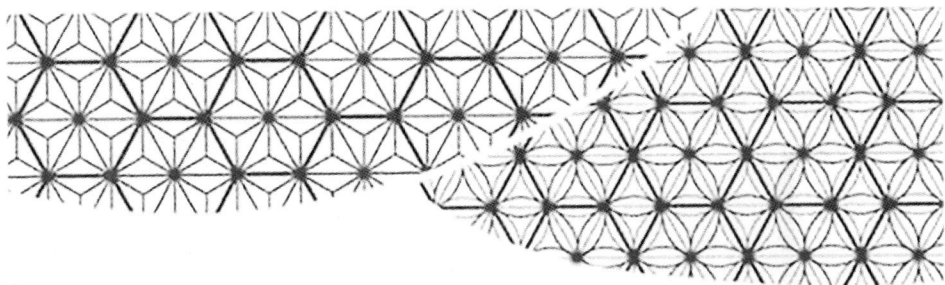

第一卷　从关原到大坂

德川家族对日本列岛的武力统一

一、大老共治——丰臣秀吉生前设计的政治格局及其死后的崩溃

丰臣秀吉出身贫寒，早年投拜于织田信长帐下时，曾与身为织田氏的下级武士"弓众"浅野长胜的养女宁宁相恋。两人于永禄四年（1561）正式成婚之后，日子虽然穷苦，夫妻之间倒也相濡以沫。但随着事业的逐渐起步，丰臣秀吉也不免落入"男人有钱就变坏"的俗套。宁宁多年未曾生育的现实以及丰臣秀吉的寻花问柳，一度令这对夫妻的感情迅速走向破裂。

对于自己部下的家务事，身为领导的织田信长本不应过多关心。但宁宁好歹也算是在织田家长大的女人，信长最终还是决定以"娘家人"的身分替她出头。天正十四年（1576），丰臣秀吉与侧室所生的长子石松丸不幸夭折，织田信长指命自己的四子於次丸为秀吉的养子，并写信给宁宁称："像你这样才貌兼备的美女，藤吉郎（指秀吉）还一再抱怨有所不足，实在是胡言乱语。你们家那只秃头老鼠（指秀吉）是再怎么找也不可能找到第二个如你一般的妻室了。"

织田信长的力挺虽然让宁宁坐稳了丰臣秀吉正室的宝座，却无法阻止得势之后的丰臣秀吉大肆"扩编"自己的后宫。一般认

为，丰臣秀吉除了发妻宁宁之外，还曾先后将十三名女子纳为侧室。但这些女性之中，除了曾为丰臣秀吉生下先后夭折的石松丸、无名女儿的南殿，以及比秀吉小三十一岁的浅井茶茶之外，余者皆无所出。因此坊间有好事者恶意揣测丰臣秀吉的生殖能力。

　　客观地说，丰臣秀吉于天文十年（1582）击败明智光秀，正式成为一方霸主之时，已是四十有六。对于当时的男性而言早已过了生育黄金期了。此后处于攀登权力巅峰冲刺期的他，虽然广开后宫，却也为各类军政事务所困扰，即便面对诸多如花美眷，也难保有心无力。既然雨露均沾做不到，那么自然只能独宠一人。

　　在丰臣秀吉的诸多侧室之中，浅井茶茶的才智容貌究竟如何，恐怕是个见仁见智的问题，但若论起出身血统，却是无人可及。茶茶的生母乃是织田信长的胞妹织田市，而其生父浅井长政生前

丰臣秀吉晚年独宠的侧室浅井茶茶

乃是盘踞近江国 ① 北部的豪族，丰臣秀吉于天正元年（1573）受封的北近江三郡之地，很大部分与浅井氏昔日的领地重合。因此迎娶浅井茶茶对于以近江为根据地、从而全盘继承信长衣钵的丰臣秀吉而言，自然有一系列政治上的考量。

丰臣秀吉于天正十六年（1588）正式将浅井茶茶纳为侧室。一年之后，他们的第一个孩子丰臣鹤松便呱呱坠地，老来得子的秀吉欣喜异常，当即便将位于山城国 ② 的淀城赏赐于茶茶，因此浅井茶茶又被世人尊称为"淀君"。

可惜丰臣鹤松长到两岁，便不幸夭折。为了转移丧子之痛，秀吉开始全力推进侵略朝鲜乃至大明帝国的军事行动。但就在各路征朝大军陆续出发，秀吉亦打算亲赴战场之际，浅井茶茶再度怀孕的消息却从后方传来。秀吉得知此事，连忙改变了原定的计划，从前线星夜赶回探望。

文禄二年（1593）八月三日，茶茶顺利产下自己的第二个儿子丰臣秀赖，秀吉如获至宝，此后便绝口不提前往朝鲜督战之事。从家族的角度来看，秀赖降生自然是一件喜事。但对于丰臣政权而言，这个孩子的出现却无异于一颗重磅炸弹，直接动摇了其本就不稳的根基。

由于此前一直没有亲生骨肉，秀吉不得不广收养子。除了前文提到的织田信长的四子於次丸之外，秀吉还将自己姐姐的两个儿子养于膝下，取名为丰臣秀次及丰臣秀胜。此后为了巩固政治同盟，秀吉又将池田恒兴的次子辉政、德川家康的次子秀康也一并纳入门中。与此同时，身为秀吉正室的宁宁也收养了秀吉舅舅木下家定的五子辰之助。一时之间秀吉家中也可谓人丁兴旺。

---

① 近江国：日本古代令制国，大致相当于今天日本的滋贺县。
② 山城国：日本古代令制国，大致位于今天京都府的南部。

　　但是这些曾经被秀吉视为爪牙的养子，随着浅井茶茶诞下子嗣，悉数变成了秀吉为了扶植自己的正统继承人而必须清除的障碍。此时织田信长的四子於次丸已于天正十三年（1586）病逝，辉政、秀康人也还好办，秀吉大笔一挥就让他们一个恢复本姓，一个转送往下总国①大名结城晴朝家当上门女婿去了。而丰臣秀胜业已于文禄元年（1592）病逝于远征朝鲜的途中。但"硕果仅存"的丰臣秀次却着实让秀吉有些挠头。

　　丰臣秀次出生于永禄十一年（1568），因此秀赖出生之际，其亦不过二十五岁，可谓年富力强。更何况，秀次虽然年纪不大，在丰臣家中却是资历过人，早在天正十一年（1583）的贱之岳合战中便为秀吉负弩前驱，此后更是屡立战功。在秀吉完成征讨后北条氏的军事行动，一统日本列岛之后，秀次已领有尾张、伊势两国总计一百万石的封地，并组建起了一支能征惯战的家臣团。

　　可以说，在秀赖出生之前，秀吉始终是将秀次作为丰臣家第二代领导人进行培养的。在自己与浅井茶茶的儿子鹤松夭折之后，秀吉一度心灰意冷，正式将关白及丰臣氏的家督之位传给了秀次。尽管秀吉此时仍稳居幕后、发号施令，但忙于部署征朝军务的他，已然将诸多内政交由秀次打理。

　　但是秀赖的出生彻底摧毁了秀吉对秀次的信赖，虽然秀吉也曾尝试过通过安排秀赖与秀次之女订婚、约定双方各自占据日本列岛一部，来实现秀次与秀赖的共存。但最终，身为父亲的保护欲及权力博弈中的疯狂猜忌，令丰臣秀吉做出了一举肃清秀次系人马的疯狂决定。

　　文禄四年（1595）七月八日，秀吉于其隐居的伏见城中召见

---

① 下总国：日本古代令制国，大致位于今天千叶县北部、茨城县西南部、埼玉县东隅、东京都东隅。

秀次。秀次抵达之后被勒令当即落发为僧，押往高野山出家。当天夜间，秀吉便命人将秀次的家属悉数逮捕。待秀次七月十日抵达高野山时，他的主要亲信、党羽皆已被控制。七月十二日，秀吉对秀次发出严厉的申斥。次日开始，秀次身边的重臣或被迫自刃，或开刀问斩。七月十五日，秀吉见大局已定，便派出亲信武将福岛正则等三人前往高野山，命秀次及其随行亲信自裁。随后秀次的子女妻妾等三十九人亦被处决。

　　丰臣秀次究竟是否真的心怀不轨，其实对于秀吉而言并不重要。毕竟作为一个政治集团的首脑，待秀吉百年之后，丰臣秀次无须公开表露心迹，也自会有人为其黄袍加身。因此秀吉对秀次的决绝，与其说是对其个人的深恶痛绝，不如说是对秀次集团的果断背弃。

反映丰臣秀次被迫自裁的浮世绘

表面上看，秀次的倒台对丰臣政权的影响并不大，毕竟除了秀吉本人及其身边的一干重臣之外，其他大名并未受到太大的波及。但从后续影响来看，秀次集团的瓦解堪称丰臣政权大厦崩塌前抽去的第一根支柱。作为秀吉长年培养的继承人，秀次不仅掌握着庞大的领地和直属武装，更扮演着秀吉与其他大名之间的桥梁和缓冲带。如今秀次已死，秀赖尚幼，在没有合适的人选可以填补这一政治真空之前，秀吉只能重新调整丰臣政权的组织架构。

文禄四年八月三日，也就是秀次死后的第十八天。秀吉以张贴告示的形式向全国发布了五项"御规"及九项补充说明。如果站在公文的角度来看，秀吉此番所颁布的法令可谓"眉毛胡子一把抓"，撇去九项补充说明中"未经允许，不得私用天皇家的菊花纹、丰臣家的桐纹""禁止蒙面"这些细枝末节不谈，五项"御规"亦是轻重不分，在第一条"各地大名没有上大人（指秀吉）的许可不能通婚"，第二条"严格禁止大名小名之间交换誓约"之后，第三条竟是"争吵之际应该彼此忍让"，第四条更是令人摸不着头脑的"如有申诉，应该召集所有人员查明真相"，至于第五条更是"乘物（舆）仅限于年寄众（大老），年轻人即使是大名也要骑马"。

但正所谓"内行看门道、外行看热闹"，这样不知所云的"御规"，在早已练就了超凡政治嗅觉的日本大名眼中，还是传递出了令人咂舌的信息量。首先这份"御规"并非秀吉一人签署，上面还有德川家康、毛利辉元、上杉景胜、前田利家、小早川隆基、宇喜多秀家六位有力大名的联署，这也就意味着秀吉在肃清了秀次集团之后，选择了与上述大名共治天下的政治格局。而"御规"第五条竟然提到了长幼有序，那么年仅二十三岁的宇喜多秀家虽在联署之列，却显然资历尚浅，因此秀吉真正想要通过"御规"向外表达的，其实是他已然委派了五位德高望重的"大老"联合执政而已。想明白了这一点，也就自然清楚了为什么秀吉要强调"争吵时相互忍让"以及"如有申诉，应该召集所有人员查明真相"了。

有了"五大老"分担日常政务，健康状况每况愈下的秀吉自然可以有更多的时间陪伴在茶茶及秀赖的身边。但此时的丰臣政权并非仅有千头万绪的内政需要处理。庆长二年（1597），随着与大明帝国的和谈破裂，秀吉盛怒之下命此前撤回国内的亲信大名再度出征。但此时的丰臣家人才凋零，无奈之下秀吉只能令宁宁收养的辰之助出任总大将，领兵出征。

此时的辰之助已于文禄二年（1593）为"大老"小早川隆景收为养子。秀吉此举除了有意借机侵吞小早川氏名下筑前、筑后、肥前三国总计三十余万石的领地之外，自然也不免有为自己的亲生儿子秀赖让路的图谋。年幼辰之助对秀吉的这番安排颇为不满，在无奈改名为小早川秀秋之后，便终日沉迷于酒色之中。

小早川隆景虽号称智将，但作为继承人的秀秋却终究不过是个十五岁的少年。自然无力统领征朝大军，加上大明援军源源不断地开赴战场，日本军队很快便在朝鲜战场一败涂地。得到败报的秀吉随即将责任归到秀秋的头上，当即将小早川家移封至越前国的北之庄地区，领地收入也由此减少至十五万石。

刚刚继承小早川氏的秀秋连遭兵败、减封的打击，心中的郁闷自然可想而知。好在秀吉于庆长三年（1598）病逝。德川家康随即与毛利辉元、上杉景胜、前田利家以及于庆长二年顶替病逝的小早川隆景儿跻身五大老行列的宇喜多秀家联署，宣布恢复小早川的旧领，还增封至五十九万石。秀秋自然不免对家康感恩戴德。

但是因兵败朝鲜而受到处分的大名并非只有秀秋一人，随着秀吉的病故、远征朝鲜的各路人马陆续撤回国内，这些不甘被剥夺领地的将领随即展开了剧烈的反弹。此前便闹得沸沸扬扬的"福原长尧告密事件"随即成了丰臣系武将各种龌龊总爆发的导火索。

　　福原长尧出身于播磨国赤松氏，早年不过是丰臣秀吉身边的"马廻众"之一。此后外放为丰臣秀吉在播磨国封地（太阁藏入地）的代官。并受封但马国丰冈城二万石。福原长尧的稳步高升不仅源于丰臣秀吉的信任，更因为他迎娶了石田三成的妹妹，以妹婿的身分与石田三成结成了政治同盟。在"征朝之战"的末期，福原长尧与熊谷直盛、垣见一直以"军监"的身分前往朝鲜，并参与了蔚山之战。

　　蔚山之战中日本军队的表现究竟如何，其实并不重要。关键的是丰臣秀吉对于前线诸将提出的放弃蔚山、顺天、梁山三城以缩短战线的建议令丰臣秀吉颇为不快。由此才做出了剥夺早川长政、竹中重利、毛利高政等人领地的决定。不过受到处分的诸将不敢怀恨丰臣秀吉，于是只能拿在这一事件中获利的福原长尧说事，并剑指以石田三成为首的所谓"奉行众"。

　　"奉行"一职早在平安时代便已出现，但当时不过是司掌宫廷仪式的临时职役，直至镰仓幕府时期逐渐转变为辅佐征夷大将军处理政事的常设职务。丰臣秀吉生前亦培训了一批出身较低的年轻武士，以"奉行"之名协助自己处理政务，是为"奉行众"。

　　在秀吉诸多的奉行众中，为首的乃是秀吉的妻弟浅野长政，但真正备受秀吉信用的却是出身近江的石田三成。在日本民间传说之中，石田三成出身不过是一个小沙弥，只因秀吉外出打猎曾在石田三成挂单的寺院饮茶，结果石田三成先以凉茶相奉，再待以温茶，最后才献上热茶。秀吉深感此子心思缜密，随即将其引为心腹，常年侍奉左右，参详军机大事。

　　但事实上石田三成出生于近江国坂田郡，其父石田正继乃是当地土豪。天正二年（1574）丰臣秀吉受封为北近江之后，便将石田正继一族揽入麾下。石田三成也由此以"小姓"的身分跟随丰臣秀吉东征西讨。而在一些史料中还留下了石田三成于贱之岳合战和小牧•长久手之战中领兵从征，并立下军功的记录。

石田三成与丰臣秀吉《三献茶》塑像

　　当然石田三成更多的时候，是专注于丰臣氏的内政事务。无论是修建被称为"天下无双"的大坂城，还是全国范围内推行太阁检地，石田三成均表现出了出众的组织和协调能力。但这些内政上的成绩并不为丰臣系的其他武将所认可。在征讨后北条氏的军事行动中，石田三成因攻略忍城不利，长期被挪揄为"战下手"。好在丰臣秀吉并未因此否定石田三成的军事才能，在文禄元年（1592）组建征朝远征军时，特意命石田三成为"总奉行"，率领增田长盛、大谷吉继等奉行众赶赴前线，执行协调各军、统筹粮秣等工作。

　　客观地说，石田三成在朝鲜战场上的表现，可谓尽职尽责。不仅亲冒矢石，参与了碧蹄馆、幸州山城等战役，更在战局对日本不利的情况下，积极与大明方面展开外交接触，促成了双方的停战和谈。秀吉也由此在赐死秀次之后，将拱卫大坂的重要据点——近江佐和山城封赏于三成。至此石田三成名下领有十九万四千石，若身处战国时代，已是一方霸主。

在秀吉生命的最后几年时间里，石田三成承担了繁重的国内政治事务。除了要负责征朝大军的后勤工作之外，更要以"京都奉行"之名与天皇、公卿展开沟通，同时还要镇压近畿地区日渐成势的基督教势力。可谓丰臣家的"大内总管"。在这样的情况之下，年轻的三成很难不产生一种"我即秀吉"的错觉，而正是这种错觉，令其在秀吉亡故前后，昏招迭出，不仅毁灭了自己的政治前途，更彻底打破了秀吉构筑起的政治平衡。

二、东西对决——德川家康与石田三成对立背后的日本政治风云

丰臣秀吉逝世之时，日本列岛表面上形成了以其独子秀赖为"天下共主"的均衡局面。但此时秀赖未满六岁，不过是一个任人摆布的政治傀儡。是以丰臣家内部的各方势力无不蠢蠢欲动，试图通过控制秀赖，以达到继承秀吉政治版图的目的。

政治纷争的烽火首先在秀吉的遗孀之间点燃。身为秀吉正室的浅野宁宁，虽然长期未能诞下子嗣，却一手将自幼生活在秀吉家中的福岛正则、加藤清正等人抚养长大，又兼长期负责与京都方面公卿阶层的沟通事宜，一度被授予北政所①的封号，在丰臣政权中颇具威望。被一干出身尾张的丰臣家元老视为秀吉死后主

---

① 北政所：平安时代亲王及从三位以上公卿正室的泛称，后特指摄政、关白的正室。相当于中国的诰命夫人。

持丰臣家的不二人选。

但宁宁虽然有母仪天下的资本，却终究不是秀赖的生母。而以石田三成、长束正家、片桐且元等出身近江的重臣，亦不愿大权旁落。于是乎，秀吉尸骨未寒，丰臣家已然形成了以宁宁为首的尾张派人马与以茶茶为首的近江派群臣分庭抗礼的局面。

尾张派跟随秀吉起兵，一路东挡西杀，大多凭借着赫赫军功而受封了大片土地。是以又被称为"武功派"。但这些人长期统军在外，一时苦于没有合适的理由介入中央决策。近江派虽然崛起于秀吉成势之后，却以职业官僚的身分把持着丰臣政权的日常运转。所以也有"文吏派"之称，要打破他们的垄断，尾张派只能与秀吉生前便授权共治天下的五大老结盟。

五大老之中与尾张派最为亲近的，当属出身尾张国海东郡的前田利家。早年间便朝秦暮楚，背叛柴田胜家，改投丰臣秀吉帐下的利家，此时也渴望一尝"天下人"的滋味。庆长四年（1599）

深藏不露的前田利家

元旦，利家不顾自己的健康状况每况愈下，强撑着进入伏见城，抱着年幼的秀赖接受了各地大名朝贺新年的大礼。随后利家又抬出"秀吉遗命"，要求德川家康留在伏见城处理日常政务，自己则带着秀赖返回大坂。

前田利家的如意算盘自然是凭借尾张派的支持，以所谓"秀赖辅导人（傅役）"的身分独揽大权。但他显然忽视了尾张派作为一个政治集团，内部并非铁板一块，而利家本人所领有的区区加贺八十三万石封地，也支撑不起他压制天下诸侯的雄心，更何况丰臣政权内部还有一帮蠢蠢欲动的近江派。

庆长四年元旦刚过，石田三成突然公开指责德川家康暗中违背秀吉生前所颁布五项"御规"中"各地大名没有上大人（指秀吉）的许可不能通婚"的禁令，暗中与伊达政宗、福岛正则、加藤清正、蜂须贺家政、黑田长政五家大名联姻。此事一出，大坂城内外一时舆论哗然。

由于江户幕府统治末期，很多有识之士对德川家族的腐朽统治不满，竭力将德川家康塑造成一个野心勃勃的阴谋家。因此站在家康对立面的石田三成也便成了对丰臣政权忠贞不贰的股肱之臣。因此他率先爆出家康与大名的联姻，自然也成了揭露其"不臣之心"的正义举动。

但从当时的实际情况来看，石田三成的举措显然并非只针对家康一人，毕竟联姻从来不是单方面的举动。家康身为大老，违背秀吉遗命，固然是知法犯法，那么一干与之通婚的大名，又岂能不一并问责？而仔细分析被控诉与家康联姻的大名，除了雄踞奥羽的伊达政宗之外，几乎无一例外是尾张派的骨干或政治同盟。而石田三成此举更为阴险之处，还在于他的控诉直接将主持丰臣政权的前田利家置于德川家康及其姻亲的对立面。利家若迫于舆论，公然向家康问罪，那么势必导致前田氏与德川氏各自发动尾张派的盟友，展开一场血腥的火并。而无论谁胜谁负，近江派显然都能坐收渔翁之利。

　　事情的发展一度的确如石田三成所设想的一般：前田利家对德川家康把手伸入尾张派一事颇为不满，当即召集其他三位大老及石田三成等奉行，要家康从伏见城赶来大坂，当面做出解释。或许在利家看来家康面对其他四位大老的联手施压，只能低头认罪，届时自己出面宽慰，说上两句"下不为例"，不仅近江派怂恿两虎相斗的危局可破，自己更能通过力压德川家康而坐稳五大老之首的宝座。

　　可惜此时的德川家康手握关东，羽翼丰满，在他看来剩下四位大老中，毛利辉元、上杉景胜、宇喜多秀家，皆是继承父、祖基业的碌碌之辈，即便是资格最老的前田利家，昔日也不过是织田信长麾下的寻常武将，至于石田三成等后生晚辈更几同于跳梁小臣。因此曾经在今川义元、织田信长、丰臣秀吉等战国枭雄面前选择隐忍的家康，此刻展现出了空前的跋扈与嚣张。

　　得到前田利家等人的传唤后，家康虽率部进入大坂，却并不与其他四位大老见面。而是以自己居住的屋敷（相当于中国的别馆、会馆）为中心，频繁拜会了细川忠兴、岛津义弘等实力派大名，并公然从关东调兵遣将，摆出一副要以武力解决的架势。

　　眼见德川家康不愿就范，前田利家也只能在自家的屋敷内召集亲近大名以示迎战。但此时利家很清楚，以自己那点家底根本无力单独对抗家康。而一旦战事打响，其余三位大老和石田三成等人恐怕只会坐山观虎斗。强烈的不安，令其于庆长四年一月十九日命丰臣家元老堀尾吉晴以问罪使的名义，登门拜会家康。

　　堀尾吉晴跟随丰臣秀吉南征北战多年，在家康面前多少还有几分面子。加之德川氏移封关东之后，吉晴领有了家康旧领——远江国滨松城，两人之间便更多了几分渊源。家康虽然当面把吉晴斥责了回去，但暗中却委派细川忠兴与堀尾吉晴联络。借由这两人的居中转圜，庆长四年二月二日，家康与利家交换誓约，此举不仅正式结束了两家的敌对状态，更无形宣告了秀吉遗命的破产，毕竟五项"御规"的第二条，便是"严格禁止大名小名之间交换誓约"。

在结束了与德川家康的对抗之后，本就老迈孱弱的前田利家一病不起，至当年的闰三月三日一命呜呼。客观地说，利家的健康状况虽本就不甚理想，但若不是与家康斗智斗勇、耗尽心力，恐怕未必会如此之快地死于大坂。而眼见自己好不容易在中枢建立起的政治同盟，就这样间接死在了近江派的阴谋之下，尾张派的一干武将群情汹涌，当即拉帮结派地杀向了石田三成的府邸。

一般认为，袭击石田三成府邸的尾张派武将共计七人。但具体是哪七个人却是众说纷纭。之所以出现这样的局面，除了尾张派人才济济，好勇斗狠之辈远不只七人之外，很大的原因恐怕还在于日后德川家康得势，各路诸侯都将曾冲入其政敌石田三成的府邸打砸抢烧，视为自己的从龙之资。

由于对应北斗星座，因此日本各类演义中常将"七将星"作为一个固定组合

　　面对打上府来的尾张派，石田三成不敢出头。只能仓皇逃出大坂，躲入伏见城，寻求德川家康的庇护。在后世的演绎中，德川家康与石田三成似乎永远处于势不两立的状态。但在现实的政治博弈之中本就没有永远的朋友或敌人，一切都与利益挂钩。对于家康而言，此时的三成已成落水之狗，若叫尾张派杀了，反而破坏了丰臣政权表面上的稳定和团结。而要挟制尾张派为自己所用，近江派也仍有存在的价值。

　　正是基于这样的考虑，德川家康首先拒绝了尾张派要求将石田三成交由他们处置的要求。随后又圆滑地将相关事件的仲裁权交给了秀吉的正室宁宁，借由宁宁之口，要求三成落发为僧，在其封地佐和山城隐居。最后家康命自己的次子结城秀康亲自将三成由伏见城护送而出，可谓演足了"宽厚长者"的戏码。

　　从前田利家与德川家康的对立，到利家去世、尾张派围攻石田三成，短短三个月，秀吉生前所颁布的"御规"及其苦心孤诣所构筑的政治平衡便宣告土崩瓦解。眼见无力再与家康对抗，五大老中剩余的毛利辉元、上杉景胜、宇喜多秀家只能各自率部离开大坂。丰臣政权暂时进入了宁宁及尾张派主导的时期。

　　作为一个经历过战国时代的女性政治家，宁宁很清楚自己丈夫虽然名义上统一日本，但真正可以控制的不过是本州岛中部相对富庶的近畿地区，因此要想实现长治久安，必须强化与各地强力诸侯的政治同盟。而在各方势力之中，最具实力的自然莫不过于手握关东的德川家康。而恰恰是在宁宁秉政大坂期间，日本坊间出现了秀吉"遗命"茶茶再嫁德川家康，秀赖奉家康为义父的传闻。

　　这些沸沸扬扬的传闻，甚至出现在朝鲜学者姜沆的《看羊录》中："家康又以秀吉之遗命，欲室秀赖之母。"姜沆以亲历者的身分记述这些宫闱秘史，自然颇具可信性。此外江户中期的逸话见闻集《明良洪范》中摘录的《内藤隆春书状》、日本奈良兴福寺多闻院历代院主所著《多闻院日记》中亦有相关记载。那么浅井茶茶改嫁德川家康是否真的确有其事呢？

　　要厘清这一问题，我们不妨首先看看当时的日本是否存在这样的风俗或政治惯例。应该说，迎娶政治盟友的未亡人，在日本大名之间并非什么新闻，如秀吉本人便曾纳宇喜多直家之妻为侧室。这样做在日本不仅不会被视为有违人伦，甚至会被视为道义上"决不让寡妇再守活寡"的善举。当然作为一场政治婚姻，昔日政治盟友的势力范围及继承人也将做嫁妆交由接盘者暂时托管。一如直家之子宇喜多秀家早年便在秀吉的身边长大，直到成年之后才重新掌管自己父亲的地盘。

　　既然有了这样的政治惯例，那么浅井茶茶改嫁德川家康便没有了道德、伦理上的障碍。那么真的是秀吉生前便已做出了相关安排吗？依照秀吉对茶茶及秀赖的宠爱来看，答案却似乎是否定的。那么积极推动茶茶改嫁之事的推手，恐怕便是此时主政丰臣家的宁宁了。

　　站在宁宁的角度来看，茶茶如果改嫁家康，便再无资格对丰臣家的事务指手画脚。秀赖成为家康的养子，一定程度上也能达到保存秀吉血脉的目的。更为关键的是，茶茶和秀赖走后，宁宁便可以在大坂城内独揽权柄，与坐镇伏见城的家康共治天下。

　　可惜这一计划甫一提出，便因遭到浅井茶茶的强烈反对而破产。坊间随即传出了茶茶与其奶妈之子大野治长私通，甚至珠胎暗结的谣言。可惜这样的谣言除了令本就风雨飘摇的丰臣政权形象更加不堪之外，并不能改变宁宁日益尴尬的处境。最终面对来自内、外部的巨大压力，宁宁不得不于庆长四年九月初，搬出大坂。带着一干女官，前往秀吉生前于京都修筑的府邸隐居去了。

被丰臣秀吉收为养子的宇喜多秀家

　　宁宁前脚刚走，丰臣家的增田长盛、长束正家两位奉行，便于九月七日邀请德川家康入主大坂。家康欣然应允，并计划于九月九日重阳佳节之时，进入大坂城堡，面见秀赖，正式开始自己于大坂执掌全国的政治活动。不料家康刚刚抵达大坂，便接到前田利长、浅野长政、大野治长、土方雄久等人意图刺杀自己的密报。

　　家康进入大坂之时，住在此前石田三成的府邸之中。因此有学者认为向家康告密的，正是此时已被赶回佐和山城的石田三成。而仔细分析参与刺杀家康的各方势力，更不难发现除了大野治长乃茶茶的近侍之外，其余均为尾张派的外围成员。家康迅速采取行动，命宁宁的义弟浅野长政隐居，将大野治长和土方雄久流放。随即大张旗鼓地召集天下诸侯，计划对前田利长所盘踞的加贺国展开讨伐。

　　面对德川家康的军事准备，前田利长也摆出不惜一战的姿态。姜沆的《看羊录》中便称："肥前守（前田利长）者亦修改城隍，为固守之计，间日托称田猎，领精兵数万，出没于越中越后等地。"尽管从军事实力来看，德川家康似乎占据优势。但前田利长也并非全无还手之力："倭人皆曰：使（上杉）景胜诚与肥前守（前田利长）连兵，直捣家康根本，则家康欲归救则恐清正等一时俱起，两京非己有，不归救则根本先破，腹背受敌。"

　　或许正是考虑到自己也没有必胜的把握，德川家康最终接受了前田利长以老母芳春院为人质的求和要求。并将自己的孙女许配给了利长的弟弟利常。来势汹汹的加贺征伐虽然就此画上了一个句号。但德川家康以武力压制同为五大老行列的其他强力大名的行动，却由此开启了序幕。

前田利长的骑马铜像

庆长五年（1600）四月一日，德川家康以上杉景胜于领地内招兵买马、修筑神指城等举措，破坏地区稳定为由，以丰臣政权的名义向上杉家派出问罪使，要求上杉景胜递交"绝无二心"的誓书，并亲自前往大坂谢罪。但上杉景胜自恃乃战国豪门之后，对家康的要求并不在意，只是命手下直江兼续写下一篇言辞生硬的答辩。

当这篇被后世称为《直江状》的答辩于五月三日送抵大坂之时，本就有意杀鸡儆猴的家康当即下令对上杉家展开征讨。六月十六日，在后阳成天皇及丰臣秀赖均公开表示支持之后，家康率部从大坂城出发，经伏见、滨松、骏府、小田原诸城，于七月二日抵达自己的根据地江户。

从德川家康的行军路线不难看出，讨伐上杉景胜对于德川家而言，无疑是一条串联两大政治中心的必经之路。而更为关键的是，上杉家此刻所盘踞的会津地区，对德川家以江户为中心的关东根据地而言，可谓一把悬在头顶之上的利刃。

会津地处本州岛的东北部，虽为群山环绕，但其主城若松周边却是依托猪苗代湖的肥沃盆地，加上扼守陆奥、出羽甚至越后诸藩进入关东平原的要冲，因此对于离开雄踞三代的越后迁往会津一事，上杉氏内部的有识之士纷纷表示反对。但上杉景胜却力排众议，欣然前往。据说在转封会津的问题之上，上杉景胜曾与石田三成密议，认为会津扼守关东要道，一旦天下有变，即可"出其不意，与西国诸将协力消灭德川"。

就在德川家康于江户一线厉兵秣马准备向会津方向展开攻势之际，远离战场的近畿地区发生了天翻地覆的变化。七月十二日，留守中枢的前田玄以、增田长盛、长束正家三位奉行，突然联名向五大老之一的毛利辉元去函，邀请其入主大坂。处于政治失势状态的石田三成等人趁势投衅而起，开始集结军队，准备进攻德川家康在大坂城内外的残余势力。

今天日本人想象中身着戎装的石田三成

七月十七日，毛利辉元抵达大坂，前田玄以、增田长盛、长束正家当即便向全国发出了罗列德川家康十三条罪状的弹劾信，并于次日开始围攻由德川氏重臣鸟居元忠所把守的伏见城。此时的鸟居元忠手中仅有一千八百人，加上从大坂城中撤出的五百余德川家人马，也远不及城外陆续集结的反德川系大名的数万大军的一个零头。但鸟居元忠自诩忠义，在派人快马加鞭前往江户报信的同时，率部死守，为家康回援争取时间。

七月二十五日，德川家康于下野国^①境内接到大坂方向发生异动的消息，立即于当地的小山召集众将。在这场史称小山评

_____

① 下野国：日本古代令制国，大致相当于今天日本的栃木县。

定的军事会议之上，跟随家康东征的尾张派人马同仇敌忾，纷纷表示愿在家康的领导之下回师平叛。家康见士气可用，随即调整部署，命自己的次子结城秀康率军配合伊达政宗、最上义光等关东诸侯，牵制上杉景胜及蠢蠢欲动的佐竹义宣；已然率三万八千德川家精锐部队征讨会津的三子德川秀忠迅速改变路线，取中山道，经上野、信浓、美浓直驱大坂，家康则亲率主力循东海道，取道相模、骏河、远江、三河、尾张、美浓赶赴战场。

　　由于德川家康麾下的大军由东向西而来，因此日本史料上常称之为东军。与之相对的反德川系人马，则自然被冠以西军之名。东军方面各家大名唯德川家康马首是瞻，并无异议。但西军方面究竟谁为首脑，史学家却有着不同的见解。

　　长期以来，日本民间大多将石田三成视为丰臣政权中反对家康的一面旗帜，甚至编排了他一路布局成功将家康引向关东，从容于大坂举兵的一系列的神话。与之相比，朝鲜、中国方面对丰臣政权的内部纷争反倒有更为清晰的认识。如姜沆便注意到了德川家康与毛利辉元此时已经成为日本列岛的东、西两大强权："家康私邑在关东，自关东至倭京，远地则不下二十日程，近地须费十五日。辉元私邑在山阳山阴，自山阳山阴至倭京，远地则不下十五日程，近地须费七八日。倭人皆曰：自关东至倭京，家康可以米斛作陆路；自山阳山阴至倭京，辉元可以银钱作海桥。古之所谓燕赵之收藏，韩魏之经营，不能远过，其余诸倭。视两倭万万不敌。"

　　李氏朝鲜的《宣祖实录》之中更记载着庆长六年（1601）初同样从日本归国的两位儒生姜士俊、余进德带回的相关情报："戊戌（1598）八月十八日，平秀吉（指丰臣秀吉）病死，遗言其嬖奴石田治部（石田三成）与增田右门丞（增田长甚）、长束太藏丞（长束正家）三者，曰：'汝须辅佐弱儿（丰臣）秀赖，勿负予言。'又令内府（德川）家康者：'关东此三十三州，惟汝可镇，亦可保弱儿'云。次教中纳言（毛利）辉元者曰：'关西南三十余州，汝可为酋，须怜我托孤之悯，谨保后事'云。"

　　丰臣秀吉临终之时由于对幼子丰臣秀赖太过挂念，的确有过分别向五奉行和五大老等人的托孤之举。但日本的史料中多以丰臣秀吉与石田三成、前田利家、德川家康等人互动为主。唯独姜士俊、余进德记录了丰臣秀吉对毛利辉元的嘱托。而有趣的是，在两人的口中，丰臣秀吉除了向德川家康和毛利辉元托付幼子丰臣秀赖，还做出了两家势力范围的划分。

　　从日本总计六十三国的政治版图上来看，丰臣秀吉交给的德川家康所谓的"关东三十三州"，远远超出了其所领有的关东七国：相模、伊豆、武藏、上野、下野、下总、上总的势力范围，而是囊括了整个大阪以东的所有日本领土。相对应的嘱托毛利辉元的

独霸本州岛西部的毛利辉元

"关西南三十余州"也不局限于毛利氏所领有的安艺、周防、长门、备后、出云、石见、隐岐七国，而是几乎将大阪以西全数交给毛利辉元管理。

已经病入膏肓的丰臣秀吉，是否会在弥留之际做出这样"德川、毛利平分日本"的政治安排？姜士俊、余进德的一家之言显然孤证难立。但是至少从他个人所接收的信息来看，似乎他所依附的西军大名是这样认定的。也正是基于这一立场，姜士俊、余进德眼中的关原之战，便不再发轫于以石田三成为首的文吏派和以福岛正则、加藤清正为首的武功派的对立，或以浅野宁宁为首的尾张派和以浅井茶茶为首的近江派的纠葛，而是以毛利辉元为首的西日本与以德川家康为首的东日本之间的矛盾。

对于姜士俊、余进德等人送回的情报，朝鲜王国方面应该进行了一番整理和汇总，并最终于万历二十九年（1601）十二月以书面汇报的形式，向明帝国进行了通报。于是在明帝国的《神宗实录》中，才出现了："十二月甲子朔，朝鲜国王李昖奏：对马岛倭求款。先是，朝鲜人俞进得（余进德）等自日本脱归，言倭酋平秀吉将死，令其将家康领东北三十三州、辉元领西南三十三州，协辅其幼子秀赖。倭将景胜据关东以叛，家康悉兵往击景胜；辉元与行长等诸将入大坂城，合力拒家康。"

综合朝鲜方面的奏报，不难发现其对姜士俊、余进德所提供的关原之战的情报，进行了最大限度的缩减。之所以出现这样的情况，除了考虑到天朝上国没有那么多时间去听取下属小邦的政治八卦之外，还有明帝国除了在朝鲜战场上交过手的小西行长、加藤清正之外，对于石田三成、大谷吉继等丰臣政权重臣均无直观印象。因此才隐去了关原之战的前因后果，直接以"家康攻辉元"进行了概括。

三、一战功成——关原之战的前因后果及其持续影响

作为日本的邻国，中国和朝鲜都对关原之战的情况语焉不详，那么西方世界自然更对这场决定日本命运的决战，知之甚少了。1885 年，为了与国际接轨，明治维新后的日本政府聘请了当时代表世界先进水平的德国陆军现役军官前来执教。对于日本方面多次热情的邀请，德国政府却敷衍了事，最终挑选了擅长战史研究却缺乏实战经验的少校克莱门·梅克尔（Klemens Wilhelm Jacob Meckel，1842—1905）。而梅克尔少校本人也对位于远东的这个无名小国兴味索然，甚至一度表示自己只打算在日本待一年。

梅克尔少校抵达日本之后的执教生涯也谈不上愉快，他刚一出现在日本陆军大学，其秃顶长须的造型就招来了"涩柿大叔"的外号。面对学员的嘲弄，梅克尔少校随即反唇相讥，公然在课堂上表示："（自己）只需一个德国步兵军的兵力，便可以轻松击溃日本全国陆军（自分がドイツ軍師団を率いれば、日本軍など楽に撃破出来る）。"如此气焰嚣张的言论，随即引来了学生们的反弹。尽管最终这场纠纷，以学生刺头根津一被勒令退学而化解。但是恶劣的师生关系却并未得到根本的改善，最终产生了著名的笑话"西军必胜"（この戦いは西軍の勝ちである）。

据说有一次在为学员讲课的过程中，梅克尔少校被临时要求讲解一次日本历史上著名的会战。梅克尔少校虽然以战史见长，但显然对日本的历史缺乏研究。他大略看了一下沙盘上两军的布阵和兵力对比，便凭着多年的经验，草率地发表了占据战场西侧笹尾山、松尾山，呈鹤翼阵展开的西军必胜的论断。

梅克尔少校的这一论断随即成了日本学员的笑柄，因为在日本，这场"决定天下的会战"的结果，早已家喻户晓。不过梅克

说出『西军必胜』而被自己学生鄙视的梅克尔

尔少校这次老猫烧须，并非其基本功不过关，而是因为他并不清楚关原会战前后的日本列岛政局，恰如其同胞克劳塞维茨所言："战争无非是政治通过另一种手段的继续。"

　　庆长四年（1600）八月一日，经历了长达十三天的惨烈攻防，云集了宇喜多秀家、小早川秀秋、毛利秀元、吉川广家、岛津义弘等诸路人马的西军，终于攻克伏见城，全歼了东军方面的鸟居元忠部。关于此战，后世多以为德川家康以一支偏师，成功地牵制了对方主力，从而为亲率大军回师争取了宝贵的时间。甚至还有人以为西军方面的行动恰恰落入了家康这只"老狐狸"的计谋中。在关东经营多年的德川家康要收拾上杉氏本不用亲自上阵，由德川家康三子秀忠指挥的三万八千精兵配合关东地区的伊达政宗等大名的部队足以应付。德川家康之所以大张旗鼓地率军出击，无非引蛇出洞而已。考虑到作为诱饵的伏见城守军必然会被石田三成一举吃掉，据说在引兵离开大坂之前家康已然与重臣鸟居元忠作了不再相见的诀别。

今天复原的伏见城

　　这样的说法看似不无道理，却不免堕入江户时代各类历史演义中神化胜利者的逻辑陷阱。德川家康固然有着过人的谋略和胆魄，但要说其在出兵征讨上杉景胜之时便已预见到了三奉行会勾结毛利辉元窃取大坂，并有将对手一网打尽的计划，却未必有些言过其实了。

　　事实上，德川家康之所以能够从关东从容回师，很大一部分原因在于其政治上的巨大优势。得知德川家康引兵西去的消息，上杉景胜所部欣喜若狂，唯有少数清醒者黯然表示："如果将德川方的这次退兵视为害怕我上杉家的话，那就太不了解家康公了。家康公此次带领诸将回军西上讨伐石田殿下，十之八九石田殿下会败。到时剩下我主公一人如何对抗家康公。德川没有进攻我们而选择了退兵，这才是我们的不幸吧！"

　　但即便看到如此黯淡的未来，上杉景胜仍旧无力打破困局。

因为就在家康率军回师之前的七月二十四日，雄踞奥羽的伊达政宗已然率部攻入了上杉家领有的刘田郡，并在短时间内夺取了白石、川股两城。上杉景胜虽事后通过外交手段与伊达政宗达成了停战协定，但在短时间内也不敢贸然从会津出击。

　　德川家康虽然顺利地摆脱了上杉景胜可能的追击，但要赶往大坂却还有漫长的道路要走。好在东海道沿线多是家康移封关东前的旧将领，小山评定之际领有当地的一干尾张派大名，家康对他们说："各位的妻女都在大坂城中做人质，恐怕现在已经落到了叛贼三成手中。我决定不顾生死讨伐叛逆，你们是去是留，完全自主决定。"旧将们听后毅然表示愿意献出居城供家康使用。因此家康大军进展一度颇为顺利。但即便如此，东军方面依旧处于后发的劣势，在德川家康坐镇江户的情况下，八月十四日，东军前锋才抵达福岛正则领下的清州城。

　　东军方面的长途跋涉，本是西军以逸待劳的良机。何况此时扼守东军西进要道的美浓国岐阜城掌握在对德川家康心怀不满的

关原之战中被困于会津地区的上杉景胜

织田秀信手中。作为昔日战国枭雄织田信长的嫡长孙，织田秀信之所以加入西军，无非为了复兴织田氏，而听信了石田三成战后将封赏美浓、尾张两国的许诺。但织田秀信显然没有其祖父的才能和运气。

　　八月二十一日，东军方面福岛正则、池田辉政各自领军强渡木曾川，织田秀信虽亲率九千之众前往迎击，却最终因兵力相差悬殊而落败。无奈之下织田秀信只能在向石田三成求援的同时，退守岐阜城。但老于行伍的德川家康早已做好了万全的准备，在挥动大军合围岐阜城的同时，也派出多路人马于外围布阵，截杀西军的支援。

一代枭雄织田信长的嫡孙织田秀信

事实证明，德川家康高估了西军方面的协同能力。毛利辉元在入主大坂之后，完全没有一个统一的战略规划。云集于西军旗下的十万大军，始终处于一盘散沙的状态。在攻克伏见城后，西军主力毛利氏所部分头攻入伊势、近江国境内，最终在两个次要战场白白浪费了大量时间。另一支精锐部队则在大谷吉继的统率下，负责监视加贺方向前田利长的动向。剩余的部队则忙着围攻跟随德川家康东征的细川忠兴所领有的丹后国^①田边城。在这样的情况之下，真正能够支援美浓方向的仅有石田三成手中有限的兵力。眼见东军严阵以待，石田三成也只能无奈地看着岐阜城在一天之内被攻克。东、西两军的攻守态势，由此发生了根本性的逆转。

夺取岐阜城之后，东军先锋福岛正则念在织田信长的面上保全了织田秀信的性命，随即又通过军事、外交双管齐下的手段，拉拢了控制美浓西部地区犬山城的稻叶贞通等当地豪族。至八月二十六日，东军方面已经逼近了美浓西陲不破郡的大垣城，驻守佐和山城与大垣城之间的西军宇喜多秀家、小西行长、石田三成、岛津义弘所部备感压力。好在此时德川家康已然从江户正式出发，传令福岛正则等人暂缓进军，等待他赶到战场再发起总攻。惶惶不可终日的石田三成等人连忙向坐镇大坂的毛利辉元求援。

在东军屯兵美浓等待德川家康抵达前线的同时，西军方面也逐渐完成了部队的集结。率先抵达战场的，是大谷吉继及其户田重政、平冢为广、赤座直保、小川祐忠、朽木元纲、胁坂安治诸将。这些人多为近江出身，与石田三成同气连枝，但名下领地不广，带来的人马亦屈指可数，故而选择在大垣城以西的关原西南的山中村驻扎。九月七日，毛利氏的主力终于抵达战场，布阵于关原以南的南宫山上。九月十四日，统率一万五千大军的小早川秀秋亦抵达前线，扎营于

---

① 丹后国：日本古代令制国，大致相当于今天日本的京都府北部地区。

关原西南的松尾山上。同一天，德川家康抵达前线。

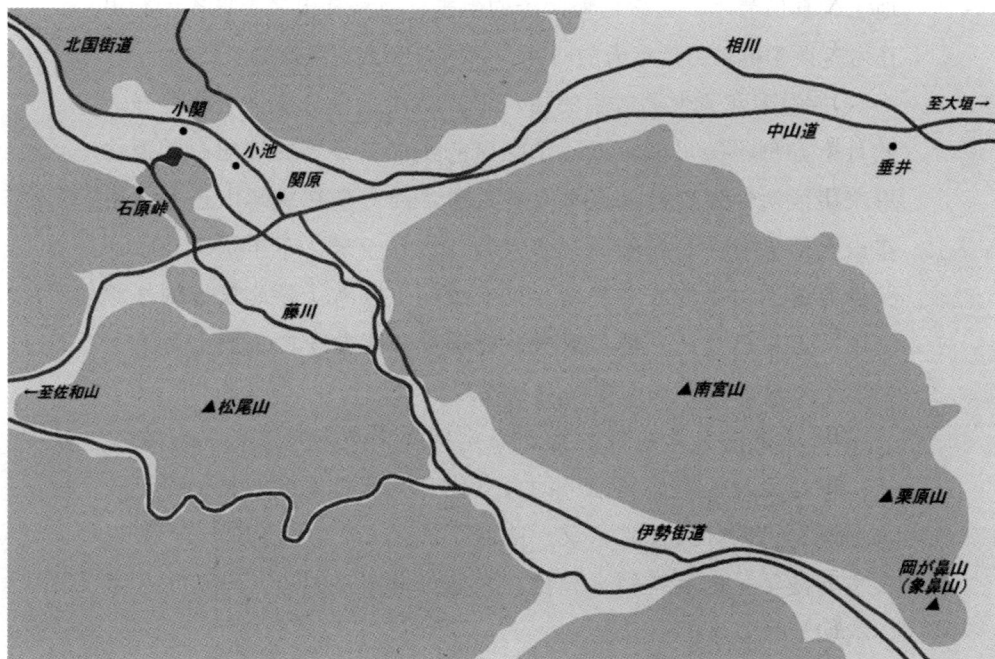

关原周边的简略地图

　　得知德川家康亲临前线，石田三成随即于九月十四日主动
出击。在名为杭濑川之战的前哨交锋中，西军意外获得堪称完胜
的战果。备受鼓舞的石田三成得知德川家康有意绕过自己妹婿福
原长尧驻守的大垣城突入近江，随即移师关原，以中山道为中
间，依托两翼的笹尾山和松尾山为中心，西军布置成中央收缩，
两侧展开的"鹤翼之阵"。仅从地理上来说，占据制高点的石田
三成的确对只能在平缓的开阔地上展开的德川家康占据一定的
优势。

除了地形的不利因素之外，德川家康此时兵力上也是捉襟见肘。战前被其寄予厚望的三子德川秀忠，在信浓国①的上田城下遭到当地土豪真田昌幸、真田信繁父子的阻击。当然真田父子更多地利用诈术延误了德川秀忠七天的时间，其间并未出现激烈的攻防战。

在总兵力远少于对手的情况下，德川家康只能将本阵前移。九月十五日，德川家康抵达了距离前线仅二公里的桃配山。但德川家康很快便发现自己此举有些荒唐。因为就在桃配山东南的南宫山上部署有毛利氏的两万余人马，这样一来，东军不仅在正面战场要遭遇对手的左右夹击，更在战略上陷入了顾此失彼的尴尬之中。但事已至此，德川家康只能硬着头皮命令麾下的七万五千大军于清晨的浓雾细雨中向对手发起进攻。

尽管担任东军前锋的福岛正则叫嚣着要与石田三成一决生死，但是面对西军居高临下的火力优势，德川家康的第一轮进攻非但没有讨到什么便宜，反而陷入了混乱之中。石田三成一边以日本列岛罕见的大口径火绳枪"大筒"向对手射击，一边传令点燃狼烟，号召各部展开总攻。

毫无疑问，石田三成最期待的是驻守南宫山的毛利军可以投入战斗，但是担任毛利军前锋的吉川广家却不仅不为所动，还有意阻挡堂弟毛利秀元的行动。客观地说吉川广家并非贪生怕死之徒，在远征朝鲜的战役中，吉川广家在碧蹄馆、蔚山等战役中均有不俗的表现。真正导致其作壁上观的还是对天下局势的判断。

关原之战前夕，身为西军主帅的毛利辉元曾在大坂城力劝浅井茶茶抱着儿子丰臣秀赖前往石田三成的本城佐和山，然后在关原前线竖立起丰臣氏的战旗。但浅井茶茶却搬出一堆理由，表示

① 信浓国：日本古代令制国，大致相当于今天日本的长野县。

"不能擅离大坂"。既然有着切身利益的丰臣氏都如此首鼠两端，毛利家自然也大可不必为之卖命。吉川广家按兵不动，毛利秀元干脆要吃罢战饭再行冲锋，不过这顿饭从上午一直吃到正午，由此日本列岛多了一个"宰相殿下空便当"的典故。

毛利氏大军尽管"不动如山"，但至少还是牵制了东军方面的上万人马。真正令石田三成功败垂成的还是小早川秀秋的迟疑和倒戈。占据松尾山的小早川秀秋不仅握有一万五千人的生力军，更直指德川军虚弱的侧翼。面对首鼠两端的小早川秀秋，德川家康终于失去了耐心，命令麾下的"铁炮大将"布施孙兵卫率部对松尾山射击。被枪声惊醒的小早川秀秋随即倒戈相向，冲入了友军大谷吉继的阵中。

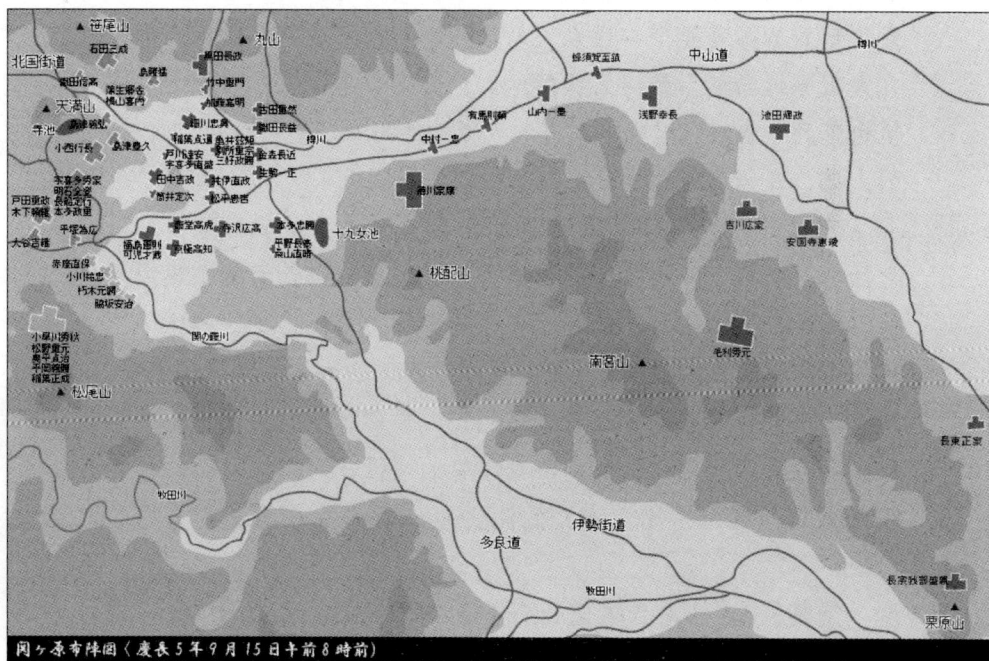

关原之战两军布阵图

　　小早川秀秋最终决定站在德川家康一侧之时，石田三成方面的核心战力事实上已经消耗殆尽。大谷吉继虽然事先已然对小早川氏可能的异动做好了准备，但在数倍于己的敌军合围之下，大谷吉继所部很快便全军覆没。随着这一块多米诺骨牌的倒下，整个西军随即陷入了总崩溃之中。由于遭到德川氏的全力追击，石田三成的本部人马很快便全军覆没，一心还想东山再起的石田三成逃入伊吹山中，最终为当地的农民所俘。

　　据说石田三成被俘之后，德川家康对他颇为客气，还待之以诸侯之礼。但昔日同殿为臣的福岛正则却在马上呵斥道："你掀起无益之乱，今天落到如此地步有何脸面？"石田三成却反唇相讥道："是我武运不好，为不能活捉你颇感遗憾。"尽管表面上看福岛正则和石田三成在战场上分属不同的阵营，但是关原之战最终败北的却是整个丰臣系人马。随着石田三成和小西行长等人在大坂等地游街后最终人头落地，世人眼中丰臣家昔日无上的威望也落到了谷底。再度率军进入大坂的德川家康更挥舞起"改易"的大棒，开始重新划分日本列岛的政治版图。

　　所谓"改易"顾名思义便是调整各大名的所属封地，关原之战中，从属于德川家康的各路大名，包括临阵倒戈的小早川秀秋、按兵不动的吉川广家等人自然要论功行赏。但是这些土地不可能由德川氏自掏腰包。于是乎从属于西军的大名们便集体倒霉，宇喜多氏的领地被全部没收。毛利秀元虽然忙于吃盒饭，但毛利氏毕竟顶着西军主帅的头衔，其原有的八国一百二十万石的领地被削减到两国三十七万石。为此吉川广家日后在毛利氏受尽了白眼。

　　有趣的是，上杉氏虽然长期与德川家康敌对，但由于奉行"战是死，不战亦是死"的顽抗政策，最终于庆长五年（1601）宣布降服之后，倒也保留了米泽藩三十万石的领地，境遇与毛利氏不相上下。在关原之战打酱油的岛津义弘抱着"今日胜败虽属未知之数，岛津却自有岛津的进退"的态度，虽然从属西军，且在撤退的过程中连伤德川家松平忠吉、井伊直政两员大将，却也只是让出家督之位，提前退休而已，岛津氏在萨摩的领地没有受到丝毫的影响。

尽管从战败者的头上掠走了近六百万石的土地，但是由于德川秀忠所指挥的三万八千关东劲旅未能及时赶到战场，因此这些战果德川家康必须首先用来安抚福岛正则、加藤清正等人。德川家康自己的家臣反倒所获寥寥。面对这种局面德川家康只能另辟蹊径，德川家康虽然无力削减封地的数量，却能决定封地的位置，于是乎丰臣秀吉昔日以大坂、伏见两城为中心分封于近畿的家臣纷纷被调往本州岛西部、四国、九州等地。日本列岛形成以关东江户为中心的德川系一家独大的局面。

反映关原之战的屏风

四、登峰造极——江户幕府的创立及德川家康所设计的政治架构

　　客观地说，西军虽然于关原之战中失利，但并非彻底失去了抵抗能力。一方面由毛利秀元、吉川广家统率的毛利氏所部两万三千余人在战场上未受损失，有序地撤离了战场。此外在大坂城内毛利辉元手上也仍有近万精锐，加上此前因围攻近江大津城而未能赶赴关原战场的毛利元康所部一万五千人。因此西军方面仅毛利氏所部便仍有四万之众。

　　另一方面，西军还控制着秀吉生前动员数十万民夫所修筑的坚城大坂，如果西军选择据城死守，东军不仅将面对着军事方面的巨大困难，更将在政治上陷于将丰臣政权名义上的领袖——丰臣秀赖的生死置于不顾的不利境地。因此在关原战场获胜之后，东军虽然迅速攻占西军前线据点佐和山、大垣两城，迫使石田三成的父亲正继、兄长正澄、妹婿福原长尧自刃，但此后德川家康

丰臣政权中尾张派的首脑福岛正则

便勒兵不进，命福岛正则、黑田长政两人前往大坂，游说毛利辉元弃城退兵。

除了派出尾张派的头面人物公开活动之外，德川家康还将此前因涉嫌行刺自己而被流放关东的大野治长也派往了大坂，让这位浅井茶茶的乳母之子兼绯闻男友，向秀赖母子传达自己"绝无加害之心"的信息。果然经过这样一番外交攻势，自知无力再战的毛利辉元放弃了抵抗，乖乖撤出了大坂。

庆长五年九月二十七日，在关原战场大获全胜的德川家康，以"王者归来"的姿态进入大坂。在拜谒了丰臣家名义上的领导人秀赖之后，德川家康随即大开杀戒，首先便于十月一日于京都附近的六条河原处决了战败被俘的石田三成、小西行长及长期为毛利氏服务的外交僧安国寺惠琼。同时被俘的西军武将赤松则英、生熊长胜亦被逼自刃。两天之后，困守近江国水口冈山城的丰臣家奉行长束正家，在走投无路的情况下，与其弟长束直吉一同在开城投降后切腹自尽。

长束正家死后，德川家康又流放了关原之战前后首鼠两端的奉行增田长盛。昔日把持中枢的所谓五奉行之中，至此仅剩下侍奉过织田信长、丰臣秀吉的老臣前田玄以。德川家康倒也没有难为这位老相识，保留了他丹波国龟山城五万石的封地，但经此一役之后，这位丰臣家的昔日重臣自然也明白该为谁效力了。

处置完大坂中枢的相关事务之后，德川家康开始论功行赏。在回师途中一路冲锋陷阵的福岛正则、池田辉政两人，分别由二十万石及十五万石，加封至四十九万八千三百石和五十二万石。若再算上福岛正则的弟弟正赖由一万石加封至三万石，池田辉政的弟弟长政、长吉，分别由七千石和三万石加封至二万二千石和六万石，福岛、池田两家，各累计新增了三十万石以上，可谓功德圆满。

当代重建的广岛城

　　但必须指出的是，这一切并非全无代价。福岛正则兄弟必须吐出地理位置极其重要的尾张清洲城和伊势长岛城，移封至安艺国①的广岛城以及大和国②的松山城。池田一族则要放弃三河、近江的封地，转而就封于播磨③和因幡④。

　　安艺国此前是毛利氏的领地，松山城则为增田长胜所有。播磨、因幡地区则多为丰臣家外围势力的封地。随着福岛、池田两家踏上西迁之路，家康又将尾张交付于自己的四子松平忠吉，将三河封赏给了本多、土井等一干谱代重臣。如此一来，德川家康可谓一毛不拔，便轻松套取了此前秀吉拱卫大坂的诸多近畿要害。

---

① 安艺国：日本古代令制国，大致相当于今天日本的广岛县西部地区。
② 大和国：日本古代令制国，大致相当于今天日本的奈良县。
③ 播磨：日本古代令制国，大致相当于今天日本的兵库县南部。
④ 因幡：日本古代令制国，大致相当于今天日本的鸟取县东部

除了在关原之战中直接听命于自己的子侄、重臣及丰臣家的尾张派武将之外，德川家康对战争中积极响应自己的地方强力诸侯也给予了增封。前田利长虽然率部从加贺仓促出兵，很快便被西军大谷吉继所部吓阻，但家康还是授予了其大量的土地，令利长一度坐拥加贺、越中、能登三国一百二十万五千石的领地，为日后号称"第一外藩"的前田加贺藩打下了基础。

但仔细分析，却不难发现，德川家康所划拨的土地，主要是关原之战中倒向西军的前田利长之弟前田利政的封地，及与前田利长关系不睦的丹羽长重所领有的小松城。因此家康此举依旧不过是慷他人之慨。值得一提的是，对于丹羽长重这个昔日织田信长麾下重臣丹羽长秀的嫡长子，家康还有几分香火之情，特许他蛰居于江户芝高轮泉岳寺，算是为日后德川秀忠重新起用此人埋下了伏笔。

除了前田利长之外，关原之战中出力最多的，自然当属长期对抗上杉景胜的伊达政宗和最上义光这对甥舅了。伊达政宗前期突入刘田郡，极大地牵制了上杉景胜可能对江户发动的突袭。最上义光则在九月一日得知东军攻占岐阜城、德川家康从江户出征的消息后，敏锐地感觉到大局已定，与领有出羽国①大片领地的安东氏相勾结，试图两相夹击，一举歼灭上杉氏。

得知消息的上杉景胜当即先发制人，于九月八日从米泽、庄内两地向最上义光的领地大举进攻。面对上杉景胜麾下不下二万八千人规模的大军，仅有不足七千人马的最上义光不敢力敌。只能在依托外围工事要塞拖延时间的同时，向外甥伊达政宗求援。

九月二十四日，在上杉景胜麾下爱将直江兼续屯兵于最上义光所领有的长谷堂城之际，伊达政宗的援军终于赶到了战场。

---

① 出羽国：日本古代令制国，大致相当于今天日本的山形县及秋田县。

最上义光也随即由核心据点——山形城出击，摆出一副与直江兼续一决雌雄的架势。平心而论，伊达政宗与最上义光虽然沾亲带故，但两家明争暗斗多年，并没有什么香火之情，因此，先行抵达战场的伊达军仅留守政景所部三千余人，而经过前期外围据点的消耗，最上义光手中的机动兵力恐怕业已不足五千。面对直江兼续麾下的一万八千之众，恐怕并无胜算。好在此时关原之战胜负已分的消息传来，直江兼续无心再战，最上义光趁势掩杀，倒也占了不少便宜。是以战后德川家康大笔一挥，便将此前领有二十四万石的最上义光增封至五十七万石。

长谷堂城之战简图

与舅舅最上义光的风光相比，外甥伊达政宗在关原之战后的处境不免有些尴尬。政宗少年得志，长期以来都以"早生二十年，便能夺取天下"来感叹生不逢时。眼见日本列岛东西对峙，政宗不免产生了"吾可趁乱取之"的错觉。利用上杉、最上两家打得不可开交之际，政宗找到此前被丰臣秀吉改易而蛰伏于其麾下的陆奥 ① 豪族和贺忠亲，以帮助其恢复旧领的名义，怂恿对方在同样从属于东军的南部氏领地内发动叛乱。

藉凭伊达政宗的支援，和贺忠亲一度纠集一干旧部夺取了名为岩崎城的要塞，与前来平叛的南部氏军队打了个难解难分。但随着关原之战的终结，和贺忠亲所部很快被击溃，其本人亦于国分寺自刃。被称为"岩崎一揆"的叛乱也至此画上了一个句号。

对于"偷鸡不成蚀把米"的伊达政宗，刚刚平定天下的德川家康倒也没有深究，还象征性地将其领地由五十七万石加增至六十二万石。但这点蝇头小利，显然无法满足伊达政宗的胃口。在接下来的时间里，这位自幼便因病右眼失明的"独眼龙"还将继续搞出很多的事情。

在东军方面一干人等忙着加封、圈地之际，西军方面的失败者们也免不了要咽下自酿的苦酒。除了人头落地的石田三成、小西行长等人领地被全部没收，毛利辉元、上杉景胜也元气大伤，但出现两边下注，最终领地不减反增的案例，比较典型的便是曾在北信浓的上田城下迟滞德川秀忠数日的真田昌幸一家。

事实上，在德川家康出兵讨伐上杉氏之时，真田昌幸本是欣然从征的。毕竟对于真田家而言此时加入德川氏阵营，政治、经济利益显而易见。但偏偏行至半途，在下野国犬伏城（今栃木县佐野市）收到了石田三成密使传来的密信。得知石田三成以征讨家康之罪为名，准备举兵之时，真田昌幸开始踌躇起来。后世多

---

① 陆奥：日本古代令制国，大致相当于今天日本的福岛县、宫城县、岩手县、青森县、秋田县东北。

以真田昌幸的妻子和三成的妻子是亲姐妹的姻亲关系，或真田氏对丰臣家的忠义等角度分析真田昌幸的取舍。殊不知真正令真田昌幸最终决定支持石田三成的，是对方开出了若击败德川氏，真田氏可领有甲斐、信浓两国的高价。

在犬伏城下真田昌幸与领有沼田城的长子真田信幸、次子真田信繁展开了长久的谈论。此时真田信幸已然迎娶了德川家康麾下悍将本多忠胜之女，因此坚持应按约定与德川家康会合。而真田信繁则支持石田三成。最终双方均不能说服对方，以分道扬镳告终。

今天日本人想象中的真田家"犬伏之会"

　　由于西军在关原之战中的惨败，使得真田昌幸的努力付诸东流，也不幸沦为了败军之将。好在属于东军的嫡子真田信幸与岳父本多忠胜商量，打算请求德川家康以赦免昌幸父子作为对自己战功的奖赏。在本多忠胜出面转圜的情况下，家康终于勉强允许了赦免昌幸和信繁。但被免去一死的昌幸被流放到高野山。不过家康对真田昌幸虽然决绝，但对忠于自己的其子信幸倒是颇为大方，不仅允许其继续领有真田家上田城、沼田两城，还加增三万石的领地，令真田家一跃成为领有九万五千石的一方霸主。

　　广义上的关原之战，直至庆长六年（1601）二月才告一段落，是月德川家康通过结城秀康和丰光寺的外交僧西笑承兑与上杉景胜实现停火。七月，上杉景胜接受重臣本庄繁长和千坂景亲的主张，以觐见丰臣秀赖的名义前往大坂，并于八月八日在结城秀康的陪伴下，前往伏见城拜见德川家康。而关原之战所涉及的领地调整，则直至庆长七年（1602），德川家康将领有常陆国①水户地区的佐竹义宣移封久保田地区，代之以自己的五子武田信吉才尘埃落定。

　　在大局已定的情况下，德川家康于庆长八年（1603）二月十二日正式接受后阳成天皇周仁的册封，就任征夷大将军之职。后世多以这个时间点作为德川家康统治日本的开端。但客观地说，德川家康代替丰臣秀吉掌控大局的时间，最早可追溯至秀吉病逝前后，最迟亦不晚于关原之战。因此从朝廷手中争取到征夷大将军的头衔，与其说是德川家康大权在握的象征，不如说是其正式抛弃丰臣政权的表现。

　　从后续的发展来看，我们不得不承认织田信长、丰臣秀

---

① 常陆国：日本古代令制国，大致相当于今天日本的茨城县。

吉由于各自出身的问题抛弃固有的武家身分，试图融入公卿政治体系的做法并非全无益处，甚至可以说更符合当时的历史进程。但镰仓、室町幕府的统治以及百余年的战国时代，早已令武士当国成了一种政治习惯，因此丰臣秀吉以关白之名，试图通过奉行这样的职业官僚统治日本的设想，最终只能是空中楼阁。

　　早在德川家康就任"征夷大将军"之前，庆长五年十二月十九日，公卿九条兼孝便联名家康上奏，以丰臣秀次死后，关白职务长期空缺，要求解除丰臣家世袭关白的制度。后阳成天皇周仁当即准奏，任命九条兼孝为新任关白。借着这个由头，德川家康进步将自己的领地扩充至四百万石，而丰臣氏所有领地则由名义上的一千万石（实际约二百二十万石）削减至六十五万石。同时德川家康还顺手接管了丰臣秀吉生前引为禁脔的堺町、长崎等地的商业收入，委托武田氏旧臣大久保长安统一管理日本的金、银矿山收入。而丰臣氏唯一得到的保障，仅有德川家康将七岁的孙女千姬嫁给丰臣秀赖的政治联姻而已。

　　庆长八年三月十二日，德川家康搬出昔日丰臣秀吉所营建的伏见城，移居京都附近的二条城。并随即依照昔日室町幕府的惯例，召集公卿和诸侯大名，前来举行拜贺之礼。而此时距离室町幕府最后一位将军足利义昭被赶出京都仅仅不过三十个年头。

　　庆长十年（1605）四月十六日，赢得关原之战后的德川家康主动辞去了担任两年的征夷大将军，他把这一武家的最高职位让给了自己的嫡子德川秀忠。德川家康此举自然是考虑到自己年事已高，需要将自己的继承人提前"扶上马，再送一程"。在家康眼中，此时已然成型的江户幕府仍谈不上稳如泰山，因为他名义上依旧是丰臣家的臣子。

　　虽然丰臣家不乏明理之人，已然看出德川家康称霸日本已是

今天二条城的御殿大门

　　大势所趋，如果不想另生事端，就该默认现状，采取蛰伏之策。如秀吉的结发妻子宁宁就意识到了这一点，她不顾自己年老体弱，时常作为和平纽带来回奔走于朝廷、江户、大坂之间，希望能够延续丰臣家的安泰。

　　可惜的是，此时大坂城执掌大权的乃是与宁宁一向不和的浅井茶茶。或许是身居高高在上的大坂城内，身分高贵又不通世事的浅井茶茶一直认定自己的儿子就应该是继承天下的人。她产生这样不切实际的幻想也无可厚非，毕竟她身处深宫，身边既没有为她出谋划策的智者，也没有能影响她决定的官吏，只有一帮围着她打转、竭力讨好于她的女官。当然浅井茶茶也可能并非庸碌之辈，她认为丰臣家必须顽强地站在世人面前，才能维护仅存的利益，一切劝说她向家康低头示弱的行为，对她而言都是一种莫大的侮辱。

　　在关原之战后漫长的十余年时间里，大坂与江户方面虽然在根本利益上水火不容，但仍维持着表面的相安无事。究其原因，一方面固然是丰臣家尾张派武将福岛正则、加藤清正仍雄踞一方，令德川家康投鼠忌器；另一方面仅有六十五万石领地的丰臣本家掌握在秀赖母子手中，对德川家康似乎也全然不构成威胁。

在德川家康看来，丰臣秀赖既然已经是自己的孙女婿，只要他安分守己，自己未尝不能饶其一命，保留丰臣秀吉这一点可怜的骨血，也足以向天下彰显德川家康的仁德。而只要丰臣秀赖与千姬生下一儿半女，德川、丰臣两家更可谓难分彼此。丰臣家人丁单薄，德川家康子嗣众多，只要稍加运作，德川氏不难利用过继等手段鸠占鹊巢。不过，随着时间的推移，德川家康很快便发现自己的这一手如意算盘打错了。

首先，德川家康六十二岁受任征夷大将军，于战国群雄之中已算是高寿之人，不免有时垂暮之感。而丰臣秀赖却顺利度过了危险的幼年期，健康地成长为新一代大坂城主。两相对比，不免令家康对江户幕府的未来心怀忧虑。

其次，大坂地处本州岛的中心地带，尽管在关原之战后，德川家康有意将其势力向西扩展。但以大坂为分野，日本列岛仍呈现出亲德川势力盘踞东部，而非德川势力分布于西的局面。因此，即便日后丰臣秀赖没有问鼎天下的雄心，也势必成为西日本诸多大名对抗江户幕府的核心堡垒。

为了改变这一令人悲观的局面，德川家康上下运作，通过公卿阶层的进位制度，于庆长十年（1605）将自己所任的右大臣之位让与丰臣秀赖。如此一来，丰臣秀赖不仅应对自己感恩戴德，更必须来京都觐见天皇，届时家康再以日常政务需要秀赖亲自处理为由将其留在身边，可谓合情合理。但消息传出，丰臣家方面却纷纷鼓噪这是德川家康效仿当年丰臣秀吉讨伐后北条氏的策略，如果秀赖拒绝这次会见，家康可以借机诬陷丰臣家谋反而一举摧毁。茶茶更是以儿子的安危为名反对秀赖前往京都。

　　长期以来，茶茶都在人前表现出一副为保护秀吉大人遗脉不惜以死相拼的架势。但是细究之下，我们却不难发现，她与其说竭力保护秀赖，不如说在保护自己身为秀赖监护人的政治地位。面对大坂方面的强烈反弹，家康倒也没有动武的意思，只是派了自己的六子松平忠辉前往大坂参加丰臣秀赖的就任典礼。在家康看来，秀赖只要当上了右大臣，早晚还是要去京都的。不想茶茶就是不愿放手，竟迫使秀赖于庆长十二年（1607）主动向朝廷辞任了右大臣之职。

　　此后的几年时间里，德川家康为扶持继承人德川秀忠而摆出一副淡出政治事务的姿态。以大御所之名移居于留有自己童年记忆的骏府城，专注于处理与朝鲜修复关系、接见荷兰使节等外交事务，一度对大坂方面采取了不闻不问的态度。直至庆长十六年（1611），家康才突然发出想在二条城与秀赖碰面的邀请。

成年后的丰臣秀赖

五、大坂冬夏——德川家康对丰臣政权武力绞杀背后的政治博弈

德川家康突然召唤丰臣秀赖，表面上看是因为此时江户幕府与后阳成天皇周仁的政治拉锯已进入了收官阶段，需要名义上仍位列公卿首席的丰臣秀赖出面表示支持，但实质上仍是为了能够一举解决丰臣家盘踞大坂，对身为征夷大将军的德川秀忠所产生的威胁。

后阳成天皇于天正十四年（1586）登基，即位初期正赶上丰臣政权的建立，试图以公卿身分把持权柄的秀吉摆出一副"尊皇"的架势，一度令其颇为受用，直至秀吉意图征讨朝鲜，后阳成天皇才感觉大事不好，但他的反对秀吉并不在意。此后丰臣秀吉还献上了从朝鲜掠夺来的铜活字印刷术以展示自己的赫赫武功，后阳成天皇也只能无奈地收下，并命能工巧匠仿造，日本由此掌握了活字印刷的技术。

后阳成天皇周仁的画像

　　丰臣秀吉病故之后，后阳成天皇也自感年事已高，一度有让位于其弟八条宫智仁亲王的念头。智仁亲王曾为秀吉的养子，若是秀吉在位，自然拍手叫好。可惜此时秉持权柄之人已换成了德川家康，自然不愿下一任天皇与丰臣政权有如此亲密的关系。双方几番拉锯，后阳成天皇暂缓退位，同时不免对家康的跋扈心怀不满。

日本公卿阶层自诩风雅，但男女之事却颇不检点

偏偏此时公卿阶层中出了一位名叫猪熊教利的奇男子，此公虽然名字粗犷，却是天下无双的美男子，加之多才多艺，衣着时尚，自然风靡京都。除了先天的诸多优势之外，猪熊教利也颇具政治眼光。从庆长三年（1598）他便开始与德川家康接近，从此一路官运亨通，至庆长六年已官拜左近卫少将，领有二百石的俸禄。

猪熊教利如果安分守己，本可以成为向来自诩风雅的公卿中的一朵奇葩，可偏偏此公好淫无度，且染指天皇的后宫。庆长十二年（1607），因与众女官私通之事败露，猪熊教利一度仓皇逃往大坂。但不久之后却又堂而皇之地回到了京都，且无丝毫的收敛。庆长十四年（1609）七月，终于忍无可忍的后阳成天皇，亲自向江户幕府负责京都治安的京都所司代发出敕令，要求严惩淫乱宫闱的猪熊教利及其一干同党。得知消息的猪熊教利随即逃亡九州，但还是于九月在日向国①境内被捕。

猪熊教利虽被江户幕府押解至京都，但对他的处置却成了一场政治角力。后阳成天皇对其深恶痛绝，欲杀之而后快。但德川家康却一再指示京都所司代延缓对其行刑。后阳成天皇无奈之下，只能公开宣布将传位给与江户幕府颇为默契的政仁亲王。德川家康这才同意将猪熊教利处死。

庆长十六年（1611），在又与江户幕府拉锯了两年之后，后阳成天皇终于无奈地宣布退位。志得意满的德川家康随即坐镇二条城，召唤丰臣秀赖前来相见。浅井茶茶得知此事，自然又是一番阻挠，但此时已经十九岁的秀赖还是决定毅然前行。

客观地说，丰臣秀赖如果懂得韬光养晦，此番便应轻车简从，装出一副落魄寒酸的模样，以卑微的姿态向家康输诚。可偏偏丰臣系一干老臣齐刷刷地跳将出来，福岛正则亲自坐镇大坂，加藤

---

① 日向国：日本古代令制国，大致相当于今天日本的宫崎县。

清正和浅野幸长更担任起了秀赖的贴身护卫。眼见丰臣政权竟如"百足之虫死而不僵"，家康随即打消了将秀赖安置于京都的设想，开始全力部署对大坂的最后一击。

在丰臣秀赖与德川家康会晤后不久，丰臣系重臣浅野长政、堀尾吉晴和加藤清正先后病逝，庆长十八年（1613）池田辉政、浅野幸长亦宣告辞世。在大坂方面日益孤立的情况下，德川家康终于开始收网。恰在此时，负责承建方广寺的丰臣氏家臣片桐且元将精通汉学的南禅寺住持清韩长老所著的梵钟铭文送交德川家康过目。

庆长十四年（1609），由于不清楚向来喜欢敛财的丰臣秀吉在大坂城留有多少遗产，德川家康以祈求国泰民安的名义，要求丰臣氏独力出资重修京都因地震而倒塌的方广寺。应该说身为一介女流的浅井茶茶在老狐狸德川家康面前显得实在"很傻很天真"，不仅为了修筑金身大佛而耗费无数金钱，甚至将丰臣秀吉当年推行刀狩令而收缴的民间武器也一并熔作大佛殿之钉锔。方广寺落成在即，将举行佛堂供养典礼。各地善男信女纷纷向京都集中。此时，江户幕府突然宣布"梵钟的铭文和栋札有可疑之处"，要求中止典礼，史称方广寺钟铭事件。

方广寺的钟铭总计三十六句，一百四十四个字，却被德川家康麾下的心学大儒林罗山和五山高僧①挑出了诸多问题。其中最为著名的便是"国家安康"和"君臣丰乐"被指有将德川家康腰斩，丰臣氏君臣齐乐的含义。而"东迎素月，西送斜阳"也被理解为是编排关东江户为阴，关西大坂为阳。

德川家康无端指责丰臣氏包藏祸心，最终目的无非逼迫丰

---

① 五山高僧：指日本京都周边的五座寺庙，起初指南禅、天龙、建仁、东福、万寿五寺，足利义满建相国寺后，相国寺列入五山，南禅寺则居五山之上。

复原的方广寺钟铭

臣秀赖母子低头屈服。随着大坂方面的寺社奉行片桐且元赶来骏府当面辩解,家康随即开出了丰臣家放弃大坂、秀赖前往骏府或江户参勤、茶茶前往江户充当人质的选择题。大坂作为秀吉的遗产、丰臣家的根本之地,秀赖自然不可能放弃。参勤虽是日本各地大名对江户幕府的业务,但秀赖名义上还是家康的主君,也不可能就此低头。那么便只剩下将茶茶送往江户这一条路可以走了。

　　按理说,丰臣秀吉生前也曾将母亲送往家康处为质,茶茶为了保全丰臣家做出牺牲也是应该。可这个女人已然沉浸于在大坂城中作威作福的状态,不仅拒绝前往江户,更认定片桐且元暗通家康，是有意出卖丰臣家，勒令其于家中自刃。片桐且元忍无可忍，随即率领家臣从大坂城中杀出。

　　片桐且元身为昔日贱之岳七本枪之一，长期深受丰臣氏的信任，更在关原之战后担负着与德川家康交涉的重任。浅井茶茶此举虽然还谈不上自毁长城，却也令德川家康通过收容片桐且元进一步了解大坂方面的虚实。庆长十九年（1614）十月一日，也就是惴惴不安的片桐且元逃离大坂的当天，时刻关注丰臣家一举一动的德川家康向天下大名发布了讨伐大坂的命令。仅仅第二天，家康本人就亲自统领大军从骏府出发。大惊失色的秀赖母子则开始联系原先那些与丰臣关系密切的大名，期望能够得到援助。

日本小说中的片桐且元

　　自关原之战以来，丰臣系的重臣始终处于德川家康的不断打压和削弱之下，早已无力与之对抗。浅野长政、加藤清正等人的死，与其说是加速了丰臣家的灭亡，不如说是反倒避免了自己子孙日后的尴尬，使他们可以心安理得地加入家康讨伐大坂的军阵之列。

　　面对丰臣氏危在旦夕的局面，早已不复昔日之勇的福岛正则除了徒付呼呼的"调解"之外并无实际的举动。而其子福岛忠胜更赫然在德川大军之中出力。显然比起所谓的"忠义"来，力量的对比更能决定日本武士的从属。昔日与德川家康势同水火的上杉景胜、佐竹义宣等人此时不也改投江户幕府的旗下了吗？此时，大坂方面唯一能指望的，就是那些曾经与家康敌对，而被家康处罚失去领地的浪人武士们了。

　　庆长十九年（1614）十月十日（一说是十四日）上午，从被流放的九度山逃出的真田信繁一路召集百余名旧部和亡命之徒抵达大坂。而此时像他这样渴望在战场上一扫被江户幕府长期压制的阴霾，甚至打出一片属于自己未来的浪人一时竟也有数万之众。

　　这些浪人之所以敢和江户幕府对抗，倚仗的便是已经过世的丰臣秀吉集天下之力建造起来的这座大坂城。天正十一年（1583），秀吉以织田信长长期围攻不下的石山本愿寺为根基上建造了大坂城，并以一年半左右的时间完成了本丸（主郭）。在秀吉死去之前，二之丸、三之丸等附郭以及多重水堀（护城河）、运河等防御设施仍在持续不断的建设之中。大坂城拥有五层以上的天守阁，瓦上覆以金箔，极其奢华。

　　丰臣秀吉本人以善于攻城著称，他在建造这座城堡之时，必然会将防御设施全部做到极致。为了防止被截断饮水，秀吉开挖了许多水渠。为了增加城墙的防御，秀吉还特意深挖了环绕城墙的巨大壕沟。为了防止被炮击，秀吉特意用巨石加厚了城壁。此外，大坂城内还修筑了大粮仓用于储备粮食，以备长时间的围困。除此之外，大坂城内的仓库还储满了黄金和各类武器、军火。因此大坂城可谓是丰臣家最后也是最坚固的要塞。

但是即便是这样坚固的堡垒，也存在着弱点：大坂城的西面是濑户内海，北面是天满川、淀川，东面是大和川的支流，地形复杂。相比之下，大坂城南则是宽阔的平地，防御力较弱。因此，信繁希望能够建造一座名为"真田丸"的小型要塞来增强大坂城南面的防御。

在丰臣家巨大财力的支持下，一座专供真田信繁及其部下驻扎的城砦很快便宣告建成。这座要塞东西间距一百八十米，南北二百二十米，背靠大坂城南的护城河，里外高筑三层栅栏，栏后面设铁炮射击平台及瞭望塔，配置大量铁炮手、弓射手，组成了一道密集的火网。在堡垒外围，更深挖了一圈深五米、宽十八米，内插鹿角、尖木桩用来阻敌的壕沟。堡垒正前方是一口大水塘，两侧则各设一狭窄的出入口，也有栅栏严密守护。可谓固若金汤。

凭借着完备的工事及大坂城内囤积的大量火器，真田信繁所部于庆长十九年十二月四日，先后击败了来犯的前田利常、井伊直孝和松平忠直所部。一时之间令大坂城内的浪人士气大振。仿佛城外的江户幕府的十余万大军皆不堪一击。殊不知，除了真田丸这一隅之外，大坂方面在其他外围战场上均连遭败绩，丢失了木津川、大和川沿线的诸多外围据点，"江户幕府"的大军已直逼大坂城下，令坚固的大坂城直面江户幕府所部署的新型大炮的猛烈轰击。

复原的真田丸模型

　　在炮击的过程中，有两发炮弹击中了大坂城中枢的天守阁。茶茶本人有着每日饮宴早茶的习惯，哪怕是战局之时也没有中断过。当天早上，茶茶正好在此处喝茶，这两枚击中天守阁的炮弹击断了天守阁上的梁柱，断裂的木柱在下落的过程中砸死了几名正在陪同的侍女。在后宫里养尊处优的茶茶在大惊之下，立刻同意了家康的和谈要求。

轰击大坂的江户幕府炮兵阵地

德川家康巧妙地利用了浅井茶茶一介女流胆小怕事的特点。以拆毁真田丸等工事为条件与丰臣氏议和。一再被忽悠的浅井茶茶母子再次吞下了对手精心准备的香饵。在江户幕府撤军之后，竟真的允许对手拆毁大坂的城防工事，并开始解雇部分浪人。被称为大坂冬之阵的第一轮交锋，至此宣告结束。

庆长二十年（1615）三月十五日，大坂城内部发生了由一部分浪人引起的暴动。暴动的主要原因是大坂方面为了招揽浪人武士，在战争开始时，许下了钱财、高官等诸多丰厚的条件，在战争结束后，很多条件根本无法兑现。感到受骗的浪人武士们终于在十五日发起了骚乱，虽然骚乱最终被镇压了下来，但还是有很多浪人因为此事感到失望，离开了大坂城。这样一来，大坂城内的兵力迅速减少。从秘密捕获的出走浪人口中得知这一情况的德川家康喜出望外，随即以自己幼子德川义直的婚礼为由，于四月四日从骏府出发前往名古屋。两天之后，他又向各地大名发出了讨伐大坂的密令。

感到巨大压力的丰臣氏此时反倒积极起来，主动向大坂周边进击。但是在野战之中，以浪人为主力的丰臣军无论兵力还是装备均不足与对手抗衡。尽管在兵力上处于劣势，但丰臣氏麾下的浪人大多已被命运逼到了墙角，因此在战场无不奋勇死战。而江户幕府麾下的大名大多养尊处优，并不希望死在太平盛世的前夜。

试图一战翻身的真田信繁率领五万人马于大坂城南的天王寺对幕府军展开主力决战。尽管真田信繁凭借个人的武勇在敌阵中纵横驰骋，一度令家康本人也不得不仓皇后撤，但被后世推崇为战国第一强兵的真田信繁最终还是因寡不敌众倒在了血泊之中，江户幕府的大军随即攻入了大坂城内。

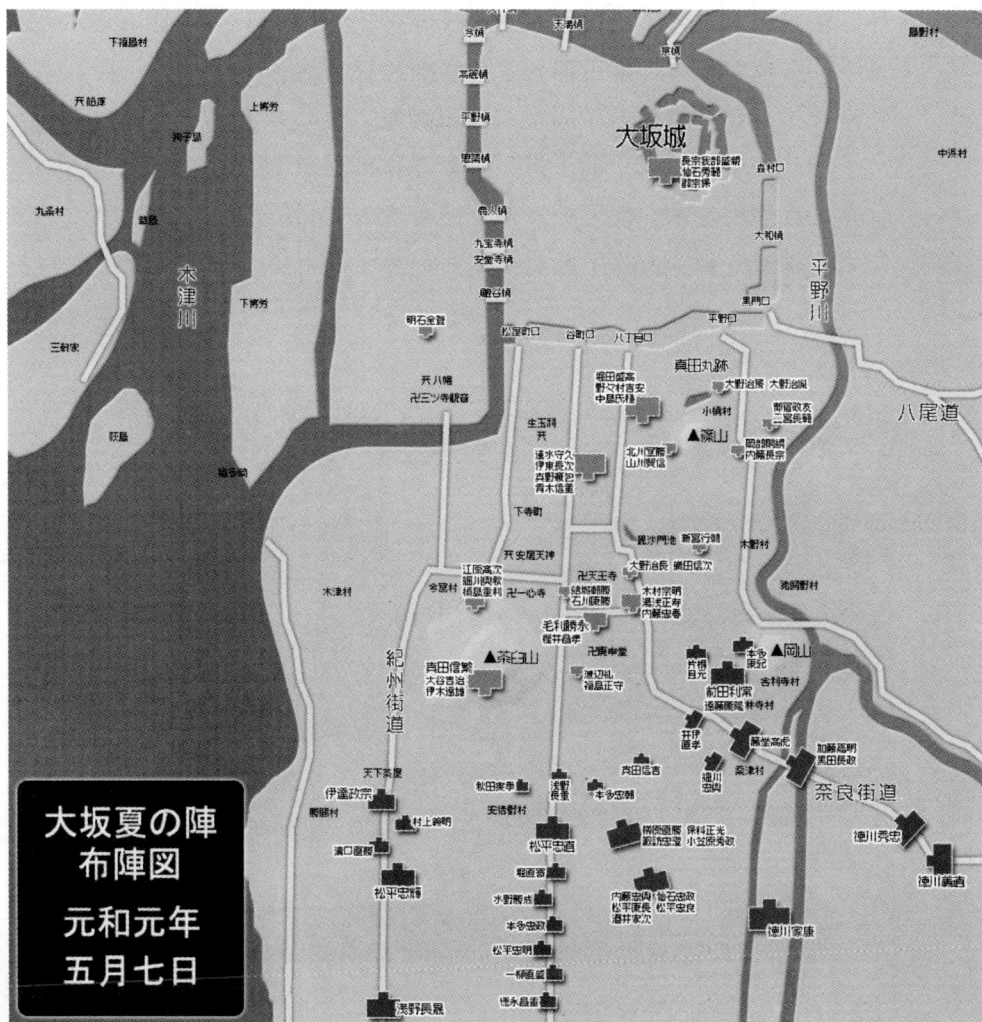

大坂夏之阵布阵图

　　在激烈的巷战中，浅井茶茶还指望让自己的儿媳——德川家康的孙女千姬为丰臣氏求情。但德川家康不仅没有丝毫的怜悯之情，反而公然指责丰臣秀赖不过是浅井茶茶私通家臣所生下的野种。在万念俱灰之下，浅井茶茶母子与一干丰臣氏家臣只能相继自杀。有趣的是，日本民间为了反击德川家康这种不厚道的"八卦精神"，日后编纂出了一个"吉田御殿"的故事，说的是被德川家康从大坂接回江户的千姬，每每在夜间引男子到御殿之前，玩弄之后加以毒杀。但无论如何，随着大坂夏之阵的终结，自应仁之乱以来，日本内战不断的战国时代算是画上了一个不算完美的句号。

位于大阪附近的真田信繁骑马铜像

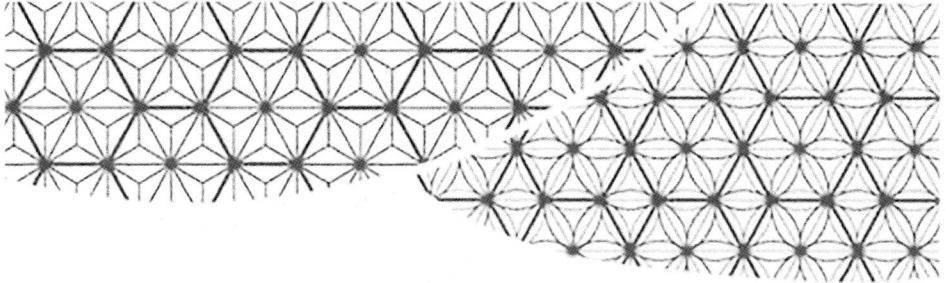

第二卷　御令天下

江户幕府初期的内政外交

六、元和偃武——大坂之战后"江户幕府"对日本政治版图的全面梳理

庆长二十年（1615）闰六月十三日，大坂之战的硝烟方始散去，江户幕府便颁布法令，要求天下诸侯在"一国"范围内，由大名所居住作为政厅所在的"城"只能保留一个，其余的"城"必须全部废弃。这条法令也由此被形象地称为一国一城令。

这一法令的出台显然含有明显的军事属性，日本国土狭小，山川密布。一座建于要隘之上的城堡，往往能起到抵抗大军，以弱敌强的作用。加之火绳枪等远程杀伤性武器在日本普及，更令攻城成了武士阶层的噩梦。德川家康本人自诩"擅长野战，不利攻城"，并非虚言。而作为他钦定继承人的德川秀忠，更曾为真田氏所据守的上田城所阻，一度错过了关原之战。

此番围攻大坂又颇费周折。更令江户幕府下定决心，要求天下诸侯破弃外围支城，以示自废武功。面对拥有无可匹敌的经济实力和武装部队的江户幕府，各地诸侯自然不敢抗令。但在具体实施的过程中，却纷纷秉承着"上有政策，下有对策"的宗旨，玩起了各种花活。

一国一城令最大的政策漏洞，在于对"国"和"城"的定义，原则上日本所谓的"国"，指的是自飞鸟时代以来，依照律令制

改革所设立的令制国，尽管历朝历代令制国的数量有所增减，但总体上还是遵循平安时代中期所颁布的《延喜式》律令，将日本分为五畿七道、六十六州，加上壹岐、对马两岛，总计六十八国。

	67-a: 羽後	
	67-b: 羽前	
	68-a: 陸奥	
	68-b: 陸中	
	69-c: 陸前	
	68-d: 磐城	
	68-e: 岩代	

1: 大隅 Ōsumi	11: 对馬 Tsushima
2: 薩摩 Satsuma	12: 伊予 Iyo
3: 日向 Hyūga	13: 土佐 Tosa
4: 豐前 Buzen	14: 阿波 Awa
5: 豐後 Bungo	15: 讃岐 Sanuki
6: 筑前 Chikuzen	16: 周防 Suō
7: 筑後 Chikugo	17: 長門 Nagato
8: 肥前 Hizen	18: 安芸 Aki
9: 肥後 Higo	19: 石見 Iwami
10: 壹岐 Iki	20: 備後 Bingo

	35: 河内 Kawachi	52: 遠江 Tōtōmi
	36: 紀伊 Kii	53: 駿河 Suruga
	37: 大和 Yamato	54: 伊豆 Izu
21: 出雲 Izumo	38: 山城 Yamashir	55: 相模 Sagami
22: 備中 Bitchu	39: 若狭 Wakasa	56: 甲斐 Kai
23: 備前 Bizen	40: 近江 Ōmi	57: 信濃 Shinano
24: 美作 Mimasaka	41: 伊賀 Iga	58: 武藏 Musashi
25: 伯耆 Hōki	42: 伊勢 Ise	59: 安房 Awa
26: 淡路 Awaji	43: 志摩 Shima	60: 上總 Kazusa
27: 播磨 Harima	44: 尾張 Owari	61: 下總 Shimōsa
28: 但馬 Tajima	45: 美濃 Mino	62: 常陸 Hitachi
29: 因幡 Inaba	46: 越前 Echizen	63: 下野 Shimotsuke
30: 隠岐 Oki	47: 加賀 Kaga	64: 上野 Kōzuke
31: 丹後 Tango	48: 能登 Noto	65: 越後 Echigo
32: 丹波 Tanba	49: 越中 Etchu	66: 佐渡 Sado
33: 摂津 Settsu	50: 飛騨 Hida	67: 出羽 Dewa
34: 和泉 Izumi	51: 三河 Mikawa	68: 陸奥 Mutsu

明治维新末期的日本令制国中已经加入了北海道地区

令制国作为一级地方行政区划，一度相对完整。但随着武士阶层的崛起，相互攻伐兼并，形成了强者跨州连郡，弱者亦画地而治的局面，昔日的令制国彻底沦为了一个地理上的概念。镰仓、室町两大幕府乃至战国后期崛起的织田、丰臣政权，虽号令天下，却亦未改变群雄割据的局面，而德川家康所建立的江户幕府，事实上也无法改变武士们封土而建的阶级属性。因此一国一城令所适用的显然不是令制国的范畴，而是一家一姓所占据的藩国概念。

若以领有一万石以上的大名为一藩，江户幕府治下的藩国在二百七十家左右。因此即便将一国一城令理解为一藩一城令，也仍在幕府的接受范围之内。可偏偏那些领有多国领地的所谓"强藩"对此有自己的理解。提出仍以自己名下领地所属令制国的数量来配置城堡，由于这些强藩或是昔日战国豪强的后裔，或是与将军沾亲带故的德川亲藩，幕府方面也只能听之任之。

纠结完"国"的概念之后，日本各地的诸侯又在"城"的问题上做起了文章。既然按照一国一城令的官方解释：由大名所居住作为政厅所在的"城"只能保留一个，那么如果承担行政职能的政厅与军事中心"城"不在同一个区域之内该怎么办？岛津家便抓住了这一政策漏洞，在废弃了除主要军事据点鹤丸城的所有支城的同时，以"麓"的名义在外广设据点。鉴于岛津家长期的桀骜不驯，江户幕府也只能采取默认的态度。

有趣的是，在日本各地的诸侯都绞尽脑汁想要钻一国一城令的空子，多设外部据点之时，毛利家却主动废弃了庆长十三年（1608）刚刚修建了四层六阶天守阁的岩国城，仅保留了同年获城这一座大型城堡，此举连江户幕府都颇为吃惊，特意命人询问说："毛利家领有周防、长门两国，完全可以保留两座大型城堡，又何苦破弃岩国城呢？"毛利家对此如何作答，史料中没有给出

岛津家以『麓』为名设立的军政据点

長島
出水
山野
高尾野
大口
野田
羽月
阿久根
鶴田
宮之城
佐志
高城
山崎
黒木
水引
東郷
大村
高江
平佐
蒲牟田
隈之城
入来
串木野
永利
樋脇
市来
郡山
吉田
伊集院
日置
鹿児島城
永吉
吉利
谷山
伊作
田布施
阿多
川辺
加世田
喜入
久志秋目
勝目
知覧
坊泊
今和泉
指宿
鹿籠
穎娃
山川
甑島

明确的答案。但在后续江户幕府频繁以类似推恩令的形式，要求强藩分家另立支藩的过程中，毛利家由于政治中心相对集中，令江户幕府一时也难以下手。

一国一城令虽然存在诸多的政策漏洞，但在执行过程中还是令日本岛内昔日林立的城郭由三千余座锐减至不足三百座。同时更有着深刻的经济意义。自日本列岛进入战国以来，各方势力不无依托家臣团的开疆扩土而日益强大。颁布一国一城令后，所有的家臣只能聚集于藩主的居城，再无力向外拓展领土。而城下町的繁荣又令大量的农业人口进入城市，促进了日本列岛商业和手工业的发展。

江户幕府统治时期熊本城城下町的繁荣景象

　　如果说一国一城令是江户幕府对各地诸侯扩充实力的现实制约，那么不断出台的《武家诸法度》则是一道道无形的精神桎梏。《武家诸法度》的初稿，为庆长十六年（1611），德川家康授意南禅寺住持以心崇传所编写。以心崇传俗家为室町幕府重臣一色秀胜的次子。早年间京都的生活，及亲见织田信长驱逐足利义昭，令这位名门公子很早便深蕴政治，此后虽出家为僧，却也是一路高升，二十四岁便已是摄津福严寺住持，三十七岁便已入主日本禅宗最高峰的南禅寺，由后阳成天皇钦赐紫衣袈裟。

　　庆长十三年（1608），在德川家康的御用外交僧西笑承兑的引荐下，崇传来到骏府，与另一位来路不明的高僧南光坊天海①共同协助年迈的家康处理政务，是以坊间有黑衣宰相之美誉。不过虽然同为和尚，崇传和天海的路数却并不相同。崇传有着深厚的佛学造诣和行政管理经验，因此更擅长于制定律法，而天海则混迹江湖，精于揣测人心。以方广寺钟铭事件为例，首先想到借题发挥的乃是天海。但以他的资历和才学，显然无法质疑精通汉学的南禅寺住持临济宗文英清韩长老所著的铭文，必须由崇传出面才能令大众信服。

　　德川家康很早便发现了崇传在咬文嚼字方面的

出身成谜的日本高僧天海

————————————————

① 由于天海经常以"俗事让人白费时光，因此我无论姓氏还是出生年都已经忘掉了"向外界和弟子们搪塞自己的出身。由此坊间有其为足利将军私生子，乃至是改变模样而活下来的明智光秀等多种不切实际的说法。但一般认为他出身于三浦氏一族的芦名氏，并生于陆奥国。

天赋，早于庆长十六年（1611）命其起草与诸大名之间誓约，只是当时丰臣政权依旧盘踞大坂，江户幕府仍不敢公然以天下霸主的身分自居，不仅誓约仅要求各地大名：遵守自镰仓幕府首任将军源赖朝以来幕府的法式，不得违背幕府发布的各种政令；各藩不得隐匿违背法度与违抗将军命令者；不可包庇家臣中之叛逆者及杀人犯。形式上只需签名表示服从而已。

　　而随着大坂之战终结，江户幕府除了正式于当年改元为"元和"之外，更利用天下诸侯于伏见城觐见德川秀忠之际，正式发布由崇传所起草的十三条武士阶层必须遵守的准则。

　　（一）专心修炼文武弓马之道，文左武右，古之法也，须兼备之。

　　（二）不可聚饮游侠。

　　（三）各国不可隐匿违背法度之人。

　　（四）诸国大名小名及诸侍从、士卒，发现叛逆或杀人者，应速追捕法办。

　　（五）自今以后，本国之外，不得与他国之人交往。

　　（六）诸国居城，即使修缮，亦当呈报，新城之建严令停止。

　　（七）邻国若有生事或结徒党者应速呈报。

　　（八）不可擅自缔结婚姻。

　　（九）有关诸大名江户参觐的规定。

　　（十）衣裳品级，不可混杂，君臣上下，各有其别。

　　（十一）杂役者不可坐轿。

　　（十二）诸国诸侍应节俭。

　　（十三）国主当选政务之良才任之。

　　上述法度，因颁布于元和元年，又被后世称为《元和令》。作为江户幕府首个面向全国大名的法令，《元和令》既继承了镰仓幕府以来武家法度的基本精神，又体现出江户幕府新的治国理念。如强调治国之本在于文武两道，增加了习文的要求，这是出于治天下的需要给武士增加的新任务。但除此之外的条文，则多是江户幕府为了防止战国时代"下克上"重演，对大名定下的规矩。如不可破坏身分秩序，不得结党营私，不得修缮及新建城池，显然均是为了防止各地大名借机扩充军力所制定的。

当然虽同为大名，在江户幕府眼中也还有远近亲疏之别。按照血缘、从属和归附三个级别，江户幕府将天下大名分为：亲藩、谱代和外样。

所谓亲藩，顾名思义，便是与德川家康有着血缘关系的大名。虽然由于祖、父早丧，德川家康没有太多的叔伯兄弟。但由于其母于大之方在守寡后不久，便改嫁尾张国知多郡国人首领久松俊胜，因此德川家康还是有了三个同母异父的弟弟以及三个妹妹。

德川家康得势之前，三个同母异父的弟弟便先后来投。家康亦摒弃门户之见，授予松平的姓氏。三弟康俊不幸早夭，家康对其颇为厚待；二弟康元于天正十八年（1590），授予下总国^①关宿藩二万石的领地，次年又加增至四万石；四弟定胜虽起步较晚，但在关原之战后，亦代替前丰臣系武将山内一丰，入主远江国的挂川藩，领有三万石的土地。但必须指出的是，松平康元、松平定胜与德川家康虽名曰兄弟，却实属君臣，因此他们仍被江户幕府纳入谱代重臣的行列。真正的亲藩，指的乃是由家康诸子所领有的藩国。

与丰臣秀吉相比，家康可谓子嗣众多。其中除了早年被迫自裁的长子松平信康，以及不幸六岁夭折的七子松平松千代、八子松平仙千代之外，余下的八个儿子皆在长大后成为家康的左膀右臂。

---

① 下总国：日本古代令制国，大致相当于今天日本的千叶县北部及茨城县西部。

德川家康同母异父的四弟松平定胜秀康虽然在生前恢复了松平的姓氏，但后世仍多称结城秀康

　　家康的次子秀康，虽早年先后为丰臣氏、结城氏所养，但在关原之战后，家康还是以关东压制上杉景胜的战功，将其由十万一千石的下总国结城加增移封至六十八万石的越前北之庄，并于庆长九年（1604）恢复了松平的姓氏。北之庄也由此成了江户幕府治下的第一个亲藩。

　　在确立了三子秀忠为继承人的情况下，家康很早便将与秀忠一母所出的四子忠吉视为秀忠未来的左膀右臂。因此早在童年时代便为父亲家康先后册封为三河国东条城和骏河国沼津城的城主。关原之战后，忠吉更受封五十二万石的尾张清州藩，俨然成了德川家族于近畿地区的马前卒。可惜，忠吉不久便身染重病，于庆长十二年（1607）三月五日病逝于江户。家康不得不把期望寄托在他的弟弟们身上。

　　家康的五子名唤信吉，由于生母与战国豪门甲斐武田氏颇有渊源，因此家康一度希望由其继承武田家，以实现自己对武田氏旧领占有的合法化。可惜，不久之后德川家便移封关东，信吉的领地也被缩减至三万石的下总国小金城。关原之战后，信吉便得以入主了昔日佐竹氏所领下的常陆国^①水户藩。名下有了二十五万石的封地。不过信吉身体羸弱，庆长八年（1603）便因病去世，年仅二十一岁。

出生于天正二十年（1592）的松平忠辉，可谓家康诸子的一道分水岭，这不仅是因为在他之后，家康的孩子均出生于江户和大阪，更由于此时的家康于日本列岛的政治地位，已处于坐二望一的强势上升期，可以放手地给予自己的孩子更高的起点。松平忠辉七岁便受封武藏国深谷地区的一万石领地，十岁便手握下总国佐仓五万石的封地。

庆长十五年（1610），十八岁的忠辉已经领有越后国高田藩及信浓国川中岛藩，总计四十五石的领地。四年之后，当忠辉废弃此前堀忠俊所建造的福岛城，又建高田城之际，德川家康更以江户幕府的名义，发出"天下普请"的调集令，要求包括忠辉的岳父伊达政宗在内的二十三家大名，为其出工出力。

今天的越后高田城

---

① 常陆国：日本古代令制国，大致相当于今天日本的茨城县东部。

或许站在织田信长、丰臣秀吉等战国枭雄的角度看来，松平忠辉可谓"含着金钥匙出生"的幸运儿。但在忠辉自己眼中，晚于自己出生的九弟义直、十弟赖宣、十一弟赖房，才是真正的得天独厚，生来富贵。

对于自己最小的三个儿子，德川家康可谓舐犊情深。庆长十二年（1607），刚刚元服的义直便接手了已故四哥松平忠吉的地盘，受封于织田信长的龙兴之地——尾张，其后他的领地更遍布美浓、三河、近江、摄津、信浓诸国，成了坐拥六十一万石的尾张藩的开创者。而赖宣二岁便继承已故五哥武田信吉留下的水户藩，八岁获得了家康晚年所居的骏府城周边五十万石土地的支配权。而在赖宣转封之后，水户藩又为三岁便领有常陆国下妻城十万石的同母弟赖房所有。

虽然江户幕府建立后不久，家康的次子秀康便于庆长十二年（1607）疑似罹患梅毒而病逝，但此时其嫡长子松平忠直已可元服，因此松平忠直所领有的越前北之庄藩、松平忠辉所领有的越前高田藩、德川义直的尾张藩、德川赖宣的骏府藩，以及德川赖房的水户藩便构成了江户幕府最初的亲藩。

亲藩之下，是由那些世代效忠德川家族而得以受封领地的谱代大名。广义上所有曾从属于德川家康麾下，且最后受封为大名的武士家族都可自称为谱代大名。为了将真田信之、加藤嘉明、藤堂高虎等较晚效忠德川家的大名，与跟随家康南征北战多年的从龙之臣相区别，后世多称之为准谱代大名或谱代格大名。

狭义的"谱代"大名自然是指那些曾为松平家及德川家服务多年的股肱干将。根据其出身，谱代大名一般分为家康远亲的十八松平、源自姻亲的外戚、在战场上立下汗马功劳的武功之家、长期忙于内部事务的执事御役之家，以及最近才获得提升的新参之家。如果根据服务松平、德川家的时间长短，又可分为安祥七家、冈崎十六家和骏河谱代。

　　理论上说，除了亲藩和谱代之外，其他日本列岛之上的封建大地主，都可以被打上外样大名的标签。这些在忠诚与亲密度上与德川家关系最不紧密的大名，却并非单纯的地方诸侯，他们与德川家族之间的博弈，将伴随江户幕府的始终，甚至极大地影响了日本的外交。

七、锁国之前——德川家康生前的日本外交及其成果

　　今天谈及江户幕府的外交，世人的印象大体无外乎"锁国"二字，但事实上，在德川家康所生活的时代，日本列岛正处于自室町幕府以来的长期对外开放的状态。

　　室町幕府曾长期持明帝国发放的银符，以朝贡的名义向明帝国派出贸易船只，在指定港口宁波交割货物，大明帝国则以国赐的名义交付日方所需的商品。不过在勘合贸易船上往往还载有大量的附载物，对于这些商品，明帝国在通过宁波市舶司进行抽分（即实物关税）之后，予以官买或由官准牙行（类似于今天的贸易公司）进行互市贸易。

　　值得一提的是，除了扇子、名刀、漆器等手工业产品之外，明帝国还大量从日本进口硫黄、银、铜等矿物。明帝国对硫黄的需求自然是源于军事领域，而以铜钱收购白银和日本铜，却是稳赚不赔的生意。日本国内银贱而钱贵，明日贸易后期，明帝国百分之十五左右的白银皆从日本流入。而日本的铜矿石中也含有大量的银元素，由于日本没有技术进行提炼，因此明帝国虽然以高价收购，但依旧利润丰厚。

　　尽管日商在宁波等地不可避免地要遭遇官准牙行的压价和欺骗，但在勘合贸易船停泊期间，当地市舶司提供日常饮食、用品的免费供应，款待周到。日商采购的中国产品如生丝、药材、字画、书籍更在日本列岛获利丰厚，甚至明帝国货币永乐通宝也在日本国内类似于今天美元的信用和购买力，以至于每每勘合贸易船返航之时，日本港口内外到处都是一片"唐船归朝，宣德钱到来"的喜悦之情。

　　可惜这样的景象，并没有维持多久。文正八年（1511）地方豪强大内氏和细川氏架空了室町幕府，假借日本国王源义澄（足利义澄）的名义包揽了第十五次勘合贸易。此例一开双方都自然可以撇开对方，独占利润。不过细川氏还未从此前名为永正错乱的内斗中恢复过来，大内氏却是如日中天，因此在当年的朝贡过程中，大内氏不但占据了正使的位置，还顺利地获得了明帝国的勘合银符，这意味着大永三年（1523）的第十六次勘合贸易自然将被大内氏强行"连庄"了。

令日本豪族趋之若鹜的勘合贸易

对于大内氏公然破坏江湖规律的"黑吃黑"，细川氏倒也并非无计可施的，因为在细川家商团之中有一位名叫宋素卿的外籍雇员。宋素卿本名朱缟，祖籍浙江鄞县。朱缟家世代经商，本属小康之家，但他的叔叔朱澄却在对日贸易中偷奸耍滑，最终在无法按时交货的情况下不得不将朱缟抵债给了日本商人汤四五郎。

作为一个被贩卖的儿童，朱缟在日本的境遇已无从考证，但可以肯定的是，朱缟最终步上了叔父和养父的后尘，进入了中日贸易领域却是不争的事实。而兼备中日两国的血统和教育背景，最终令改名为宋素卿的朱缟左右逢源，长期在中日贸易中利用金钱和谎言建立起非凡人脉。

在自己的同胞面前，宋素卿自称日本国王的女婿，而在文正八年跟随朝贡商团从中国返回之后，宋素卿又穿着明帝国的官服——飞鱼服，引来日本朝野一片艳羡。应该说明武宗朱厚照执政期间对封赏向来随意，武弁自参将、游击以下，都可穿飞鱼服。所以宋素卿以千两黄金行贿正德皇帝身边的贪财弄权的太监刘瑾，从非正常途径得到了这样一件衣服。宋素卿从中看到了明帝国内部的腐败，尽管细川氏手中只有明孝宗朱祐樘执政时期（1488—1505）发出的弘治年间勘合符，宋素卿依然认为可以瞒天过海。

大永三年四月间大内氏和细川氏的朝贡船先后抵达了宁波港。应该说此时两家实际上都没有明世宗朱厚熜政府所发放的嘉庆勘合符，但是大内氏所持有的正德勘合符毕竟距离较近，因此大内使团自宗设谦道以下都认为胜券在握，因此并不在意。而细川使团则做贼心虚，通过宋素卿上下打点，最终成功贿赂了市舶司主管太监赖恩。在"潜规则"的作用之下，细川氏的朝贡船得以优先入港查验。而在五月一日的招待宴会上，细川氏使团又被赖恩安排在相对尊贵的右手一侧。

客观地说事情发展到这里，深谙官场游戏规则的太监赖恩并没有关上大内氏朝贡的大门，以明帝国历年以来对日本朝贡船只来者不拒的惯例，大内氏也绝不至于血本无归。但赖恩和宋素卿显然都错误低估了日本人执拗的个性，在宴会之上大内氏正使宗设谦道当场发作。在与细川氏的鸳冈瑞佐争执一番之后，宗设谦道随即动员大内氏的商贾和水手冲入明朝海关收缴、存放随船武器的东库，带着"断人财路，如杀人父母"的仇恨，大内使团不仅火烧了嘉宾堂，刺死了细川氏正使鸳冈瑞佐，更在宁波周边大肆劫掠，最后才夺船逃回日本。

宁波之乱的发生，固然暴露了明帝国江浙一带承平日久、海防松弛的弊端，但更为严重的是明帝国在处理这一外交事务的过程中，不仅没有追究太监赖恩渎职、受贿的罪名，更草率地采取了断绝勘合贸易，废除福建、浙江两地市舶司的"鸵鸟政策"。中日贸易不仅对日本大有助益，同时也滋养着福建、浙江两地的大批商贾。中日贸易的断绝随即导致走私泛滥，民变四起，为葡萄牙人的介入及日后倭寇的横行大开方便之门。

宁波之乱爆发三年之后，葡萄牙人抵达了宁波外海的双屿岛，充当了中日走私贸易的"大买家"和"保护伞"。在这样的情况下，欧式步枪流入日本市场也就在情理之中。铁炮传入日本本土之时，正值中国汪直的走私团伙频繁往来于葡萄牙和日本，也正值明帝国准备对双屿岛实施武力清剿的前期。

葡萄牙人和汪直是否有化日本为其后方军工厂，进而与明帝国长期对抗的计划，世人不得而知。但天文十七年（1548）四月明帝国闽浙总督朱纨率军扫荡双屿岛，不仅将岛上的葡萄牙人杀戮殆尽，更"聚木石、筑塞港口"，彻底中止了葡萄牙人在浙江外海的活动。

一年之后，朱纨又在福建漳州府走马溪，突袭了正在与当地商旅交易的葡萄牙商船。尽管朱纨本人因在走马溪之役中擅杀了"通番"的九十六名当地商贾而遭遇弹劾，最终含恨自尽，但深刻感受到一个东方帝国的愤怒之后，葡萄牙人不得不改变了策略，在将贸易重心转为广东的同时，积极配合明帝国当地政府清剿海盗，疏通关系，最终得以于1553年获准入住当时被称为濠镜的澳门。而失去了葡萄牙人的支持，由中日两国海盗组成的"倭寇"尽管又活跃了近四十年，但在汪直被中国官方诱捕，戚继光、俞大猷等名将不懈的打击之下，最终走向了没落。

在倭寇肆虐的时代，中日交流不仅并未断绝，而且以另一种形式大行其道，并通过中药、火器等技术的逐渐传入，影响着战乱之中的日本社会。中医理论最早传入日本的历史可以追溯到中国南北朝时期，但是在隋唐盛行一时后便由于宋元的交替而陷入了低潮。随着日明贸易的发展和活跃，中医理论再次席卷日本列岛，并延伸出了崇尚金元医学的后世派和以医圣张仲景为祖师的古方派。中医理论不仅为日本医学的发展提供了助力，更令常年避居于深山中的"忍者"们成了研制迷幻、毒药的行家里手。日本忍者在潜行的过程中大多借助烟雾和爆炸，无疑是借助了火药之力。

近代日本史学家对火药武器的传入，大多采信南蛮铁炮说，即天文十二年（1543）八月二十八日，一艘原定行往中国的葡萄牙商船因避风而误入了九州岛南部的种子岛赤尾木港。当地领主惠时、时尧父子见葡萄牙商人携带有欧式火枪，随即以重金购置两支，命巧匠八板清定予以仿制，山寨出了名为种子岛铳的火绳枪，按照日本人向来喜欢夸大其词的性格，这种火绳枪日后被统一称为"铁炮"。

为了标榜此举意义重大，日本人不仅在种子岛建碑立馆，更

经过一番演变和神化，忍者最终成为
日本文化中的一部分

在以冷兵器为主的日本内战中，"铁炮"
迅速成了炙手可热的高端武器

编造了一个凄婉动人的故事：八板清定虽然成功地仿制了欧式火
枪，但始终未能尽善尽美。为了实现家主的要求，八板清定只能
答应葡萄牙商贾的要求，将女儿若狭姬许配给了对方。好在一年
之后，葡萄牙商贾再度抵达了种子岛，八板清定随即利用女儿回
家省亲的机会，对自己的女婿谎称若狭姬暴病而卒。

　　从国人的角度来看，八板清定"以女换枪"的故事充斥着无
聊、低俗、讹诈和欺骗，却在日本脍炙人口，从真实历史的投影
来看，八板清定的个人际遇与明治维新之后日本妇女大量走出国
门，用青春和肉体换取日本实现工业化和现代化的宝贵外汇如出
一辙。

　　有趣的是，日本列岛内战中使用火器的记录在种子岛铁炮传
入之前便已经屡见不鲜了，不仅应仁之乱中的交战双方有大量使

用飞炮、火箭的记录，即便是地处相对偏僻的甲斐国（今日本山梨县）的守护大名武田信虎，也有在种子岛铁炮传入近二十年之前就抓农夫"试枪"的恶行，由此可见，日本列岛将火药用于军事领域并非受葡萄牙人的影响。

事实上，蒙元帝国很早便将火药武器带入了沦为其属国的朝鲜。高丽政府更频繁以"防倭"为名向元、明两大宗主国进口火器和火药。在这样的情况下，中式火器必然通过各种形势渗透到了与朝鲜一衣带水的日本列岛。而无孔不入的中国商人更可能通过军火走私从日本谋求暴利。这一点从种子岛惠时父子购买葡萄牙火枪便可窥见一斑。起初双方语言迥异，根本无法沟通，此时一个关键性人物出现了，一个"大明儒生五峰者"主动出面担任的翻译，而"五峰"正是此时横行于中日海疆的海盗头子汪直的旗号。

汪直出生于大明徽州府，在这个以商贾文化而闻名的地区，汪直自然也不例外。他利用大明嘉靖年间海禁松弛之际，通过向日本、暹罗等地走私火药和丝绸迅速捞取了人生的第一桶金。随即又与同乡许栋所领导的海盗团伙合流。

值得注意的是，许栋所盘踞的宁波外海双屿岛恰是葡萄牙对华贸易中在窃取澳门之前的主要据点，《明史》载："佛郎机诸国入互市，闽人李光头、歙人许栋踞宁波之双屿为之主，司其质契。"根据葡萄牙人品托的《远游记》中的描述，双屿岛上一度侨居的外国人多达上千人，除了葡萄牙商贾外还有大量来自欧洲其他国家的基督徒和传教士。由此可见，无论担任种子岛惠时和葡萄牙人之间的翻译的是否就是汪直本人，中国走私贩子在西洋火枪传入日本的过程中都扮演了重要的掮客角色。

应该说，在战国时代日本政府的封闭很大程度上是被动的，由于倭寇的泛滥。日本的主要邻国大明与朝鲜都对日本封闭了国门。但随着大航海时代的到来，葡萄牙、西班牙等西方国家逐渐进入了日本的视野，由于这些国家的贸易据点中国澳门、菲律宾均在日本的南方，因此日本人统一称之为"南蛮"。

日本人眼中的葡萄牙货船

　　为了在内战中取得军事科技的优势，"南蛮船"在战国时代一度受到各地大名的热捧。除了火绳枪之外，西方式样的铠甲也一度深受武士阶层的喜爱，被称为"南蛮胴"。甚至在西班牙菲律宾总督写信要求丰臣秀吉归还所扣押的商船之时，丰臣秀吉竟以两套铠甲为价码。据说日本列岛总计只有六套正宗的西方铠甲，丰臣秀吉生前收集了四套，德川家康则通过各种渠道才搞到了两套。但是其山寨产品却大行其道。而西方先进的筑城、地理、天文等技术也在日本更有市场。其副产品基督教也正是在此时悄然在日本传播开来。

　　由于生前嗜于收集西方舶来品，织田信长被长期视为接受基督教的诸多大名之一。但恰如西方传教士所说，在织田信长眼中"他认为自己就是神，在他上面没有创造万物的神"。织田信长虽然对站在自己对立面的日本本土佛教颇多不满，甚至以第六天魔王自居。第六天魔王本身就是一个佛教用语，根据佛经中的解释，第六天魔王是佛祖释迦牟尼自身欲望的化身。织田信长以此为号，不仅是对所谓"佛敌"称呼的反讽，更证明了自己对佛学颇有造诣。如果说织田信长仍有信仰的话，他心中的净土也是极乐世界而并非天堂。

　　西方基督教团体真正开始在日本列岛布道，始于天正十三年（1549），当时天主教分支耶稣会在大内氏等地方大名的首肯下，公然在本州岛西部和九州地区活动。日本方面称之为吉利支丹。在与西方贸易往来频繁的北九州地区，基督教发展迅猛，甚至出现了大名皈依受洗，并于公元1582年向罗马教廷派出了少年使团，由于此时日本正处于天正年间，因此又称天正遣欧使。

　　虽然后世西方史料大肆吹嘘基督教对北九州地区大名的支持，但事实证明由于地理和航海技术的限制，葡萄牙和西班牙均无心卷入日本列岛的纷争，一度雄踞九州六国之地的大友宗麟甚至由于皈依了基督教而妻离子散，最终在耳川之战中为禁止基督教在领内传播的岛津氏所败，只能凭着西方传教士赠送的青铜大炮（国崩）和丰臣秀吉的支援才勉强保住了性命。

丰臣秀吉虽然保住了大友氏世代居住的丰后国领土，却对北九州的基督教势力颇为不满。公元 1587 年，丰臣秀吉首次明令禁止西方传教士在日本的布道。但经过近四十年的发展，基督教徒在日本已逾十五万之众，这些上帝的铁杆粉丝，并不是丰臣秀吉一句"日本乃神国"便能抹杀的。因此在此后的漫长岁月里，丰臣氏和江户幕府虽然均视基督教势力为毒瘤，但除了庆长元年（1596）以基督教势力内部纷争为由在长崎处死了少数传教士外，并未对其采取实质性的行动。

庆长十五年（1610），葡萄牙商船耶稣号抵达长崎，由于和当地水手发生争执，耶稣号船员在杀死六十名当地人之后，被日本方面击沉，货物也被洗劫一空。应该说控制当地的肥前国大名有马晴信虽然早年皈依基督教，也一度非常重视海外贸易，本应积极寻找机会与葡萄牙修复关系才是。但有马氏长期与西班牙交好，更在一年之前，受江户幕府之命窥测中国台湾，本就为遭遇台湾当地原住民抵抗而苦于无法交差的有马晴信，随即把所有的过错都推到葡萄牙人的头上，为了上达天听，有马晴信拿出六千两金银贿赂江户幕府派来调查的官员冈本大八。

如果只是单纯判定击沉耶稣号属于正常防卫，那么有马晴信自然无须如此大献殷勤。他还想借助冈本大八之力，让江户幕府将原属于锅岛氏的大片领土划到自己名下，以作为其"彰显国威"的奖励。可惜锅岛氏在北九州地区属于强大新兴势力，在远征朝鲜之役中亦有上佳表现。因此冈本大八虽然收下了有马氏的贿赂，却一直苦于没有机会向德川家康开口。

行贿受贿本就是为领导者所忌的"潜规则"，冈本大八虽然拿了钱不办事有些不厚道，但有马晴信稍微有些脑子也该懂得忍气吞声的道理，但这位雄踞长崎的海上巨商，竟然利令智昏地主动向江户幕府揭发此事，那么最终鱼死网破的结果也就不难预料了。

　　在德川家康的亲自质问下，冈本大八自知难逃一死，于是大肆揭发有马晴信勾结西方传教士的诸多不法举动。以冈本大八的供词为基础，德川家康先是判处有马晴信流放，不久之后又勒令其自杀。而在冈本大八以火刑被处死的同时，大批日本基督教徒也迎来了同样的命运。庆长二十年（1615）包括大名高山右近、内藤如安等在内的一百四十八名日本基督教徒被流放西班牙殖民地马尼拉。

抵达马尼拉的高山右近

　　德川家康之所以选择此时打压日本国内的基督教势力，很大
程度上是由于公元 1600 年荷兰商船博爱号漂泊到九州，德川家
康在接触了船上的英国船员威廉·亚当斯之后，很快便发现"南蛮"
势力并非只有葡萄牙和西班牙独大，在辽阔的太平洋上还活跃着
荷兰人和英国人。而后者同样具有与日本展开贸易的能力，且根
本不在乎改变自己生意伙伴的信仰。

　　威廉·亚当斯是个擅长吹牛的海盗，因此后世有关他的著作里，
他几乎独立改变了日本列岛的命运，甚至出现在关原之战中，帮助
德川家康击败了石田三成。但不可否认这位改名为三浦按针的英国
人极大地改变了江户幕府对世界的看法。德川家康及其继承者们从
他的身上看到了东亚以外世界的辽阔和西方殖民者的勃勃野心。

西方画家于 1707 年根据威廉·亚当斯之行绘制的日本地图，右下角为威廉·亚
当斯觐见德川家康的想象图

　　根据荷兰和英国政府提出的"西班牙人正在测量日本各港水文，以利日后派兵"的情报，江户幕府第二代掌门人德川秀忠颁布了更为严苛的禁教令，其以火刑处决西方传教士和日本基督教徒的举动，被罗马教廷称为"元和大殉教"。为了垄断日本市场，荷兰和英国的舰队也在海上拦截试图进入日本的西方传教士。

　　有趣的是，自定鼎列岛以来，德川家康虽然开始逐渐缩小日本与西方世界交流的窗口，却又努力以日本国主的身分修复与邻国中、朝的关系。日本史学家称之为大君外交。鉴于丰臣秀吉所发动的入侵，朝鲜王国长期对日本保持着敌意，一度将派往日本的使团称为"探贼使"。尽管德川家康通过遣返"侵朝战犯"（其实是替罪的死囚）献尽了殷勤，但朝鲜王国最终也不过是和对马藩订立了每年二十艘的岁遣船贸易额度的《己酉条约》，俨然将日本当成了自己的藩属对待。

　　有趣的是，在此期间，朝鲜方面曾就相关问题征求过大明帝国的意见。对此明帝国兵部方面给出的建议是："倭与朝鲜款事，未可悬断。总督万世德熟知倭情，职在经略，宜令酌议以闻。"明神宗朱翊钧虽然从万历十四年开始便由于各种原因，沉湎酒色、怠于政事，但对朝鲜和日本的事务却颇为上心，当即批准了兵部的建议，命令时任蓟辽总督的万世德给出相关意见。

　　万世德，字伯修，是山西偏关县人士，据说是跟随中山王徐达南征北战的大将万杰之后。不过传到万世德这一代，家中早已没有了世袭武职。万世德早年当过几年捕头。但他并不甘于人下，在一番发奋图强的淬志读书之后，终于在公元 1570 年和 1571 年连续两科高中，以进士身分外派南阳县令，开始了自己的仕途。《明史》中说万世德"生有膂力，擅骑射，又长于边陲，习地方要害防御机宜"，因此很快被提拔为兵部侍郎，不久又调任西宁兵备道。

　　兵备道本是明帝国在边疆及各省要冲地区设置的整饬兵备的后勤机关，并不直接参与前线作战。但万世德到任之后，却"遇敌入寇，躬擐甲胄，率将士御之"，结果"五战皆捷"，从此一战成名。万历援朝之役打响之后，明帝国于天津设立前敌指挥部，万世德被举荐为都察院右佥都御史，专门负责海防事务。1597年受命辅佐兵部尚书兼蓟辽总督邢玠前往朝鲜前线参战。

　　尽管《明史》之中关于万世德指挥大将董一元等人"直逼釜山，生擒及斩获倭大将平正成等五名，杀倭大将军平义智，擒斩真倭兵二千四百四十八人，焚倭舟七百余只"的战绩未必可靠，但万世德在朝鲜亲自参与了作战行动，并在日本军队撤退之后，仍与李丞勋率兵三千驻戍朝鲜却是不争的事实。而在万历二十九年时，万世德刚刚于一年前从朝鲜撤回，对于朝鲜王国和日本方面的情况颇为了解。明帝国兵部提议由其"酌议以闻"，倒也算是对症下药。

　　万世德毕竟在朝鲜待过很长一段时间，深知朝鲜与日本一衣带水，且在经济上存在强烈互补性，很难长期保持对立的状态，因此回复称："不过对马一岛寻盟请成，非关日本复仇雪耻。"可惜这一相对正确的建议却遭到兵科给事中孙善继的驳斥，孙善继表示："此实畴昔之故智，固不可以区区一岛之倭而易视者。设中国以此缓朝鲜，朝鲜复以此自缓，恐互相推诿，坐失事机，其究必至于两误。宜责成该国自谋自强，勿得借口请裁，往返渎奏！"言下之意是"严防死守，对日斗争这根弦一刻也不能松懈"。

　　好在明帝国的兵部不都是孙善继这样的愤青，随即给出了"在朝鲜，惟当计讲款之可、不可，而不当计中国之许、不许；在中国，惟当问防海之备、不备，而不当问朝鲜之款、不款"。算是摆出了一副"负责任的地区大国""不干涉别国内政"的政治姿态。

今天骏府城内的德川家康放鹰雕像

八、御家骚动——德川家康死后江户幕府内部的政治暗战

　　元和二年（1616），隐居中的德川家康在一次出外放鹰的过程中突然病倒，随后不久，这位七十五岁高龄的老人便病故于骏府城中。在这座曾经见证一个名为竹千代的少年寄人篱下生活的城市里，德川家康生命里最后的时光在想些什么，或许永远没有一个答案。因为这位位极人臣的枭雄，在辞世之时所念叨的并非什么豪言壮语，而是平和的"一嬉一觉两世人，浮华若梦转头空"（嬉やと 再び覚めて 一眠り 浮世の梦は 晓の空）。

　　在家康生命最后的时刻，后水尾天皇派出使节，正式授予其太政大臣的官爵。令家康得以比肩平清盛、足利义满和丰臣秀吉，成为日本历史上第四个以武家身分出任公卿领袖的人。但江户幕府方面却犹未满足。在将父亲的遗体入葬骏府城外的久能山之后，德川秀忠启程返回江户，开始与一干重臣商讨家康身后的"神格化"问题。

　　应该说，秉承着东亚先祖崇拜的原始信仰，日本神道教在平安时代授予已逝天皇及重臣以神格的案例并不鲜见。但是，随着佛教文化的深入，此类现象逐渐绝迹。直至丰臣秀吉统一列岛之后，遵循当时盛行的净土宗的理念，丰臣秀吉很早便确立了自己死后要归葬于京都东山的阿弥陀峰，并以新八幡大菩萨的神格接受后世的供奉。

　　八幡神本是日本本土弓箭之神彦火火出见尊与应神天皇、神功皇后的相结合。在平安时代，因受佛教的影响而被称为八幡大菩萨。初期的八幡神常被视为镇守国家、去除灾厄、保佑生产的祭祀主神。镰仓幕府建立之后，由于广受武士阶层的供奉，八幡大菩萨逐渐演变成保佑武士阶层的战神。丰臣秀吉试图成为新战神的设想，在其死后很快便遭到了公卿阶层和神道教系统的抵制，最终在京都吉田神社社主吉田兼见及其弟神龙院高僧梵舜的力荐之下，丰臣政权接受了将丰臣秀吉的神号改为丰国大明神的建议。

今天的丰国神社

有了丰臣秀吉的垂范，梵舜联合以心崇传，试图劝说德川秀忠同样采用大明神为家康的神号。但家康生前颇为信赖的另一位高僧南光坊天海却竭力反对。此事常见的说法是：天海认为丰臣秀吉的神号是丰国大明神，之后丰臣家城破家灭，故而大明神这一神号十分不吉利，用来祭奠故去的德川家康，将于江户幕府不利。但事实上，天海之所以坚持不采用大明神的神号，还是由于当时日本国内佛教与神道教的争权夺利。

据传天海和尚最初研习天台宗佛法于京都比叡山，因此在关原之战后也在家康的任命下出任比叡山最高职一探题，主持遭信长烧毁的延历寺的重建工作，并逐渐复兴了日本佛教中的天台宗。值此家康逝世，幕府面临神道体系选择的关键时刻，天海自然要出面兜售他的宗教理念，推出了极富神佛结合意义的"大权现"神号。

与一直以来作为神号传统称呼的明神号不同，权现一词直接源于《金光明最胜王经》等佛教典籍中，即佛、菩萨为便于普度众生而以种种"权"（权且、暂时的）形态现身世间之义。这一含义与日本的"本地垂迹"思想密切相连。选择权现为家康的神号，不仅为天台密教思想的导入和山王神道的推行提供了便利，也为后世家康神格含义的解读留下了空间。

元和二年九月七日，朝廷向江户幕府提出四个权现号的相关方案，最终秀忠选定了"东照大权现"为自己父亲家康的神号。此后，东照神社作为以药师如来为本地佛的神佛习合神社创立而成，最初在久能山，一年之后的元和三年（1617）四月十七日正式迁至日光山内，家康的神格化也宣告完成。

在处理自己父亲家康身后事的同时，德川秀忠也开始暗中发力，调整着江户幕府此时的政治体系。此时大权在握的秀忠，深知除了各地仍蠢蠢欲动的外样大名之外，自己的一干兄弟也同样

今天的东照神宫

尾大不掉。而在诸多亲藩之中，秀忠最为担心的还是自己的五弟松平忠辉。

在江户时代的记载之中，松平忠辉常以不为家康所喜的逆子形象出现，但具体的原因却又显得颇为牵强。比较常见的说法，是因为忠辉的生母茶阿局出身卑贱，曾是远江国金谷村一个铁匠的妻子，只因年轻貌美才为德川家康纳为侧室。但从德川家康的家庭情况来看，其侧室也大多来自中下级武士的家庭。何况茶阿局聪慧过人，极具政治天赋，一度深受家康的器重。家康因嫌弃其母的出身而厌恶忠辉的说法，显然站不住脚。

还有一种观点认为，松平忠辉自幼皮肤黝黑，面目凶恶，因此一度被家康丢弃。近臣本多忠信看不下去了，才将其捡回，并寄养在了下野国栃木城主皆川广照的家中。但在当时这种将孩子丢在佛寺近旁，再安排下属捡回，寄养在家臣府中的做法，都是大名为保佑孩子健康长大的惯用手法，并不能视为家康不喜欢忠辉的证据。至于野史中忠辉七岁时第一次见到家康，家康认为其神似自己的长子松平信康，似乎也不能作为厌恶的理由，毕竟无论是迫于信长的压力，还是父子之间确有龃龉，此时的信康在家康心目中更多的只是自己日思夜想的孩子而已。

事实上，从忠辉的成长经历来看，家康非但没有因为其母出身卑贱，或相貌凶恶而对其有所偏见，反而给予了更多的优待和宽容。如庆长十四年（1609），忠辉的养父皆川广照连同重臣山田重辰、松平清直向家康告发忠辉不听管教、胡作非为，家康并未怪罪忠辉，反而将皆川广照、松平清直两人改易，勒令山田重辰切腹。

但是家康对忠辉的宠溺，却养成了此子目空一切的骄纵。在对丰臣系展开最后一击的大坂之役中，忠辉先是在冬之阵中对父亲要求其留守后方的命令表示强烈不满，擅自从高田城出兵；在其后的夏之阵中，忠辉虽被任命为大和国方面的兵马总指挥，却又违期迟至。在进军的过程中，更以擅闯军列为由，处斩了秀忠的直属旗本长坂信时等人。

但即便如此，家康对忠辉的种种行为却似乎依旧没有太过气恼，在向天皇上奏大坂之战胜利的消息之时，家康特意要求忠辉与之同行，却不料被忠辉以身体不适为由拒绝了。而在家康抵达京都之后，得知忠辉此时正在风景秀丽的嵯峨野和桂川一带游玩。盛怒之下，家康命人向忠辉传达了"此生父子不再相见"的决绝。虽说"父子没有隔夜仇"，但家康却直至弥留之际，也没有召忠辉来见自己最后一面。忠辉虽只身赶赴骏府城，却始终未被准许进入，只能在城外的禅寺徘徊。家康去世后不久，早就对忠辉心怀不满的秀忠随即下令，剥夺忠辉的封地，将其流放于伊势国的朝熊山中。

此后，松平忠辉的生母茶阿局虽多方活动，却始终没有能令秀忠收回成命。忠辉此后又先后于元和四年（1618）、宽永三年（1626）被押送至飞驒国的高山和信浓国的诹访软禁，并最终于天和三年（1683）以九十二岁的高龄病逝于诹访的高岛城内。

今天依旧风景秀丽的嵯峨野

松平忠辉的悲剧，表面上来看完全是由于其个人骄妄的性格所导致的，但从另一个角度来看，家康对其长期以来的恩宠和最终的抛弃，又何尝不是一种政治上的布局。从古至今长寿的统治者，都不得不面临自己年老体衰，而继承人春秋日盛的困局。面对急切想要取自己而代之的后辈，上位者唯一自保的办法，只能是为其扶植几个竞争对手，形成相互牵制的局面以求自保。因此，家康对忠辉的纵容，除了父爱之外，也不排除有向秀忠示威的成分。

随着大坂之役的终结，江户幕府再无强大的外敌，家康自然也就不需要在家族内制造对立和矛盾，是以便开始打压忠辉，直至临终前将其彻底抛弃。可怜松平忠辉并未参透自己父亲的用意，至死还带着家康送给他的野风之笛，因为据家康说，这个笛子历经织田信长、丰臣秀吉和自己之手，乃是"天下人"的象征。

流放了松平忠辉的同时，德川秀忠对剩下三个弟弟的官爵和封地也进行了调整。九弟德川义直此前刚刚于元和元年（1615）迎娶了浅野幸长的女儿，获得美浓国境内近十万石的领地，因此便不再加封，只是让朝廷授予其权中纳言的官爵。有了五哥忠辉的前车之鉴，义直于次日便辞官不就。以这种方式向秀忠表示自己所领导的尾张德川家并无争雄之心。

眼见九弟义直如此恭顺，秀忠随即便将权中纳言转给了十弟德川赖宣。赖宣也依样画葫芦，用辞职来向自己的哥哥输诚。不过与封地位于尾张地区的义直不同，德川赖宣此时领有着家康生前投入巨大精力营建的骏府城及周边五十万石的膏腴之地，着实令秀忠无法放心。

元和五年（1619），秀忠最终将赖宣转封至纪伊国。名义上，此番转封赖宣增加了伊势国南部五万石的封地，总计领有了五十五万石，但这块新领地无论从地理位置还是主城规模上均不可与骏府同日而语。是以赖宣转封后不久，便提出希望重建大坂作为自己的居城。这一要求秀忠当然不会答应，心中不免对自幼便雄心勃勃的赖宣产生戒备。不过这只是赖宣所领导的纪州德川家与江户幕府交锋的第一回合，好戏还在后头。

　　对于自己的幼弟赖房，秀忠表现出极不寻常的关心。元和五年十月，已经十七岁的德川赖房第一次被允许前往自己的封地水户藩居住。但仅仅两个月之后便被召回，从此便常年居住于江户城内，直至宽永二年（1625）才得以正式就藩。

　　之所以出现这样的局面，江户幕府给出的解释是因为德川赖房较秀忠的嫡长子德川家光仅年长一岁，因此秀忠有意让他们叔侄共同成长，日后并肩治理天下。但水户藩方面的记录却是，赖房第一次就藩之后，江户幕府方面便接到了其身着奇装异服，佩刀于街上，举止轻狂的检举，有意将其拿往江户治罪。好在其家臣山中信吉冒死向江户方面进行了陈述和辩解，才保住了赖房的政治地位。

　　无论如何，在父亲家康死后，秀忠终究凭借着自己的政治手腕避免了一场因各地亲藩尾大不掉所引发的兄弟阋墙。接下来他所要做的，便是利用自己的政治威望为自己的嫡长子德川家光顺利接盘保驾护航。为此，元和九年（1623）六月二十五日，德川秀忠离开江户前往京都，临行之前他突然下令，命自己的侄子松平忠直"隐居"，顿时引发了天下诸侯的集体惶恐。

身着公卿服装的德川秀忠

　　松平忠直不仅是德川秀忠的二哥松平秀康的长子，更是秀忠三女胜姬的丈夫。如此王亲国戚，本可坐享其成，偏偏忠直本人还颇为努力，在大坂冬之阵奋勇先登，率部猛扑真田丸。虽因仰攻不利而折损了不少兵马，甚至一度遭到了祖父家康的训斥，却也知耻而后勇，在随后的大坂夏之阵中砍下了真田信繁的脑袋，并第一个冲入大坂城中，可谓军功赫赫。

　　但就是忠直如此抢眼的表现，在战后论功行赏方面，他的叔叔兼岳父德川秀忠却只给了一个名为初花肩冲的名贵茶器以及从三位参议左近卫权中将的官衔。虽说出产于宋末元初中国的初花肩冲号称"天下三肩冲"之一，曾为足利义政、织田信长、丰臣秀吉等名人所把玩。外人看来松平忠直既然已经继承了其父七十五万石的领地，似乎不应该再奢求增封，但事实上松平忠直可谓有苦说不出，因为他名义上所领有的土地，此时全在叔叔兼岳父秀忠掌握之下，他之所以在战场上如此拼命，求的也不过是拿回自己失去的东西。

　　事情还要从大坂之役爆发之前的庆长十七年（1612）说起，当时松平忠直刚刚迎娶了自己的堂妹胜姬，正享受新婚燕尔的甜蜜，完全没有想到自己治下的北之庄藩内竟会因为另一场婚配问题，引发被后世称为越前骚动的家臣对立。

　　所谓"骚动"，在江户时代特指那些因为家督继承、争权夺利等而引起的家臣之间纷争。因为主要集中于各藩的上层管理者，是以又常被称为"御家骚动"（お家骚动）。而在越前骚动之前的庆长十三年（1608）和庆长十五年（1610），受封于伊贺国上野藩的筒井氏及越后国福岛藩的堀氏内部均发生骚动，是为筒井骚动和越后福岛骚动。

　　客观地说，筒井骚动和越后福岛骚动虽然爆发点不尽相同，成因却都是因为家督与重臣之间的对立，筒井氏内部长期都存在

江户时代第一个因为御家骚动而倒霉的大名筒井定次

着以岛清兴 ① 为首的旧臣派与以中坊秀祐为代表的宠臣派之间的对立。虽然在关原之战前后，筒井氏家督定次一度通过驱逐岛清兴、打压旧臣派压制了双方之间的矛盾。但随着局势归于平稳，筒井定次也不愿看到中坊秀祐长期大权独揽，试图利用藩内火灾等问题，煽动旧臣派逼迫中坊秀祐下台。

中坊秀祐先后在战国豪强松永久秀、丰臣秀吉的弟弟丰臣秀长手下工作过，自然不甘任由筒井定次如此摆布，当即前往骏府向德川家康告发定次沉迷酒色、秘密信仰基督教，以及与丰臣氏暗中勾结等罪状。沉迷酒色和信仰基督教本已是重罪，勾结丰臣在当时的家康看来更是不可饶恕，所以当即便剥夺了筒井氏的封地。此后在大坂冬之阵中借口从城中射出的箭上有筒井氏的标记，而勒令筒井定次父子自裁。

───────────────

① 岛清兴：日后在关原战争中为石田三成奋战的名将岛左近。

越后福岛骚动的主角则为堀氏一门。当时领有福岛藩的堀忠俊尚且年幼，藩政主要由早年担任过织田信长小姓的重臣堀直政代为执掌。庆长十三年（1608）堀直政病逝之后，他的两个儿子堀直清、堀直寄相互对立。堀忠俊听取了堀直清的意见而将堀直寄流放。堀直寄随即也选择前往骏府城，向德川家康上诉。

德川家康起初似乎并没想对迎娶了自己养女的堀忠俊赶尽杀绝，因此只是将其与堀直清一同唤至骏府，与堀直寄当面对质。家康此举表面上看，似乎并无特定的立场，但若仔细分析便不难看出，江户幕府如果对堀直寄的申诉不予采信，那么根本就没有召集众人对质的必要。因此福岛藩若想躲过这塌天之祸，理应要求堀直清切腹谢罪，然后再由堀忠俊出面谢罪。可惜年轻气盛的堀忠俊并没有这样的觉悟，抵达骏府之后竟当面为堀直清进行辩护。家康盛怒之下，宣布将其领下的六十五万石土地全部剥夺，崛起于战国后期的堀氏一门也由此淡出了历史的舞台。

相较于筒井骚动和越后福岛骚动而言，越前骚乱的成因虽然也是家臣内斗，但起因实在难登大雅之堂：当时松平忠直所领导的越前北之庄藩内有一个被称为久世但马守的武士，他名下乡村的一个妇女嫁给了另一个武士冈部自休治下邻村的一个男子。婚后那个男子前往佐渡岛淘金，但这一去之后，便是音空信渺。那妇人以为丈夫客死他乡，便寻夫另嫁。不想几年后，前夫却悄然归来。这一女二嫁之事随即引发了一连串的纠纷和仇杀。

客观地说，日本民风好斗，这样的事情不要说放在战国乱世之中，即便是其他各藩恐怕也掀不起什么风浪。偏偏此时北之庄内部正处于松平秀康时代的老臣本多富正，与今村盛次等后起之秀的对立之中。本多富正出面支持久世但马守，今村盛次等人则为冈部自休撑腰，北之庄藩的内部矛盾不断升级，以至于一度出现双方各自在北之庄城内纠集武装，准备火并的局面。

　　如此严重的事态，自然引来了江户幕府的干涉。虽然今村盛次在骏府城中为自己竭力申辩，但本多富正终究是江户幕府的谱代重臣，家康对其勉励了一番，转身便将今村盛次等人一一囚禁了起来。但事实上，真正与本多富正站在对立面的，恰恰是年轻气盛的松平忠直。因此越前骚动之后，忠直虽未被没收领地，却被本多富正及其幕府增派的本多成重处处掣肘。

　　在始终无法亲政的情况下，松平忠直对自己的叔叔兼岳父日益不满。元和七年（1621）竟公然以身体不适为由，拒绝前往江户参勤交代。所谓参勤（觐）交代名义上是要求各地大名定期来江户参觐和辅佐征夷大将军，而这些大名的正妻嫡子则被要求常住江户，变相扣为人质。其间在江户建造邸宅、供养妻室、家臣的费用及参觐的路费，也都由大名自己承担。为了不在人前丢脸，前往江户的大名无不盛装出行。最为奢侈的前田氏不仅沿途每餐都由专属厨师亲自烹调，甚至连洗澡水都要由自己的领地运出，据说是为了防备有人下毒。时至今日，日本国内仍将豪华、奢侈的旅游称为"大名行列"。

　　参勤交代虽然没有太大的实际意义，却是各藩向江户幕府"表忠心"的重要方式。松平忠直身为亲藩大名，竟然公开抗命，自然令德川秀忠颇为不满。次年北之庄藩内又传言忠直意图谋杀自己的妻子胜姬、准备出兵攻打本多富正等重臣。有鉴于此，秀忠果断命忠直"隐居"，并将北之庄进行了拆分：松平忠直的二弟松平忠昌继续领有以越前国福井城为中心的五十万石土地，三弟直政、四弟直基、六弟直良则分别领有大野藩五万石、胜山藩三万石及大本藩二万五千石，而地理位置颇为险要的丸冈城，则被秀忠单独赏赐给了本多成重。至此，昔日秀康所领有的七十五万石的北之庄藩不复存在。

　　值得一提的是，秀忠虽然将忠直这个侄子兼女婿一撸到底，

晚年的松平忠直

却对其与自己女儿胜姬的独子松平光长颇有香火之情，早在元和七年（1621）便将其接到江户抚养。在将忠直流放之后，更一度想要将北之庄交给光长来继承。可惜忠直兄弟众多，谁也不甘屈居一个黄口孺子之下。经过一番权衡，秀忠最终决定让光长前往越后，继承自己五弟松平忠辉所留下的高田藩。在秀忠看来，这番安排可谓妥当，却没有想到多年之后，松平光长也会步其父的老路，成为另一场御家骚乱的主角。

九、问鼎宫中——德川和子与后水尾天皇的婚姻及幕府"老中"体系的确立

　　在勒令侄子兼女婿的松平忠直"隐居"后，德川秀忠心安理得地踏上了前往京都的道路。作为征夷大将军，秀忠在元和二年（1616）亲政之前，坐镇江户的他并不时常出现在京都，毕竟此时与朝廷联络的事宜，主要由名义上已经退隐的大御所德川家康

负责。秀忠的主要工作仍是稳定德川在关东地区的政治基本盘。但随着家康的去世，秀忠不得不与后水尾天皇政仁及一干公卿打起了交道。而他遇到第一个的问题，便是如何安排自己的女儿德川和子尽快入宫。

德川和子出生于庆长十二年（1607），早在五岁之时，爷爷家康便忙不迭地为其挑选好了未来的丈夫，开始积极运作，安排她与当年即位的后水尾天皇之间的婚事。

秀忠的长女千姬，早在庆长二年（1597）便许配给了丰臣秀吉的独子秀赖。自庆长八年（1603）开始便作为维系德川与丰臣家微妙关系的人质，生活在大坂城中。在德川家最终攻破大坂城后，千姬又被父亲秀忠改嫁给了德川家谱代重臣桑名藩主本多忠政的嫡子本多忠刻。而在这一过程中，曾在大坂城中救下千姬的津和野藩主坂崎直盛竟争风吃醋，在千姬出嫁的当天，试图公然武装抢亲。结果相关消息被幕府方面察觉，出动大军包围了坂崎直盛的居所，走投无路之下，坂崎直盛为家臣所杀。

据说出于对女儿第一段不幸婚姻的亏欠，秀忠在千姬再嫁后不久，便将本多忠政移封至十五万石播磨国的姬路藩，并给予了千姬十万石的封地作为嫁妆。可惜千姬再婚之后，与本多忠刻的独子幸千代三岁夭折。为了不成为夫家家业传承的障碍，千姬于宽永三年（1626）丈夫死后，带着女儿胜姬回到江户，落发为尼。

同样出于政治目的，秀忠的次女珠姬三岁时便被爷爷家康于庆长五年（1600）许配给了加贺藩主前田利常。虽然婚后夫妻的感情似乎不错，从庆长十八年（1613）开始珠姬先后产下了三子五女。但连续的生养极大地损害了她的健康，最终于元和八年（1622）在产下第五个女儿后不久病逝，年仅二十四岁。

浮世绘中的千姬

　　如果说家康将秀忠的第三个女儿胜姬嫁给自己的孙子松平忠直是以"亲加上亲"的名义加强江户幕府对越前北之庄藩控制的话，那么秀忠的第四个女儿初姬的婚姻，则是其母族浅井氏对德川家族的反向捆绑。

　　德川秀忠的正室浅井江可谓"大有来头"，其母是号称"战国第一美人"的织田信长之妹织田市，其父则是一度雄踞近江的浅井长政。她的两个姐姐，一个给丰臣秀吉当了"小三"，即丰臣氏继承人丰臣秀赖的生母浅井茶茶，另一个则在德川氏与丰臣氏的大坂决战中扮演居中调停的角色，即"萤火虫大名"京极高次的夫人浅井初。

　　京极高次之所以被揶揄为"萤火虫大名"，除了其家族早年不过是浅井氏的家臣，并无显赫的出身和战功之外，主要是因为京极高次很早便把自己的妹妹京极龙子送上了丰臣秀吉的龙床，此后又靠着自己的小姨子浅井茶茶的提携，才最终领有了近江国大津城六万石的领地。对其颇为鄙夷的各方诸侯便以"萤火虫屁股发光"来讽刺京极高次全凭裙带关系上位。

　　但是对于这些风言风语，京极高次本人似乎并不在意，不仅在关原之战中，审时度势地背弃丰臣政权，转投德川家康的阵营，战后更怂恿自己的妻子浅井初多次造访骏府和江户，大搞"夫人外交"。据说庆长七年（1602）自己的第四个外甥女初姬刚刚出生，前来祝贺的浅井初便请求妹妹将这个女儿许配给自己的儿子京极忠高。浅井江拗不过姐姐，便一口答应了。

　　根据正史记载，初姬正式加入京极家的时间为庆长十一年（1606）。显然这个女孩如果再多等上几年，可能便会成为爷爷家康推举为皇后的不二人选。但可叹造化弄人，初姬不仅没能嫁入皇室，与自己的丈夫京极忠高的关系也并不和睦，宽永七年（1630）便香消玉殒，享年二十九岁。其弟德川家光对自己的姐

京极高次的夫人浅井初晚年的画像

夫京极忠高颇为不满，严令禁止其参加姐姐初姬的葬礼。在京极忠高死后，江户幕府便将其领地由九万二千石的若狭国小滨藩改易为六万石的播磨国龙野藩。

虽然相较自己的几个姐姐而言，德川和子可谓嫁得最好，但她的婚姻却也是一波三折。虽然面对家康的提议，京都方面于庆长十九年（1614）四月便下达了召选和子入宫的敕令，但是由于此后大坂之战的爆发以及元和二年的家康去世、元和三年后阳成天皇的驾崩，和子的婚事被一拖再拖。等到元和四年，江户幕府方面旧事重提，后水尾天皇已经和宫女四辻与津子生下了庶长子贺茂宫。

眼看自己女儿的位置竟被一个宫女捷足先登，德川秀忠心中的愤懑可想而知。元和五年，秀忠赶赴京都，以淫乱宫闱的罪名，将四辻与津子的两个哥哥四辻季继和高仓嗣良流放九州，又以监督不严的名义，把主持朝政的权大纳言万里小路充房赶下了台。眼见征夷大将军如此震怒，后水尾天皇一度萌生了退位的念头。好在领有伊势国二十二万石的津藩藩主藤堂高虎作为江户幕府的使者进宫，向后水尾天皇开出了勒令四辻与津子出家和尽快迎娶德川和子入宫的条件。

在心爱的女人和万世一系的宝座之间，后水尾天皇最终选择了后者。元和六年（1620）被授予从三位女官身分的德川和子终于如愿以偿嫁入了皇宫。三年之后，京都传来了和子身怀有孕的消息，父亲秀忠自然难掩心中的欣喜，接着向天皇奏请自己卸任归隐，将征夷大将军之位传给长子德川家光，并前来探望女儿。可惜德川和子的这一胎产下的是个女儿，但谁也不会想到日后为了彰显江户幕府的权威，和子的长女兴子内亲王竟也坐上了天皇的宝座。

终于见证了自己的小女儿踏出了入主中宫的第一步，德川秀

身为皇后的德川和子

　　忠心满意足地回到了江户。他本意效仿父亲家康坐镇骏府、遥控幕府的方式，离开江户城，前往小田原城居住，但是考虑自己长子家光的健康状态并不太好，而此时江户幕府所面临的内外局面仍可谓暗流汹涌，秀忠最终决定搬到江户城的西之丸居住，就近辅佐江户幕府的第三代将军德川家光。

　　应该说，在德川秀忠以征夷大将军的身分执掌江户幕府的时间虽然只有短短的七年，却已为儿子家光打下了不错的基础。如在江户幕府的内部行政方面，秀忠将其父家康于领有三河国时便确立的老中制度，正式延续为江户幕府的日常行政体制。

　　所谓老中，字面的意思是"一起长大（变老）的同伴"。家康在世之时，曾先后确立早年跟随自己的大久保忠邻、大久保长安、本多正信、成濑正成、安藤直次、内藤清成、青山忠成、榊原康政等人为老中。但这一时期的老中更多只是一个荣誉称谓，除了授予那些"没有功劳，却有苦劳"的谱代重臣之外，常作为一种补偿的手段。这方面比较突出的例子，自然当属榊原康政。

榊原康政出身三河国上野乡，十三岁时便跟随德川家康南征北战，可谓无役不与。在小牧·长久手之战更一度击溃丰臣秀吉养子丰臣秀次的部队，阵斩森长可、池田恒兴两员上将，一度令丰臣秀吉开出十万石封地的价码来悬赏其首级。因此家康移封关东之际，授予其上野国馆林城十万石的封地。榊原康政也因此与酒井忠次、本多忠胜、井伊直政并称为"德川四天王"。

浮世绘中榊原康政于小牧山追击丰臣秀吉

但是在关原之战中，榊原康政受命辅佐德川秀忠，沿着中山道向美浓国方向推进，因天气原因和真田氏在上田城的阻击而失期后至。德川秀忠虽被训斥了一番，但终究没有被剥夺继承人的资格，榊原康政却由此错过了增封的机会（一说其以没有战功主动推辞了家康增封其于水户的美意）。作为补偿，家康授予了榊原康政以老中的荣誉称号，并将其留在江户协助自己处理政务，但榊原康政这样的武将显然不适应这样的工作，很快在同为老中的本多正信的排挤之下被迫挂冠而去。

　　据说榊原康政在离开江户之时，曾言"老臣争权，乃亡国之兆"（老臣権を争うは亡国の兆しなり）。但事实上江户幕府草创时期，深蕴权谋之道的家康却在有意无意间怂恿着一干老臣相互厮斗。在这个过程之中，深受家康信任的本多正信长期活跃于前台，扮演着不断挑起事端的"弄臣"角色。

　　本多正信同样出身于三河，据说早年曾以养鹰人（鹰匠）的身分跟随家康。但在永禄六年（1563）三河国境内爆发一向宗所发动的叛乱三河一向一揆之中，本多正信却站在了家康的对立面，并在叛乱失败后，一度逃离故土，在外流浪了十年之久。

浮世绘中被视为家康第一次执政危机的三河一向一揆

本多正信在这段时间里干了些什么，各种史料说法不一。有人认为他投靠了同样心机深沉、两面三刀的战国枭雄松永久秀，也有人认为他前往了一向宗的政治中心——石山本愿寺，并一度参与了一向宗与织田信长之间的战争。但无论如何，本多正信最终还是通过昔日战友大久保忠世的居中斡旋，重新回到了德川家康的帐下。

家康虽然接受了本多正信的回流，但在很长时间内对他都谈不上信任，甚至在移封关东之后，也不过给了他相模国玉绳城一万石的领地而已。直到丰臣秀吉去世之后，本多正信似乎才重新活跃起来，在家康身边参与了许多重要的政治决策。也正是从这一时期开始，本多正信与长期把持着德川家内政、外交的大久保氏形同水火。

大久保一族对家康可谓忠心耿耿，促成本多正信重回德川家的大久保忠世一生南征北战，其子大久保忠邻也很早便成了家康身边的重臣。随着德川家族势力范围的不断扩张，大久保忠邻的权力也日益膨胀，以至于其副手大久保长安掌握了全国金矿、银矿、关东道路交通网以及家康直属领地的管理，被称为"天下总代官"。

但这样滔天的权势显然不是家康所愿意看到的。庆长十八年（1613），大久保长安因中风去世，随即便有人指控其生前贪赃枉法。江户幕府组织人员对大久保长安所经手的账务进行彻查，果然很快便发现了大量罪证。家康盛怒之下，命人将大久保长安的尸体从坟地中掘出，于骏府枭首示众，并勒令其七个儿子悉数自裁。一时间坊间传言大久保长安生前好色无度，坐拥侍妾七十余人；贪恋财宝，棺椁亦为黄金打造。

必须指出的是，大久保长安本姓大藏，乃是武田信玄帐下的首席猿乐士大藏信安的次子，归降德川家之后才改姓大久保。

因此他与大久保忠邻虽曰同姓一党，实则并无血缘关系。因此大久保长安倒台之后，大久保忠邻一度未受牵连，甚至还被家康委以重任，前往京都执行拆除伴天连寺教堂、逼迫基督教徒改变信仰的任务。但就在大久保忠邻圆满完成了相关的禁教令，于庆长十九年（1614）一月十九日，在藤堂高虎与之对弈将棋之际，家康的亲信板仓胜重突然出现。已经对自己的命运有所预感的大久保忠邻当即笑道："我被流放之后，应该就没有机会再下将棋了吧！还请等这一局下完再开口吧！"（流人の身になっては将棋も楽しめぬ。この一局が終わるまでお待ちいただきたい）

板仓胜重耐心等待大久保忠邻下完了棋，这才传达了家康勒令大久保忠邻交出小田原城，流放近江，交由井伊直政看管的命令。不过念及为德川家服务多年，家康还是授予了近江国栗太郡五千石的土地以做养老之用。大久保忠邻黯然接受，不久之后便落发为僧，遁入空门。

大久保长安、大久保忠邻的先后倒台，令本多正信一时在德川家风头无二。家康更提携其嫡子本多正纯进入中枢，形成了正信在江户辅佐秀忠，正纯在骏府服侍家康，本多父子共同操控江户幕府日常行政的局面。但是本多正信深知"伴君如伴虎"的道理，于元和二年（1616）家康死后便激流勇退，宣布归隐。但其子正纯却显然放不下高官厚禄，不仅继续以老中的身分留在秀忠把持江户幕府中枢政务，更一手推动了对丰臣系武将首脑福岛正则、战国豪强最上氏的打压。

应该说，福岛正则虽曾为丰臣家的股肱之臣，但自关原之战以来始终对德川家颇为恭顺。在大坂之役更派出自己的嫡子福岛忠胜率部加入江户幕府的军阵，对昔日的主君丰臣秀赖拔刀相向。但是这样的做派并不能真正赢得德川氏的信任。元和

晚年的本多正信

五年（1619），德川秀忠借口福岛正则在未经过江户幕府允许的情况下便擅自修缮被台风和洪灾损毁的广岛城，而对其做出了严厉的训斥。福岛正则连忙拆毁了自己刚刚修好的城堡，却还是难逃罪名，最终其位于安艺、备后两国五十万石的领地被全部没收，转封至信浓、越后两国荒芜的边境地带，领地仅剩四万五千石。万念俱灰的福岛正则在嫡子福岛忠胜死后，干脆又向江户幕府献上了二万五千石的领地，仅留下二万石的领地。但饶是如此，在其死后，江户幕府还是将福岛家最后的二万石也没收了。

解决了福岛正则之后，本多正纯操控之下的江户幕府又将目标对准同样在关原之战中为德川氏负弩前驱的最上家。长期以来，江户幕府便有意在最上家内部制造对立，怂恿最上义光的次子最上家亲与其兄最上义康对立。庆长十六年（1611），长子最上义康突然遇害，最上义光在极度悲恸之下，也在三年后去世了。

得到了江户幕府支持的最上家亲虽成功继承了家业，但在元和三年（1617）时也突然暴毙。最上家领有的五十七万石的山形藩由此落入了最上家亲年幼的独子最上家信的手中。一时间，家族内部纷争不断，不少老臣纷纷提出应该拥立最上义光的四子山野边义忠。在这样的情况下，江户幕府以最上家发生"骚动"为名，强势介入，于元和八年（1622）将最上家信手中的领地全部没收，仅给予其近江国大森地区一万石领地以延续家业。

对最上家领地的没收工作由本多正纯亲自完成，但就在他兴致勃勃在山形藩内作威作福之际，秀忠的亲信伊丹康胜和高木正次突然赶到，以无故囤积大量火绳枪、修筑自己封地的城防以及阴谋刺杀秀忠等十一项罪名将其逮捕。据说本多正纯面对江户幕府的指控，慷慨自辩，竟将十一项罪名全部推了个一干二净，迫使审讯他的人不得不又新加了三项罪名，才最终将其问住。另一种更为离奇的说法是，秀忠发现本多正纯无辜之后，为了维护自己的颜面，表示可以小惩大诫地保留六万石的领地，但本多正纯拒不接受，最终才落了个流放的下场。

客观地说，本多正纯与秀忠之间的矛盾由来已久，只是在元和初年秀忠尚未形成自己得力的老中班底，因此才不得不对其颇为倚重。但随着土井利胜、井上成就等秀忠的心腹逐渐成长起来，曾在家康时代便左右政局的正纯自然便成了必须被搬出的绊脚石了。正是在本多正纯倒台之后，江户幕府的老中制度才正式进入常态化。

只有在没有了一言九鼎的重臣的情况下，江户幕府才能放心地在二万五千石以上的谱代重臣之中挑选长于行政事务的才俊，组成四到五人的团队，以月度为单位轮流执政，真正成为征夷大将军的左膀右臂。也正是因为有了完备的老中体系来维持江户幕府的日常运转，秀忠才可以安然于元和九年（1623）宣布退休，正式将征夷大将军的头衔让给自己的嫡长子德川家光。

十、兄弟相忌——"江户幕府"第三代统治者德川家光的上位之路

德川家光出生于庆长九年（1604），由于此时家康已经明确将秀忠视为自己的继承人，因此将自己的幼名"竹千代"赏给了这个孙子，俨然已经钦定其为江户幕府未来的接班人了。并且，家康亲自为其挑选昔日明智光秀麾下名将斋藤利三的女儿斋藤福为其乳母，又选了斋藤福之子稻叶正胜及松平信纲、冈部永纲、水野光纲、永井直贞五个孩子为其小姓。

德川家光虽然一出生便享受了极高的政治待遇，可偏偏坊间充斥着家光自幼不为其生母浅井江所喜的传闻。这方面的宫闱趣闻虽不胜枚举，但总结起来，却无非基于两个出发点，衍生而出的各种传闻。第一种说法，是家光先天身体羸弱，且有口吃，是以其母浅井江更偏好身体健壮、仪表堂堂的次子德川忠长。而第二种说法则是家光自幼由被称为"春日局"的乳母斋藤福抚养长大，因此与浅井江之间的母子感情较为疏远，甚至有好事者认为家光本就是斋藤福所生。

上述两种说法流传甚广，更被江户时代以降的日本小说家们津津乐道，俨然已成了颠扑不破的铁证。但细究之下，却可谓漏洞百出。首先，德川家光成年之后的确身体欠佳，口齿不清。但这些问题应该是在成长过程中逐渐显现出来的，因此浅井江并不可能在家光一出生便对他表现出嫌弃，也很难在都还只是孩子的长子家光和次子忠长之间进行比较。

其次，日本贵族阶层将孩子托付给乳母抚养本就是常态。德川家光的确从小不在母亲浅井江身边长大，但其弟忠长也同样是由乳母"朝仓局"朝仓清抚养长大的。相反，在江户时代的一些笔记之中，我们更多看到的是浅井江与长子家光的互动，鲜有忠

长与母亲关系亲密的描写。那么既然存在这么多的不合理性，为什么浅井江不喜欢长子家光，偏爱次子忠长的故事会在日本国内如此大行其道呢？要厘清这个问题，我们或许要从家光和忠长两兄弟日后的人生轨迹中去寻找答案。

在已经确定了长子家光为未来的征夷大将军的情况下，秀忠对次子忠长未来的发展自然也要有所规划。元和四年（1618）九月，秀忠参照此前父亲家康分封诸子的做法，让此时不过十二岁的忠长受领甲斐国二十三万八千石的领地，并以昔日死守伏见城的谱代重臣鸟居元忠三子鸟居成次为首，组建了自己的家臣团。

元和九年（1623），随着秀忠正式退休，家光接掌江户幕府，忠长也被朝廷授予了权中纳言的官职，并于当年迎娶了织田信长

由于成了德川家光的乳母，"春日局"阿福一度成了日本女强人的代表，坊间甚至编出了其孤身大战盗匪的故事

德川忠长的肖像

的曾孙女织田昌子。次年，江户幕府将骏河、远江一带的领地也置于忠长的名下，至此忠长的封地增至五十五万石。

增封骏河可谓忠长人生的巅峰，却也开启了他人生悲剧的序幕。作为昔日家康名义归隐，实则掌控天下的重要据点，骏河在江户幕府时代无疑具有极其重要的政治意义。忠长及其麾下的一干重臣从偏远的甲斐山区来到这一繁华所在，自然不免产生了更为宏大的野心。据说忠长曾向已经退休的父亲秀忠发出过"希望能移封大阪，成为百万石大名"的请求。秀忠虽然不置可否，但心中未免想起昔日丰臣氏割据大坂与江户幕府分庭抗礼的旧事。

宽永三年（1626），鉴于嫁入皇室的幼女德川和子去年终于产下了皇子高仁亲王，秀忠带上了两个儿子、弟弟德川赖房以及前田利常、岛津家久、伊达政宗、佐竹义宣等一干大名浩浩荡荡地前往京都。面对来势汹汹的老丈人，后水尾天皇不敢怠慢，连忙给其一家加官晋爵。已然退休的秀忠升任太政大臣，家光从内大臣升任左大臣，忠长亦被授予大纳言之职。从此之后，坊间便以"骏府大纳言"来称呼德川忠长。

但秀忠如此大张旗鼓地"上洛"，想要的显然不是这些有名无实的官爵。江户幕府是希望后水尾天皇可以尽快确定高仁亲王的储君地位，甚至直接退位，将皇位让给自己的外孙。眼见自己的天皇女婿如此不识趣，秀忠决定给予其必要的敲打。

宽永四年（1627），后水尾天皇依照此前的惯例，在没有向江户幕府通报的情况下，便发布敕令，授予大德寺主持泽庵宗彭等十八位高僧穿着紫色袈裟的特权。消息传出，接替父亲板仓胜重出任京都所司代的板仓重宗首先发现问题所在，随即以后水尾天皇此举严重违反此前江户幕府颁布的《禁中并公家诸法度》为由，强行没收所有已经授出的紫色袈裟，并禁止泽庵宗彭等人使用"紫衣上人"的尊号。

　　《禁中并公家诸法度》颁布于庆长二十年（1616），由深受家康信任的高僧以心崇传起草。共计十七条的内容之中，囊括了对天皇及公卿的日常生活，并明确了公卿官职的委任须征得征夷大将军的同意，而且将军有权干涉皇家的婚姻，以及强制安排皇族成员出家修道。

　　仔细分析条款，不难发现《禁中并公家诸法度》之中其实并未明确天皇授予高僧紫衣上人的称号必须通过江户幕府。因此大德寺主持泽庵宗彭等人群体鼓噪，纷纷向江户幕府方面提出抗诉。可惜泽庵宗彭虽为得道高僧，却显然并不通晓政治，江户幕府方面本就是借题发挥，自然不会和你讲什么道理。板仓重宗翻出泽庵宗彭曾在"逆贼"石田三成为亡母修建的瑞岳寺担任过住持，关原之战后又为石田三成收尸的旧账，直接将其流放关东。

今天的大德寺

不过讽刺的是，事后泽庵宗彭不仅得到了江户幕府的赦免，晚年还成了家光身边的近侍。消息传到京都，当时已然退位的后水尾天皇颇受感动，想要授予泽庵宗彭以国师称号，不过此时的泽庵宗彭显然学乖了，断然拒绝了这一要求。江户幕府随即投桃报李，任命其为家光所建的万松山东海寺的首任住持，并于宽永十八年（1641），正式恢复了大德寺等多所寺庙主持紫衣上人的资格。

就在紫衣事件闹得沸沸扬扬之际，德川和子的长子高仁亲王不幸夭折，不久之后德川和子产下的第二个男婴亦是死胎。在这样的情况之下，面对江户幕府的高压，后水尾天皇直接宣布退位，试图以这样的方式来反制秀忠、家光父子。江户幕府自然也不愿意就此低头，当即把德川和子的长女兴子内亲王扶上了帝位，是为日本历史上的第六位女天皇——明正天皇。而就在江户幕府与京都的朝廷之间龃龉不断之际，秀忠突然下令将自己的次子忠长从骏府赶回甲斐软禁了起来。

秀忠突然如此严酷地对待忠长，表面上来看无非因为几件摆不上台面的小事：宽永三年（1626），在陪同父兄上洛之际，忠长擅自于大井川之上架桥。宽永七年（1630），忠长率领部下于浅间神社附近的贱机山上狩猎。宽永八年（1631），忠长带着小姓小滨七之助外出放鹰，突遇大雪，忠长命小滨七之助生火御寒，因为柴火潮湿，小滨七之助生火失败之余，大发牢骚，忠长随即以此事向秀忠申诉。可偏偏就是上述这三个孤立的事件，最终却令忠长的政治生命被宣判了死刑。那么到底这背后隐藏着什么可怕的真相呢？我们不妨一一予以分析。

首先，大井川不是一条普通的河流，其发源于甲斐的间之岳，奔流而下，最终注入骏河湾，长期以来被视为远江和骏河两国的边界。大井川并非没有架桥的历史，但自关原之战后，德川家康隐居骏府，便将大井川视为拱卫关东的前沿天堑，严令禁止于其上设桥。坊间一时有"箱根八里一马踏过，大井波涛如之奈何"（箱根八里は馬でも越すが、越すに越されぬ大井川）的谚语。当然除了政治上的禁令之外，大井川水流湍急也是其上难以架桥的原因。忠长于大井川上架桥不但打破了江户幕府此前的禁令，也显示了手中掌握了巨大资源。

贱机山同样位于骏河国内，忠长率部于此狩猎表面上来看无可厚非，江户幕府将其引为罪状的一大理由是附近的浅间神社曾为家康元服之地，忠长于此枉杀生灵，实是对先祖的不敬。但家康一生到过的地方众多，如果均不许狩猎，那么天下猎户只怕都要饿死。因此忠长此举真正触犯父兄的地方，是狩猎所出动部队的规模。根据事后的报告，忠长当天仅猎杀的猿猴就有一千二百四十头之多。如此众多的猎物，显然投入围猎的兵马规模恐怕要超过万人。

小滨七之助此人虽然于史无传，但小滨一族却是战国时代赫赫有名的水军首领。自天正十年（1582）从灭亡的武田家门下转投家康以来，小滨景隆、小滨光隆父子长期把持着德川氏水军统领的位置。忠长外出放鹰，只带上了小滨七之助一个人，可见与之关系莫逆，自然会让人产生其与小滨一族暗通款曲的联想。

当然上述这些问题并不是置德川忠长于死地的关键，真正迫使秀忠不得不将这个次子软禁，其实还是看到了忠长英武过人，一旦他日公然与其兄家光对立，而江户幕府的天下必将陷入混战。而这一点其实早在忠长年少之时，便已成了秀忠的心结。

由于幕府禁止在大井川上架桥，整个江户时代当地都聚集着一大批以游泳送人送货过河的游泳健将

　　据说元和四年（1618），年仅十二岁的忠长在近侍的帮助下，在江户城内亲手用铁炮猎杀了一只野鸭。忠长随即将其烹成羹汤，进献给了自己的父亲秀忠。秀忠起初颇为欣喜，但吃了几口之后突然听说这野鸭是在家光所居住的西之丸外的护城河里猎得。当即以忠长此举等同于枪击兄长而将他训斥了一番，当场便拂袖而去。应该说，在秀忠生前忠长虽然失去了自由，但并无性命之虞。随着宽永九年（1620）秀忠病逝，家光随即以与忠长与加藤清正

加藤清正的嫡长子加藤忠广

之子加藤忠广暗通款曲为由，勒令时年不过二十八岁的弟弟忠长自裁。

　　忠长死后，虽然传闻他滥杀奴仆，甚至将杀害的侍女尸体喂狗，但德川家光处死自己的胞弟仍不免给人以残忍不仁之感。为了维护征夷大将军的形象，幕府的御用文人不敢指责前代将军秀忠教子无方，给予了忠长过分优厚的政治待遇，便只能编造出了浅井江慢待家光、偏爱忠长之类的故事，以证明所谓"慈母多败儿"的古训。与此同时，家光还找来了自己同父异母的哥哥保科正之，以塑造自己仁厚兄长的形象。

　　秀忠为什么会有一个名为"保科正之"的私生子，故事还要从将军的"后宫"大奥里的争斗说起。浅井江在嫁给德川秀忠之前，已经有过两段婚史，先后嫁给过织田信长的外甥佐治一成和丰臣秀吉的外甥丰臣秀胜。但偏偏就是这样的一个阅历颇为复杂的女人，在入主幕府将军的"后宫"之后却醋意大发，对丈夫德川秀忠的私生活严加干涉。这一点从德川秀忠虽贵为武家领袖，却长期不敢册立侧室便可见一斑。因此当得知德川秀忠与侍女神尾静有染，且生下一子之时，浅井江的愤怒自然可想而知。德川秀忠无奈之下，只能将神尾静母子送到家臣保科正光门下。

保科正光没有子嗣，只有养子。既然将军把私生子送过来了，也只好将这个孩子当作自己的继承人，取名保科正之。浅井江虽然于宽永三年（1626）病逝，但德川秀忠似乎畏惧其余威，直到宽永六年（1629）才正式召见保科正之。但十八年的骨肉分离，早已淡化了两人之间的父子亲情。因此终秀忠一生，保科正之均未被重用。

据说家光很早便知道了保科正之的真实身分，但除了在外出狩猎时向与保科家有所联系的僧众透露了自己已了解此事之外，并无更具体的动作。倒是忠长对保科正之颇为亲近。初次见面之时，忠长便将带有德川葵纹的家康遗物送给正之，并许诺将早日促成正之恢复松平的姓氏。与之相比，家光对正之的接纳却基本上是在父亲秀忠和弟弟忠长死后才开始。

德川家光此举固然有念及手足之情的成分，但更为重要的是此时的江户幕府正处于危机四伏的瓶颈期。一方面自关原之战以来，不甘失去政治特权和经济利益的丰臣系人马、各地诸侯仍蠢蠢欲动；另一方面西方殖民者的坚船利炮也不断游弋于日本近海。宽永十年（1639）一场空前的动荡令家光深感孤独和无助……

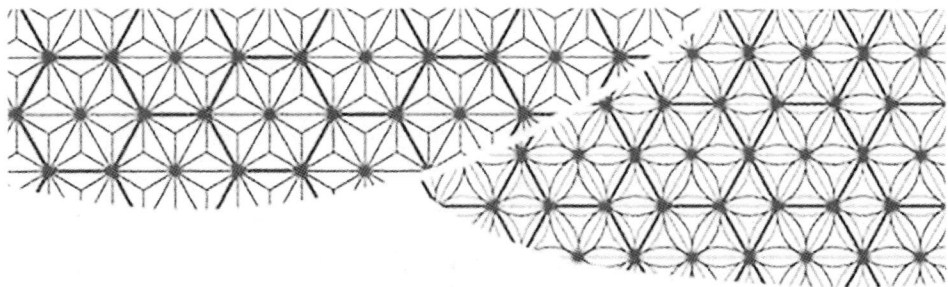

第三卷 将军传承

江户幕府的动荡和延续

十一、岛原之乱——日本版的太平天国运动

元和六年（1620），从马尼拉驶返日本的日本贸易船上，荷兰人搜捕到了两名西班牙传教士。值得一提的是，荷兰人本来以为这艘隶属于日本商人平山常陈的商船来自中国，只是一时手痒上去劫掠而已。平山常陈虽然竭力辩白自己事先不知道这两个西班牙人的身分，但仍被以火刑处死。而此后为了防微杜渐，江户幕府不仅禁止葡萄牙人和西班牙人在日本定居、拒绝英国船只在长崎等地长期停泊，更中止了被称为"朱印船"的日本贸易船开往东南亚。平山常陈事件也因此被视为日本锁国制度的开端。

江户幕府对基督教的高压政策很快便令上帝的信徒们不得不转入地下活动。庆长十九年（1614）长期对基督教采取怀柔政策的有马氏被江户幕府改易到了邻近的日向国。

按道理说有马晴信"勾结南蛮"在前，行贿幕府臣在后，直接没收领地也属正常。但有马晴信之子有马直纯毕竟是德川家康的养女婿，加上关原、大坂之战，有马氏也曾鞍前马后地替德川家卖命，因此有马直纯不仅安然离开了自禁教以来形成的火山

口，在封地方面更没有受到实质性的损失，反倒增加了一万石的收入。

　　接替有马氏管理长崎周边地区的是名不见经传的松仓重政。本是筒井氏家臣的松仓重政可谓搭上了战国的末班车，凭借着关原之战的军功，获得了大和国一万石的封地，终于得以自立门户了。而大坂之役后，德川氏又将有马氏四万三千石的封地交给他打理。抵达北九州的松仓重政浑身洋溢着"暴发户"的气息，就藩的第一件事就是废弃了有马氏经营多年的日野江城，开始修筑新居——岛原城。

　　筑城在当时的日本无疑是一件费时费力的事。而松仓重政不顾本藩财力有限，非要选择在云仙岭山麓上修筑依山靠海的大型城堡。在北九州以火山灰和熔岩流形成的土地上修建高大坚固的石垣，挖掘防御性的深壕，其难度可想而知。因此岛原城的修建时间不仅长达七年之久，更令松仓重政及其继承者松仓胜家不得不对本领采取了竭泽而渔式的压榨。

　　松仓重政父子之所以如此执著地要在太平盛世修筑拥有四十九座箭橹的坚城，很大程度上是由领内恶劣的"干群关系"所决定的。为了执行江户幕府的禁教政策，松仓氏在岛原藩内实施了一系列宗教迫害政策。为了揪出隐藏的基督教徒，松仓氏发明了名为"踏绘"的甄别仪式，所谓踏绘，是将诸如刻有耶稣受难像等基督教偶像的木板放在地上，从容踏过者自然是非基督教徒，迟疑者则为有心悔改的教徒，至于坚辞决绝的无疑是基督教死忠，等待他们的将是加以捆绑、装进水管、遭滚烫温泉浇身的穴吊之刑，或者绑在海中的木柱上等待涨潮，经过一周后才会溺毙的水磔折磨。

　　为了寻求安全而修筑城堡，为了修筑城堡而加强经济和宗教政策上的高压。在这样的恶性循环之下，岛原藩民众心中原本的怨恨不仅没有得到平复，反而愈演愈烈。宽永十四年（1637）的秋天，岛原半岛及其邻近的天草群岛发生饥荒，但松仓胜家仍然按照旧例征收年贡，并以残酷的手段处置交不起年贡的农户。在一片民不聊生的情况下，一个救世主的传说悄然在岛原、天草两地悄然流传开来：据说在庆长十九年（1614）前后一位被迫离开日本的西方传教士曾预言二十五年后当地将出现一位上帝转世的天童，拥有超自然能力的他将拯救信徒于苦难之中。

这位天童究竟是谁，苦于摆脱现状的民众很快便将光环套在了一个名叫天草时贞的十六岁少年身上。天草时贞出身于武士家庭，其父益田好次本是小西行长的家臣。因此虽然天草时贞很早便过继给了父亲的同事天草甚兵卫，却接受过良好的教育，甚至在长崎学习过荷兰人传入日本的西方医术。超凡的见识和一些粗浅的医术很快令这位据说外表俊秀的少年从"神童"进化为"上帝再世"。

宽永十四年（1637）十月十五日，在松仓胜家大肆搜捕无力交租的农户和所谓"南蛮走狗"的情况之下，岛原地区率先出现民众自发抗暴之举，五天之后，蜂起的民众已经攻占了本藩的武器库，开始围攻岛原城。与此同时，天草群岛也发生了饥民起义，试图率军镇压的地方官员三宅重利被杀。尽管岛原城和天草群岛的行政中心富冈城未被攻克，但面对燎原之势，江户幕府已然坐不住了。邻近各藩进入动员状态，第三代幕府将军德川家光一方面准许正在江户参勤的松仓胜家等人提前归藩，另一方面派出德川家的世袭重臣板仓重昌为幕府特使统一指挥九州等地参与平叛的各藩人马。

应该说天草时贞尽管被推举为起义军领袖，但这位十六岁的少年毕竟并非行伍出身，真正担负起义军指挥重任的是关原之战

开启日本锁国时代的江户幕府第三代领导人德川家光

后沦为浪人的大批小西行长麾下的武士。这些人早早地在各地散播嵌入天草二字的民谣："天命焦东西云，地令开不时花，国郡州里鸣动，民家草女烧亡。"在起义蜂起之后，参照昔日战国大名的动员模式建立了一整套的军制体系。因此，尽管对岛原城的攻坚受挫，但是起义军还是很快便以松仓家废弃的日野江城为据点，竖起了十字架军旗，在短时间内便集结了三万余人，抛去老弱妇孺，天草时贞所掌握的战斗力二万人左右，不输于普通的战国大名。

　　起义军在改名为春城的日野江城遗址集结完毕之后，摆在其面前有诸多不错的选择。如果向北占据长崎，可以窃取江户幕府对外贸易的利润，并有可能在葡萄牙、西班牙等国的支持之下，长期与德川氏对抗下去。而向南或者向东发展，则可以激发对江户幕府心怀不满的其他浪人集团的响应，甚至一些大名也会趁势投机。

正是出于对这些威胁的警惕，江户幕府第一时间命令有马直纯等大名出兵长崎，以防备外部势力入侵。同时加强了对由于改易而心怀不满的松平忠直等人的监视。但最终天草时贞选择了在春城按兵不动，以殉教者的姿态，喊出了"战斗不问胜败，一切为了上帝的光荣"的口号。正是这种只为建立"小天堂"的局限性，和对非基督教信徒的报复，最终令天草时贞的起义军很快便陷入了江户幕府的铁壁合围之中。所谓天草时贞少年时代曾有相士对他评断说："阁下面相尊贵，本应掌握天下，只可惜生在德川时代，难成大事。"完全是事后诸葛亮的粉饰而已。

江户幕府拥有着远胜于天草时贞的物质优势，身为前线总指挥的板仓重昌更是德川家康时代硕果仅存的名将之一，平叛之战似无悬念。但是天下承平已久，马放南山的日本武士战斗力早已直线下降。甚至被尊为剑圣的宫本武藏，当时在北九州岛小仓城当客将，提刀上阵时竟然为起义军投石所伤，只能在写给有马直纯的书信中感叹"状态不好"。而板仓重昌虽然身为幕府专使，但毕竟只是一个仅有一万五千石的小大名，在战场之上根本无力指挥各方大老。

在连续两轮攻坚一无所获的情况下，急于建功的板仓重昌只能于宽永十五年（1638）元旦亲自上阵。但是在抢夺了五百三十挺铁炮的起义军面前，板仓重昌的武勇尚未展现出来便不幸中弹身亡。无奈之下，德川家光只能派身居幕府老中之位的松平信纲前往九州。松平信纲不仅官爵比板仓重昌显赫，更兼手握了德川家光所颁发的空白朱印状，有先斩后奏之权。因此，一时之间各地的大名争相出兵响应，甚至出现了细川氏应征二万三千六百人，实际抵达战场却有二万八千六百人的局面，很快，在天草时贞困守的春城下，集结了幕府十二万人的大军。

岛原之乱

　　幕府军尽管占据着兵力上的绝对优势，但松平信纲却表现得异常谨慎，除了命令各路攻城部队步步为营，缓慢推进之外，甚至还遣使向长崎的荷兰商馆求援。由于"怕像葡萄牙人那样被驱逐出这个宝库"，荷兰商馆不仅给幕府军运送大炮和弹药，更派遣两艘战舰参与对起义军的炮击。但荷兰战舰的炮火并不能摧毁起义军的信念。天草时贞派人从城中射出书信，挪揄松平信纲说："日本有名的武士众多，何必求援于荷兰人？堂堂的官兵不敌天主，松平还敢以幕府智囊自诩吗？"松平信纲也觉得寻求外援欠妥，于是在攻坚失利后转变战术，采取长期围困和政治诱降的手段，企图"不战而屈人之兵"。

　　江户幕府所开出的"投诚者给予金钱，返村可免年贡"的价码并没有打动天草时贞及其追随者，但是缺粮缺薪的现状却最终耗尽了起义军的战力。宽永十五年（1638）二月二十七日，在起义军被迫放弃外围防线的情况下，松平信纲指挥幕府军发动总攻。

天草时贞的雕塑

在一番激烈的攻防战后，春城最终为幕府军攻破，冲入城中的武士大肆屠戮毫无反抗能力的妇孺。但是面对坦然受死的基督徒，松平信纲之子松平辉纲也不得不感叹信仰的力量。

　　后世关于天草时贞最后的结局有多个版本，有人说他战死沙场，亦有人说他是在被俘之后为幕府斩首或处以蓑衣舞之刑（就是穿上浇了油的蓑衣，被活活烧死），也有人说他隐姓埋名藏匿于民间。但无论如何，随着三万基督教信徒与自己的城堡一同化为历史尘埃，这场带有宗教战争色彩的农民起义至此也宣告了终结。

　　岛原之乱虽然令江户幕府付出了沉重的代价，却也并非毫无意义。被认为是"生来将军"的德川家光借此证明了自身的文韬武略和德川家族无与匹敌的动员力。日本列岛没有任何一家大名自认有天草时贞起义军的顽强，自然只能俯首帖耳。在战后的论功行赏中，江户幕府更进一步将自身的势力深入了九州。由于治理无方，松仓胜家被没收领地，日后更被处以极刑。松仓家苦心建造的岛原城也随即落入了德川氏亲信大名高力忠房的手中。

松仓氏虽然最终失去了相对显赫的地位，但是由其发明的踏绘甄别法却在日本发扬光大。江户幕府称之为"思想狩"。除了加强对基督教的禁令之外，历任将军也大力推广佛教。最终形成了"寺请檀家制"和"宗门人别改帐"。其内容是：每一个日本人从一出生就必须从属于某一寺院，成为其檀家，登记于宗教户口簿，结婚、移居、出行、打工都需要有该寺院开具的宗教信仰证明书。这样，宗教信仰就成了一种形式，不仅不构成对幕府的威胁，反而成为控制民众思想的有力工具。

为了巩固自身的统治，江户幕府在岛原之乱后不仅采取了寡徭薄役的怀柔政策，更强化了对内镇压的职能。宽永十五年（1638）五月二日，江户幕府宣布修改《武家法度》第四条，即：如果发生针对将军的叛乱，邻近的大名可以不经幕府批准，出兵协助镇压。同时，禁止制造五百石以上的大船的规定，也改为只禁止兵船，而不禁止商船。允许各藩制造五百石以上的船只以满足紧急运兵之需。

虽然在围剿天草时贞的战斗中荷兰商馆派遣战舰助阵，但江户幕府却没有丝毫放松锁国的意图。宽永十六年（1639）七月五日，幕府发布第五个也是最后的锁国令，除了明令禁止葡萄牙等国船只来航之外，对于荷兰商人在日本的活动也加以限制。宽永十八年（1641），荷兰商馆被勒令搬迁到长崎的出岛居住。

原则上，日本人和荷兰人都不得擅自进出这个仅有两个足球场大小的扇形人工岛，但为了了解葡萄牙等敌对国家的动向以及传教士潜入日本的状况，因此要求荷兰商馆收集这些情报，并每年向幕府报告。这种荷兰政府借进献海外情报与奇珍异宝，来换取幕府的

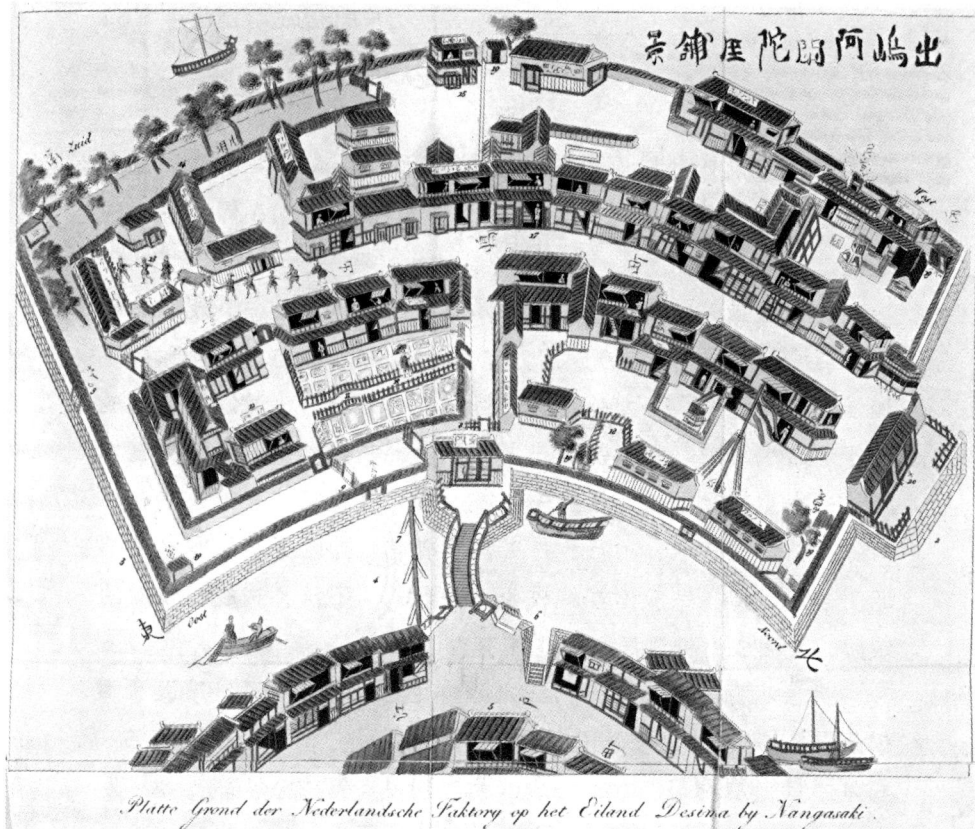

出嶋阿蘭陀座舖景

Platte Grond der Nederlandsche Faktory op het Eiland Desima by Nangasaki.

江户幕府时代的日本对外窗口——出岛

信任与通商权的模式几乎贯穿了江户幕府的整个统治时期。为了保住在日本的商业特权，荷兰人长期没有向西方列强分享过任何有关日本的情报。但马可·波罗笔下所谓"白银之国"的日本形象却早已深深地烙印在了西方探险家的心目之中，随着西方列强借助航海技术发展在全世界范围的殖民，日本最终也无法置身事外。

十二、大奥之中——德川家光的"后宫"风云及继承人之争

　　岛原之乱的爆发和迅速蔓延，令身为征夷大将军的德川家光

第一次感觉到了权力巅峰的孤独。为了寻求依靠，他除了将自己同父异母的弟弟保科正之从三万石的信浓国高远藩增封至二十万石的出羽国山形藩之外，还对仅比自己年长一岁的十一叔德川赖房甚是倚重。

德川赖房从自己父亲家康手中领有了二十五万石的水户藩，但由于兄长秀忠的忌惮，长期盘桓于江户，迟迟没有就藩。也正因如此，赖房与家光甚是亲近，经常一同出外射猎。据说一次行猎的过程，赖房表现神勇，一箭便射翻了一头野猪。家光当即为其击节叫好，并盛赞其为"今之能登守也"！将自己的叔叔比喻成平安时代末期能征惯战的平家武士平教经。

对于未来将军家光的夸奖，赖房不过一笑了之，因为他深知在自己的哥哥秀忠眼中，自己越是武勇越是一个潜在威胁。即便在秀忠归隐之后，赖房从宽永二年（1625）开始虽每年均被允许

晚年的德川赖房

返回水户藩，但也只是匆匆处理一些城池修复、市町营造、修改法令之类的必要政务，便急急忙忙地赶回江户。在宽永八年（1631）秀忠病倒，到庆安四年（1651）家光去世的这段时间里，赖房仅回过水户藩三次，其余时间都留在了江户，协助家光处理政务，是以有着"天下副将军"之称。

德川赖房之所以能够长期滞留江户，介入幕府的中枢决策，除了其本人早已习惯了江户的生活，深谙幕府高层的"权力游戏"规则之外，更主要的原因是身为征夷大将军的德川家光虽表面刚强，本心却极为懦弱，极易对自己的长辈产生依赖的心理。在岛原之乱爆发前，德川赖房对家光的影响力非常有限，因为早年抚养家光长大的春日局斋藤福已经先一步利用了家光的这一心理弱点，在浅井江死后，赫然以将军乳母的身分肆意横行，除了把持家光的后宫"大奥"中的事务之外，更公然插手了江户幕府的对外事务。

宽永六年（1629），斋藤福受命前往伊势神宫参拜。途经京都之时，她竟自作主张以德川家光的名义，强行要求面见后水尾天皇及皇后德川和子。区区一个将军的乳母竟敢提出如此张狂的要求，令诸多公卿都引为耻辱。此时正因紫衣事件与江户幕府关系紧张的后水尾天皇还是硬着头皮接见了斋藤福。一番闲聊之后，斋藤福竟得寸进尺，要求后水尾天皇将招待她的天酌杯赏赐给她。后水尾天皇自感堂堂九五之尊竟受到了如此的侮辱，不久之后便宣布退位。因此斋藤福的此番京都之行又被称为金杯事件。

后世常将金杯事件与紫衣事件并列，认为这两起事件都是江户幕府有意向后水尾天皇施压。但从过程来看，紫衣事件的确是江户幕府有意为之，金杯事件却更像是斋藤福的个人行为。因为在后水尾天皇退位之后的宽永九年（1632）七月二十日，斋藤福故伎重演，再度跑到京都去觐见年仅九岁的明正天皇，除了再次索要天酌杯之外，斋藤福还要求朝廷将她的官阶提升至从二位，与历史上显赫一时的平清盛正妻平时子、源赖朝正妻北条政子的官阶相同。

不过斋藤福的这些个人行为虽说是胡闹，却还不至于闹到祸国殃民的程度，真正对江户幕府的日常政务产生恶劣影响的，是斋藤福利用个人对家光的影响，将自己的长子稻叶正胜、养子堀田正俊及其父堀田正盛都安排在了家光的身边，并以老中的身分把持政务，逐渐形成了以斋藤福为中心的庞大政治网络。

尽管日本历史上并未留下太多春日局一党施政的拙劣记录，但可以想见这个以女官近侍起家、以家族为纽带的政治集团很难有真正安邦定国的韬略。或许也正因如此，宽永十年（1633），稻叶正胜的健康状况恶化，无法再处理日常政务，家光任命松平正纲、三浦正次、太田资总、阿部忠秋、阿部重次与堀田正盛为"六人众"，共同处理朝政，不久之后又擢升松平正纲、堀田正盛和阿部忠秋为老中。

在平定岛原之乱后，虽然名义上执掌江户幕府的是秀忠时代的老臣土井利胜，但土井利胜于宽永十四年（1635）便已因中风而无法视事，因此凭借着赫赫军功，松平正纲稳居江户幕府首席老中宝座。在这个权力架构之中，我们似乎很难找到德川赖房的位置。

那么德川赖房在家光时代到底扮演了怎样的政治角色呢？这一点我们或许要从与之相关的民间传说中寻找答案。据说德川家康生前曾指定德川秀忠一脉将来如出现绝嗣的情况，可从德川义直、德川赖宣的子孙中挑选良才，入主江户，因此德川义直的尾张藩和德川赖宣的纪州藩，长期与德川秀忠一系并称"御三家"。和两个哥哥相比，德川赖房的政治待遇似乎被降了一个档次，不仅封地仅有常陆国水户藩二十八万石，与尾张藩、纪州藩相差悬殊，更被剥夺了子嗣参与将军之位角逐的权利。

　　之所以出现这样的情况，坊间传闻是因为德川赖房和哥哥德川赖宣虽同为德川家康所宠幸的侧室正木万所出，但此后德川赖房过继给了德川家康又爱又恨的绝色才女太田于梶名下。太田于梶是战国北条氏名将太田康资之女，嫁给德川家康时年仅十三岁，与当时已经四十九岁的家康存在巨大的代沟，但她冰雪聪明和绝色美貌一度令德川家康又爱又恨，以至于一度将她改嫁给家臣松平正纲，从而影响了赖房与父亲家康的关系。也有学者以江户时代盛行的风水之说，认为水户藩正位于江户的东北方"鬼门"方位，因此德川赖房的子孙如果入主江户，将会令江户幕府陷入灭亡的危机。

　　德川家康虽然剥夺了"老十一"德川赖房一脉未来执掌幕府的可能，却给予了水户藩世代为副将军的特权，负责弹劾将军的不正行为以及幕府与朝廷的沟通。将军家绝嗣时的继承权问题也将交由水户藩决断。可谓不是"御三家"但胜似"御三家"。

　　客观地说，上述这些民间野史多为道听途说，与史实背离甚远，却也从一个侧面说明了秀忠一脉的执政危机。自古以来，"父死子继"和"兄终弟及"都是父系社会的两大继承模式，任何政治世家都无法完全避免在传承的过程中于两者之间进行切换。秀忠对征夷大将军之位的继承权虽然得到了家康的认可和背书，并在执政后迅速拿下了对自己威胁最大的六弟松平忠辉，但终究无法对德川义直、德川赖宣、德川赖房三兄弟赶尽杀绝。随着秀忠的年事日高，这三个小弟的威胁也在与日俱增。

　　如果说在秀忠生前，领有尾张藩的义直和领有纪州藩的赖宣还

晚年的德川义直

有所收敛的话，随着秀忠的病逝，这两位裂土分疆的亲藩大名便在家光面前摆出了叔叔的架势。更抓住家光身体孱弱，与正室鹰司孝子并无所出的把柄，开始公然干涉将军继承人的问题。

德川家光和鹰司孝子的婚姻可谓"封建包办"的典型案例。鹰司孝子的父亲乃是公卿鹰司信房。元和九年（1623），秀忠前往京都上奏正式将征夷大将军之位传给家光时，便相中了这个儿媳妇，将她以妻子浅井江养女的身分带回了江户，两年之后便安排家光和鹰司孝子正式成婚。但此时的家光年仅十七岁，很难对比自己年长两岁的鹰司孝子产生爱恋和依赖，因此两人成婚之后一度感情冷淡，甚至并未同房。

客观地说，德川家光和鹰司孝子这样的政治婚姻，如果假以时日未必不会举案齐眉、琴瑟和谐，但偏偏家光身旁还有一个权力欲望极强的乳母——春日局斋藤福。为了维护自己在家光后宫大奥中的地位，斋藤福一方面利用鹰司孝子失宠的现状，对其进行孤立；另一方面则不断在民间搜罗美女，进献给家光。

　　第一个被斋藤福送到家光身边的是被其收为养女的蒲生氏家臣之女冈吉振。讽刺的是，冈吉振的祖母乃是石田三成之女，因此冈吉振从血统上来说，是石田三成的曾外孙女。这位昔日仇敌的后裔为家光于宽永十四年（1637）生下了他的第一个孩子——长女千代姬。而为了巩固与尾张藩的关系，家光忙不迭地将这个孩子许配给了九叔德川义直的独子德川光友，算是暂时安抚住了尾张藩的问鼎之心。

　　冈吉振虽然在大奥之争中先拔头筹，但可惜天不假年，产下一女之后身体便每况愈下，最终病逝于宽永十八年（1640）。不过此时食髓知味的斋藤福早已将更多的民间女子引入了大奥。就在冈吉振病逝之年，出身下野国农户之家的七泽乐为家光诞下了长子德川家纲。

　　本名阿兰的七泽乐生平颇为传奇，其生父本名青木利长因出仕于江户的旗本朝仓家，一度改名为朝仓惣兵卫。此后挪用公款，又以一色庄左卫门的名号混迹乡野，打猎为生。最终因扑杀鹤鸟而被江户幕府判处斩首之刑。生父死后，阿兰跟随母亲改嫁古河藩藩士七泽清宗，从此改名七泽兰。但好景不长，七泽清宗不知道什么原因，被古河藩扫地出门，只能以经营旧衣店糊口，七泽兰也只能在继父的店中帮忙。被斋藤福看中后，从此平步青云。由于日文中"兰"与"乱"同音，斋藤福亲自为其改名为七泽乐。

　　七泽乐产下一子之时，家光已然三十八岁了，终于后继有人的喜悦令其当即授予这个日后名为德川家纲的男孩"竹千代"的幼名，以示其将成为德川家族的继承人。七泽乐自然也母以子贵，俨然有成为大奥之主的架势。这样的情况显然是斋藤福不愿意看到的，她连忙又把自己的另一个养女成濑氏送到了家光的身边，试图分散七泽乐的恩宠。

不得不说这位成濑氏果然有些手段，入宫后不久便生下家光的第二个儿子龟松，可惜这个孩子很快夭折，成濑氏的名字也随即在大奥消失。此时长期关注着江户动静的京都公卿也发现家光并非如传说的那般只好男风，不近女色。鹰司孝子虽无缘执掌大奥，却可居中调度。于是乎，一场围绕着大奥的暗战悄然展开。

鹰司孝子首先派出的是侍女藤枝夏。藤枝夏本为京都商人之女，跟随鹰司孝子嫁入江户之后，一度默默无闻。但很快鹰司孝子便利用手中的权力，将其调往将军沐浴的御汤殿。如此近水楼台的安排，自然令藤枝夏多了几分亲近将军的便利，果然一来二去，藤枝夏身怀有孕。斋藤福甚是恼怒，大造舆论，宣称此时的家光四十有一，这个孩子将会有妨其父。家光信以为真，便让自己的长女千代姬将这个未出世的孩子收为养子。

正保元年（1644），藤枝夏不负众望地生下一子，便是日后被称为甲府宰相的德川纲重。但德川纲重虽然实为家光的次子，但此时身分已是家光的外孙，无缘将军之位的角逐。因此京都公卿再出狠手，在安排鹰司孝子的另一个侍女青木阿里佐接近家光的同时，又派出公卿六条有纯之女六条万，带上据传一度被养父卖入妓院的本庄玉，直扑江户。

按照日本史料的记载，六条万此时已然出家，是以伊势山田尼寺主持的身分前往江户觐见家光的。孰料家光对其一见钟情，当即强令其还俗，事后家光更公然宣称自己此前对异性并无特别的兴趣，遇到了六条万后才知何为闺中之乐。不过六条万此来并非为了产下子嗣，她的主要任务是夺取大奥控制权。果然在春日局死后，家光便委任六条万执掌后宫。京都公卿通过巧妙布局，终于扳回了鹰司孝子失去的局面。

晚年的德川家光

在六条万的居中调度之下，本庄玉和青木阿里佐两线开花，分别于正保三年（1646）和正保四年（1647）各自为家光生下一子。不过青木阿里佐的孩子一年之后便夭折。而本庄玉的孩子德川纲吉虽然身材矮小，但还算健康，是以五岁便得以受领近江、美浓、信浓、骏河、上野等地总计十五万石的领地。

家光晚年虽然有了家纲、重纲、纲吉三个儿子，但均非嫡子，且其生母大多出身卑贱，因此在继承权的正统性上很难不受指摘。正因如此，家光才格外倚重于自己的十一叔德川赖房，希望通过他的背书来确立自己长子家纲继承江户幕府的合法性。而本就无缘问鼎的赖房此时也面临继承人的问题，倒也乐见其成。正是在这样的背景之下，庆安四年（1651）江户幕府的第三代掌门人德川家光于江户病逝，一场新的权力角逐随即拉开了序幕。

十三、老中独裁——松平信纲和酒井忠清的执政及德川家纲、纲吉的传承

德川家光死后，老中堀田正盛、阿部重次及鹿沼藩主内田正信以殉主之名自裁，一时引为佳话。坊间在感叹其忠义之余，也纷纷将矛头对准了身为首席老中的松平信纲，为此还根据其官职伊豆守编了一首童谣："伊豆产豆腐，豆腐千般好，可惜就怕刀"（伊豆まめは、豆腐にしては、よけれども、役に立たぬは切らずなりけり），以揶揄他贪生怕死，在主君死后竟不切腹自尽。

对于这些坊间流言，松平信纲非但没有引以为耻，反而在操办家光葬礼的同时，全力破获了由所谓兵学家由井正雪密谋策划的一起旨在颠覆江户幕府统治的暴动阴谋。这一搜捕范围几乎波及日本列岛，一定程度上改变了政治格局，被称为庆安之变或由井正雪之乱。

根据江户幕府的资料，由井正雪出生于骏河国的宫之崎町，为当地下级武士冈村弥右卫门之子。但也有坊间传闻，正雪的出生地为骏河国的由井町，父亲是普通农户吉冈治右卫门。但无论如何，正雪早年跟随其父移居大坂，以染布为生却似乎是事实。

由井正雪在十七岁左右来到江户，并拜在了自称楠木正成后世子孙的兵学家楠木正辰门下学习兵法。必须指出的是，江户时代的所谓兵学家并非什么正规的军事理论家，而是一群以讲述历史战争故事为生的说书人。因此楠木正辰虽自称"楠木不传"，却还是将其行走江湖的一套话术倾囊教授给了由井正雪。

由井正雪虽然身负所谓楠木流兵法，但还是觉得不够唬人。于是乎，又编造了一个自己出生之日，母亲夜梦武田信玄前来投

胎的故事。又抬出中国两大著名军师——张良、诸葛亮的名头，在江户正式开办起了一家名为张孔堂的军学馆。一时间竟也网罗三千余学生。

　　从教授的内容来看，张孔堂与其说是军校，不如说是一个军迷俱乐部。但挥斥方遒久了，由井正雪也不免有了问鼎天下的野心，便开始与丸桥忠弥、金井半兵卫、熊谷直义等一干浪人谋划起了播乱天下、谋取富贵的宏图霸业来。按照计划，丸桥忠弥首先将在江户各处放火，趁乱以铁炮狙杀老中松平信纲等幕府老臣，绑架新任将军德川家纲。与此同时，由井正雪和金井半兵卫分头在京都和大坂煽动暴乱，在混乱中将同样少不更事的后光明天皇带往高野山，由天皇下诏讨伐德川家族，并动员全国的浪人与江户幕府展开总决战。

　　客观地说，由井正雪的这个计划虽然一定程度上借鉴了楠木正成辅佐后醍醐天皇一举扳倒镰仓幕府的故事，但其自身却既无

浮世绘中与幕府爪牙死战的丸桥忠弥

楠木正成的实力，更无一举倒幕的时运。因此整个计划即便展开，恐怕也会因为各个环节上的错漏而沦为笑柄。何况此时正值家光新丧，幕府耳目大张之际。是以，由井正雪等人还在进行着谋划，庆长四年（1651）七月二十三日，丸桥忠弥首先便在江户城内被捕。据说丸桥忠弥孔武有力且擅长枪术，因此松平信纲故意命人在其住宅外高呼"起火了"，诱使对方慌忙从家中奔出，随即将其一举擒获。

得到消息之后，由井正雪仓皇出逃，但行至骏府便被江户幕府的人马包围。走投无路之下，由井正雪选择了自我了断。不久之后，在大坂得知消息的金井半兵卫也畏罪自杀。随着丸桥忠弥在江户被问斩，狭义上的由井正雪之乱已然画了一个句号。但松平信纲却不愿就此作罢，他一方面命人彻查由井正雪生前所留下的各种往来信件，另一方面则派出身为大目付（秘密警察主管）的中根正盛在全国范围内进行调查和搜捕。

如此大张旗鼓的行动，自然不可能全无斩获。很快便有人向松平信纲告发同为兵学家的别木庄左卫门伙同林户右卫门、三宅平六、藤江又十郎等浪人意图在江户城中放火，趁势暗杀幕府头脑。松平信纲当即将上述人等悉数逮捕，一一问斩。由于此时已然改元承应，因此别木庄左卫门等人试图引发的叛乱，又被称为承应之乱。

从大局来看，别木庄左卫门等人并非松平信纲真正的打击目标。一封据说从由井正雪住宅中搜出的书信，才是整个庆安之变中真正的戏眼。这封信是由井正雪写给纪州藩主德川赖宣的，信中由井正雪详细介绍了自己的计划。虽然没有找到德川赖宣的回信，但无论如何，"知情不报"这个罪名，德川赖宣是跑不掉了。

面对松平信纲派来传唤自己的使者，德川赖宣表现得颇为从容。来到江户之后，德川赖宣看着由井正雪所写的信件，放声大笑，公然讥讽道："好在由井正雪只伪造了一封给我的信，若是伪造了给其他外样大名的信，只怕此刻已经天下大乱了吧？"言下之意是，江户幕府只凭这样一纸随便就可以假造的信件便定罪诸侯，恰恰是中了由井正雪的"移祸之计"。

事实上以松平信纲的老辣，当然知道仅凭这封信不足给身为御三家的德川赖宣定罪，因此他此番如此大张旗鼓的真实目的，其实还是希望通过由井正雪之乱来敲打以德川赖宣为首的亲藩大名，以压制其试图利用德川家纲得位不正的蠢动之心。毕竟三代将军德川家光离世之时，德川家纲年仅十岁，不仅没有如秀忠、家光那般得到父亲生前的保驾护航，甚至连正式前往京都向朝廷进行申报都没有，便草草在江户宣布就职征夷大将军，其合法性不免遭到质疑和否定。

而德川赖宣对松平信纲的这番"良苦有心"，也可谓洞若

晚年的德川赖宣

观火，便借着此番前来江户申辩的机会，住下不走了。与自己的胞弟德川赖房一唱一和地演起双簧，干涉起江户幕府的日常行政来。此时中国大陆传来了满清入关，明帝国全面崩溃的消息。曾在日本居住过一段时间的南明将领郑成功遣使向江户幕府求援，德川赖宣当即来了精神，高呼要代替德川家纲率领着关西大名前往中国大陆助战，以树立起日本的国际形象。但在松平信纲等认真准备出兵之际，德川赖宣却又唱起了"出兵对日本不利"的反调。

德川赖宣在江户大肆折腾之际，其弟德川赖房正忙着处理自己的家务事。赖房一生未纳正室，却好色风流，很早便在水户藩内到处播种。此时的赖房对秀忠颇为忌惮，深恐因行为不端而招致江户幕府的处分，因此一旦与其有染的妇人身怀有孕，便每每要求对方堕胎。但正所谓"常在河边走哪有不湿鞋"，在诸多被其玩弄的女性之中，便有坚持要将孩子生下来的。其中最具代表性的，自然莫过于佐野城主佐野信吉的家臣谷重则的长女谷久子。

谷久子的母亲是水户藩中老女（指有一定身分地位的女佣），因此与德川赖房单独相处的机会较多，一来二去便怀有了身孕。此时的赖房常年生活在江户，既没有时间、精力，也没有兴趣来为自己造的孽善后，便委托乳母的亲戚三木之次来监督谷久子堕胎。但不知道是谷久子坚持，还是三木之次心怀不忍，最终元和八年（1622），赖房的长子松平赖重还是在自己父亲不知情的情况下平安降生了。

德川赖房对此事也并未太在意，不久又勾搭上了一个名为佐佐木胜的女子，并与此女先后于宽永元年（1624）、宽永二年（1625）、宽永四年（1627）产下了二女一子。此时哥哥秀忠归隐，赖房的胆子开始大了起来。不久之后，他除了将昔日战国佛门豪强本愿寺显如的曾孙女弥弥纳为了侧室，生下了两个女儿，又再度找到了谷久子，与之鸳梦重温。但谷久子再次怀孕之后，他还是安排三木之次帮忙堕胎，而三木之次也再次瞒着赖房，让谷久子把孩子生了下来。这个当时还没有名分的男孩，便是日本历史上赫赫有名的水户黄门德川光国。

宽永九年（1632），随着哥哥秀忠的去世，德川赖房终于松了一口气。此时他所面临的政治局面是德川家光尚无子嗣，如果迅速推出自己的继承人，便可能入主江户。此时的赖房不免后悔自己早年对亲生骨肉的赶尽杀绝。而作为其心腹的三木之次审时度势，将自己暗中保护了赖房两个儿子的情况和盘托出。

赖房大喜之余，连忙在水户城中召见了松平赖重和德川光国俩兄弟。经过一番面试之后，赖房发现长子松平赖重天资一般，不适合作为角逐将军之位的人选，便于宽永十年（1633）高调宣布三子德川光国为自己的继承人，还特意在宽永十三年（1636）光国元服之际，请德川家光将其名字中"光"字下赐，以摆出一副这个孩子随时可以继承家光衣钵的架势。可惜不久之后，德川家光的亲生儿子便如雨后春笋般的冒了出来。德川光国入主江户的梦想也随之破灭。无奈之下，德川赖房也只能按下一步登天的雄心，慢慢地培养德川光国的政治声望。

在后世的传说之中，有关德川赖房磨砺德川光国的故事不胜枚举，如命其幼年之时便提刀处决囚犯，在宽永大饥馑时期令德川光国裸体横渡满是浮尸的浅草川（今隅田川），等等。这些传说是真是假，其实早已没有考证的空间和必要，因为无论是德川赖房还是德川光国都不需要真正地去拼搏什么，他们所需要的只是一个努力上进的名望，以便在下一轮的政治角逐中抢到一个好位置。

德川赖房埋头培养继承人的同时，新任将军德川家纲初步稳定其执政班底。除了首席老中松平信纲带领松平乘寿、阿部忠秋继续执政之外，德川家光还早早地为家纲准备了两个强有力的外援。其一是家纲有实无名的叔叔保科正之。德川家光临终之前，特意将已经移封至会津藩的保科正之唤到病榻前，将自己的继承人德川家纲托付给他。而保科正之不仅在有生之年全力支持侄子德川家纲的统治，更在死前留下总计十五条的《会津家训》，其中开宗明义便宣称"会津藩是为了守护将军家而存在，如有藩主背叛则家臣不可跟随"。

其二则是德川家的谱代重臣酒井忠清。酒井忠清是侍奉过家康、秀忠、家光的三代元老酒井忠世的嫡孙。酒井忠世一生勤勤恳恳，虽然晚年因宽永十一年（1634）家光率三十万大军上洛之际，不慎于其驻守的江户西之丸中发生火灾而失势，但仍有着强大的政治影响力。因此家光很早便安排领有上野国厩桥藩十万石领地

三代老臣酒井忠世

的酒井忠清辅佐自己的长子家纲。家光临终之前，更将酒井忠清提升为老中，让其参与中枢决策。

是以家纲执政初期的江户幕府政治构架，便是保科正之居中调度，酒井忠清与松平信纲、松平乘寿、阿部忠秋四人以老中的身分联署处理日常政务。这个组合首先要面对的挑战，便是被称为宽永大饥馑的灾荒对日本社会和江户幕府所造成的巨大冲击。

宽永大饥馑发轫于宽永十六年（1639），该年在刚刚爆发了岛原之乱的九州地区出现牛瘟，并迅速传播至关西地区。尽管当时日本人并没有吃牛肉，但作为农业社会的主要畜力，耕牛的大量死亡还是极大地影响了社会生产。次年六月，北海道南部驹之岳火山喷发，又极大地影响了关东陆奥等地的农业生产。

正所谓"祸不单行，福无双至"。从宽永十八年（1641）开始，日本各地连续出现春夏季干旱、秋冬季洪涝等异常天候，令各地农业生产遭到极大破坏。江户幕府虽然第一时间禁止酿酒，禁止贩卖以米、麦为原料的各式点心，集中粮食用于生产救灾，但效果却并不显著。至宽永十九年（1642）末，日本各地已然饿殍遍野，江户幕府虽然在各地设立称作"御救小屋"的收容所，但是仍不能从根本上解决粮食短缺的问题。

虽然随着气候条件的逐渐好转，以及"宽永大饥馑"所导致的人口大规模减少，最终令日本的粮食供给重新归于平衡，但此次饥荒却也暴露出了江户幕府经济基础层面的巨大隐患。长期以来，江户幕府都是以粮食作为俸禄分发给为其效忠的武士阶层。而武士领有了这些粮食之后，往往需要去市场上售卖，换得钱币或金银才能购买其他生活必需品。这样的模式，武士阶层不可避免地会受到商贾的盘剥，在日常的买进卖出中逐渐陷于贫困，同

江户幕府铸造的宽永通宝

时由于垄断了铸币权的江户幕府无序地铸造钱币和投放金银，日本本土有限的经济体量最终也难逃通货膨胀的困扰。

对于江户幕府的这些积弊，保科正之可谓洞若观火。他接受一干老中的建议，在江户幕府的日常开支系统之中单独拿出四百万两白银作为救灾专项经费。同时尝试在会津藩内设立公共粮仓，建立起一套行之有效的灾民赈济制度。不过保科正之没有想到的是，这些举措没有遇上新的饥荒，却遭遇了一场空前的火灾。

明历三年（1657）正月十八日，江户城内突发大火。火势率先从本乡地区丸山之上的本妙寺前庭燃起，随即借着强劲的风势和干燥的空气绵延开来。江户幕府虽迅速调集人手进行扑救，直至十九日下午火势终被扑灭，超过五百家的大名宅邸、七百家旗本宅邸、不计其数的武士宅邸、三百多座寺庙、四百多个市镇被烧毁。江户城的西之丸、天守阁、本丸御殿也悉数被焚之一炬，十万余人不幸丧生。

　　根据江户幕府事后的调查，火灾是当时本妙寺的和尚正在火化一个亡故的十七岁少女生前所钟爱的和服振袖所引起的，因此这场明历大火又被称为振袖大火。这个说法虽然详细说明了少女的名字以及家庭情况，但好事者仍不愿采信。当时便有人说火灾其实最早是从位于本妙寺附近的老中阿部忠秋的家中首先燃起，但江户幕府为维护自身的权威性才编造出了振袖大火的谎言。除此之外，还有人提出大火是由幕府有意施放，或对幕府心怀不满的浪人有意纵火等种种假说。

描述明历大火的画卷

　　客观地说，农耕时代的木结构房屋设计以及蜡烛、油灯的照明手段，可谓人口大量集中的都会频繁发生火灾的先天诱因。明历大火之后，江户幕府在重建江户时刻意增设了诸多防火设置，但此后的明和九年（1772）和文化三年（1806），江户地区还是又发生了两起毁灭性的大火。

当然，在大火已然对江户造成了毁灭性打击的情况之下，再去追究其发生的具体原因其实已无实际的意义。为了迅速稳定局势，首席老中松平信纲不待与众人合议，便下令正在江户参勤交代的十七家大名提前回归自己的本藩。本就在江户无所事事的德川赖宣见状，当即便搬出御三家的派头前来质问松平信纲："如此独断专行，就不怕引起天下大乱吗？"松平信纲却反唇相讥："这十七家大名在江户的府邸已经烧毁，库存的粮米也已枯焦，强留他们下来，也不过是多些嗷嗷待哺的嘴巴，还不如放他们回去。"

提前让各家大名归国并不能真正缓解大火之后江户粮食短缺的现实，于是松平信纲便将所有旗本的俸禄以米价两倍以上的货币予以发放，此举令全国米商闻风而动，很短的时间之内，大批米商便将粮食运至江户市场抛售，一定程度缓解了江户的米荒。

保科正之与松平信纲等老臣的携手，帮助德川家纲平稳度过了执政初期的一系列天灾人祸，但时间终究不站在他们这一边。宽文二年（1662），松平信纲因病而不得不暂时退休，此后虽几度复起，但终究已是力不从心，最终于当年三月十六日病逝，享年六十七岁。宽文九年（1669），保科正之也因健康原因宣布退休，并于宽文十二年（1672）去世。随着这两位老臣的先后离世，后起之秀酒井忠清终于迎来了其乾纲独断的时代。

早在松平信纲去世之后的宽文六年（1666），酒井忠清便脱离了老中的行列，升级为大老。大老是江户幕府中临时性的最高职位，地位在老中之上，专职辅助将军管理政务。一般该职位只有一人担任，平时免于评定日常事务，仅在将军做出重要决策时参与行政。但此时的家纲不问政事，人送外号"左様せい様"（"就这样吧"大人），因此酒井忠清自然便大权独揽。因其宽永十三年（1673)被赐予江户城大手门下马札附近牧野忠成的上屋敷，被称为下马将军。

当然，在酒井忠清当政的这段时间，以强硬的姿态压制了仙台藩和高田藩的内部骚动，一定程度上还是维护了江户幕府的权威。延宝八年（1680），酒井忠清为自己加封上总国久留里二万石，使自己的领地达到十五万石规模。当年五月，德川家纲突然因病去世。

由于德川家纲先天身体羸弱，死时并没有留下一儿半女，因此，征夷大将军的继承问题，便成了江户幕府的头等大事。按照兄终弟及的继承原则，身为大老的酒井忠清理应在德川家纲的两个弟弟德川纲重的子孙或德川纲吉中挑选一位。但这位"下马将军"此时却做出了一个令人匪夷所思的决定，提议由皇室成员有栖川宫幸仁亲王来出任征夷大将军一职。

就在幕府上下不知该如何表态之际，已然继承了水户藩的德川光国第一个带头表示反对。本就对酒井忠清心怀不满的各路人马当即纷纷跟进。最终酒井忠清只能同意由德川纲吉继承将军之位。而德川纲吉入主江户的第一件事，便是以健康为由勒令酒井忠清辞去大老一职。次年，酒井忠清被迫隐居，并在不久之后去世。江户幕府随即迎来了一个新的时代。

十四、犬之公方——德川纲吉的执政能力及后世非议

延宝八年（1680）五月，时年二十九岁的德川纲吉正式在江户受领征夷大将军之位。作为此前领有二十五万石领地的上野国馆林藩主，纲吉虽也一度受封参议，被称为馆林宰相，但长期以来，纲

吉与权力巅峰之间的距离却可谓天高海阔。但命运偏偏对他青睐有加，其长兄家纲始终没有诞下子嗣，而二哥纲重膝下虽有两个儿子，并一度被册立为征夷大将军的继承人，却不幸于延宝六年（1678）突然去世。就这样，纲吉有幸被自己的长兄家纲收为养子，正式成了江户幕府的"储君"。

尽管身为大老的酒井忠清一度拒绝承认德川纲吉的继承权，试图将征夷大将军之位交给皇室成员有栖川宫幸仁亲王来出任。酒井忠清此举虽有此前镰仓幕府在源氏一族绝嗣之后，征夷大将军转由公卿藤原氏及皇室成员出任的先例，但德川家族此时显然还没有到后继无人的程度，更何况昔日推动镰仓幕府将征夷大将军之位出让的推手，乃是权倾朝野的北条家族。酒井忠清虽曰独裁，却显然未到一言九鼎的程度。果然在水户藩主德川光国的带头鼓噪之下，酒井忠清最终不得不接受由德川纲吉继任征夷大将军的这一现实。

在当政之后迅速清除了酒井忠清的政治影响力后，德川纲吉任命曾极力支持自己的堀田正俊为新任大老，却并未给予同宗的德川光国以太多的政治优待。德川光国对此事颇为不忿，此后不断借各种机会对德川纲吉的施政冷嘲热讽。德川纲吉对此却只是一笑了之。在他看来，德川光国对自己的支持不过是不希望德川家的将军之位为外人夺走而已，如果自己将声望颇高且身为自己长辈的德川光国引入中枢，则资历尚浅的自己难免不被架空为傀儡。

与德川光国相比，堀田正俊在德川纲吉的眼中威胁显然要小得多。因为堀田正俊虽为家光、家纲执政时期的两代老臣，但其出身却不过是春日局斋藤福的养子，在江户幕府内部虽有资历却无声望，正好可以作为德川纲吉初来乍到之下，稳定局面的不二人选。

德川纲吉的画像

　　就在堀田正俊兴致勃勃地开始以大老身分秉持江户幕府的日常行政之际，德川纲吉也在悄然安插自己的心腹。第一个被引入幕府体系之内的，是德川纲吉的近侍牧野成贞。牧野成贞出身不高，父亲牧野仪成不过是一个领有五千石俸禄的旗本武士，牧野成贞也因此很早便被派到了德川纲吉的幕府成为他的侍从。不想时来运转，德川纲吉入主江户之后，竟专门为他设立了一个御侧御用人的职务，让他以"大内总管"的身分协助自己处理政务。更加封其五万三千石的领地。

　　牧野成贞的异军突起自然令江户幕府治下的一干官僚和大名颇为嫉妒，于是便造谣称其妻女皆为德川纲吉所染指，是以才能如此平步青云。但事实上，德川纲吉之所以如此重用牧野成贞，主要还是源于自身缺乏足够的执政班底，只能尽可能地利用身边一切可以利用的资源。与牧野成贞同样因曾为德川纲吉的近侍而发迹的，还有跟随德川纲吉一同从上野国馆林藩来到江户的下级武士柳泽吉保。

柳泽吉保是馆林藩俸禄仅为五百三十石的武士柳泽安忠之子，在当时日本的武士阶层之中，只能算是中等偏下，只因早年便跟随在德川纲吉的身边，因此纲吉入主江户之后，便被任命为专门负责将军起居的小纳户。此后更不断加官晋爵，竟成了领有七万三千石的大名，席次排于老中之上，享受大老的政治待遇。

德川纲吉之所以如此任人唯亲，还是为了迅速巩固自身的权力。但他同样知道要想彰显自己身为征夷大将军的权威，光靠任命几个心腹是远远不够的。是以他在就任后不久，便大张旗鼓地重新审定酒井忠清此前处理的仙台藩、高田藩两起御家骚动，以此作为自己政治生涯的起点。

领有仙台藩的伊达氏乃是此前战国豪强伊达政宗的后裔。正所谓自古豪门是非多，伊达氏早在战国前期便爆发过旷日持久的天文之乱，伊达政宗自己在继承家督的过程中也曾与一母同胞的弟弟伊达政道对立。而这种骨肉相残的政治传统竟犹如一种诅咒，始终围绕在了伊达一族的身上。

万治元年（1658），伊达政宗的嫡子伊达忠宗病逝。由于其前面五个儿子皆已离世，因此仙台藩主由其年仅十八岁的六子伊达纲宗继承。伊达纲宗年轻孟浪，长期生活于江户，在仙台藩中并无政治根基。因此就任藩主之后，很快便遭到了叔父伊达宗胜以及与仙台藩沾亲带故的冈山藩主池田光政、柳川藩主立花忠茂、宫津藩主京极高国的联名抵制。

明眼人不难看出，拿下伊达纲宗不过是其叔父伊达宗胜联合诸多外藩，试图独霸仙台藩的阴谋。当时把持江户幕府的酒井忠清对此事乐见其成，竟于万治三年（1660）强令伊达纲宗隐居，仙台藩主之位交由纲宗年仅两岁的嫡子伊达纲村继承。此后伊达宗胜大权独揽，一度搞得仙台藩内天怒人怨。老臣柴田朝意怒而向江户幕府提出申述。酒井忠清虽然受理了这一案件，并传唤了伊达宗胜前来对质。但伊达宗胜却以年事已高为名，拒绝离开仙台，只派了一名家臣原田宗辅代为前来。就在酒井忠清府邸之中，原田宗辅突然动手，刺杀了柴田朝意。

原田宗辅此举显然出自于伊达宗胜的授意，但事后酒井忠清只是下令将原田宗辅一家处斩，将伊达宗胜流放土佐，并未给予仙台藩实质性的处罚。到了德川纲吉上台，为了展现自己的将军权威，德川纲吉本意将伊达氏改易。但在保科正之的女婿稻叶正住的劝说之下，德川纲吉最终接受了仙台藩主伊达纲村隐居，由其堂弟伊达吉村接掌仙台藩。伊达吉村此后对仙台藩政及经济做出役职整理、货币铸造、买米仕法等一系列改革，是以被视为伊达家的中兴之主。

高田藩内部骚动的原因，与仙台藩大同小异。高田藩初代藩主是德川家康的六子松平忠辉，秀忠时代，松平忠辉被改易之后，该藩一度由酒井忠次的嫡子酒井家次接手。宽永元年（1624）秀忠在勒令自己的侄子兼女婿松平忠直隐居之后，将自己的外孙松平光长分封于高田。松平光长出任藩主之时年纪尚幼，因此藩政主要由家老小栗美作代为执掌。

延宝二年（1674），松平光长的嫡子松平纲贤去世。由于光长此时已经年逾六十，在没有希望再诞下男丁的情况下，继承人只能在其同父异母的弟弟永见大藏、侄子松平纲国等人之间选择。但就在人选尚未敲定之际，小栗美作意图传位给自己的儿子小栗大六，继续把持高田藩。此前小栗美作刚刚为了重建藩财政而向藩士征收新税，一时自然天怒人怨。永见大藏带领八百九十名藩士联名上书松平光长，要求小栗美作隐居。

松平光长虽然最终令小栗美作隐居，却真的将藩政大权交给了其次子小栗大六，高田藩内当即群情汹汹，一时呈现出火并的架势。酒井忠清虽以江户幕府的名义介入仲裁，结果却是将永见大藏判处流放。高田藩内人心浮动，竟有近二百武士脱藩而去。

德川纲吉了解此事之后，当即命人将小栗美作、永见大藏等人召集至江户，经过简单的审理之后，德川纲吉便下令判处小栗大六切腹，但永见大藏仍被处以流放之刑。高田藩主松平光长则因管理不严被没收封地，可谓"快刀斩乱麻"地将原告、被告全部解决了。

迅速重审了仙台藩和高田藩的骚动事件之后，德川纲吉的将军权威可谓达到了全盛。但也正是在这一时期，德川纲吉颁布了其一生最受争议的法案《生类怜悯令》。必须指出的是，《生类怜悯令》并非一条成文法，而是德川纲吉执政的二十四年间共一百三十五条不同法令的总称。

这个法令的背景是防范战国时代滥杀狗的陋习。最初是很正经的法令，不过此后，纲吉不但下令建造养狗的房子、请人保护狗及请人替狗看病，保护的对象也由狗扩展至猫、鸟、鱼类、贝类、虫类等，到了最后甚至连杀死蚊子都必须被判刑。是以有"天下的恶法"之称。德川纲吉也因此被称为"犬公方"。

《生类怜悯令》的出台，据说是纲吉受儒学之中的《孝经》影响。他不但让母亲桂昌院本庄玉介入政治，更采用母亲宠爱的癫僧隆光僧正的话。据闻纲吉丧子，求嗣不得，僧隆光进言："人之乏嗣，皆前身多杀之报也。今欲求嗣，莫若禁杀生也。且将军生岁在戌，戌属狗，最宜爱狗。"而有此令。

当然德川纲吉的恶评还不止于《生类怜悯令》，其执政期间的几次天灾也常为人所诟病，如元禄十一年（1698）的敕额大火、宝永四年（1707）富士山火山爆发等，都被日本民间盛传那是因为德川纲吉的暴行而遭天谴。

除了天灾之外，另一个德川纲吉执政期间发生的元禄赤穗事件也令其形象大损。元禄十四年（1701）三月十四日，赤穗藩藩主浅野长矩在奉命接待朝廷敕使一事上深觉受到总指导高家旗本吉

晚年本庄玉

良义央的刁难与侮辱，愤而在将军居城江户城的大廊上拔刀杀伤吉良义央。

此事件让将军德川纲吉在敕使面前蒙羞，怒不可遏，在尚未深究事件缘由的情况下，当日便命令浅野长矩切腹谢罪，并将赤穗废藩，而吉良义央却没有任何处分。以首席家老大石内藏助为首的赤穗家臣们虽然试图向幕府请愿，以图复藩再兴，但一年过后确定复藩无望，于是元禄十五年（1703）大石内藏助率领赤穗家臣共四十七人夜袭吉良宅邸，斩杀吉良义央，将吉良义央的首级供在泉岳寺主君墓前，为主君复仇。事发后虽然舆论皆谓之为忠臣义士，但幕府最后仍决定命令与事的赤穗家臣切腹自尽，而吉良家也遭到没收领地及流放的处分。

此后日本民间不断对大石内藏助等赤穗藩士予以神化。既然这些人是忠臣义子，那么将其处死的德川纲吉自然便是无道昏君。在一片骂声中，德川纲吉于宝永六年（1709）在江户城内去世，享年六十三岁。其独子德松四岁便已夭折，江户幕府再度面临将军继任问题。候补人选中一个是纲吉长女鹤姬的丈夫纪伊藩主德川纲教，另一人则是纲吉的兄长纲重的长子德川家宣。此时水户藩主德川光国再次出面反对德川纲教入主江户。就在双方相持不

元禄赤穗事件的浮世绘

下之际，德川纲教突然去世，德川家宣由此顺利继任将军。但他
的统治并未给江户幕府每况愈下的局面带来太大的改变，倒幕的
暗流却在悄然流动。

十五、倒幕难题——德川吉宗的短暂中兴和成功倒幕的前提

　　以四十八岁的年纪就任第六代将军的德川家宣，上任伊始便废
止了德川纲吉推崇但民间恶评不断的《生类怜悯令》和酒税，同时
将柳泽吉保免职后，起用自己在甲府时代的家臣间部诠房和新井白
石，且推行文治政治，命令荻原重秀进行财政改革，一时间倒也颇
得民望。

　　可惜家宣仅仅在任三年，就在正德二年（1712）病逝于江户
根津邸内，享年五十岁。其继承人德川家继很快便开创了江户幕
府的两项纪录：德川家历代将军中最为年幼的一位，五岁继任将

军；也最早夭的一位，八岁便过世了。在德川家继奄奄一息的时候，德川家族的重要成员和幕府重臣们召开会议讨论将军的继承问题。德川家内部分成了两派，以德川家继的生母、德川家宣的侧室月光院为首的一派主张按照宗法，由御三家之首、尾张德川家的藩主德川继友担任将军；以德川家宣的正室天英院为首的一派则推举他们认为最有才干的德川吉宗出任将军。

天英院本名近卫熙子，是关白近卫基熙的女儿，拥有皇室血统。因为有着高贵出身，在很多文人笔下她都是一个心高气傲的人。本来她生有一子，但是不幸早夭。德川家宣去世后，家宣的后代就只剩下月光院的儿子。

月光院本名胜田辉子，出身于没落藩士家庭（一说为医生），相对于天英院而言自然出身卑微。但她貌美而有文才，因此甚得家宣宠爱。在德川家继还是将军的时候，有一天，当时的大奥御年寄（总管事）属月光院派的绘岛外出办事，回来时守门的侍卫们却不让通行。原本，按绘岛的身分，这些侍卫是不能怠慢的。但是侍卫们竟反常地将绘岛及其随行众女官逮捕。官员以擅自出城、与外人（歌舞伎艺人生岛新五郎）通奸的罪名处置绘岛，并有多人受牵连。史称绘岛生岛事件。

当时的舆论普遍认为这是天英院一手策划的。因为月光院作为将军之母统领众女中，天英院无法明着对月光院下手，便从绘岛开始削弱月光院的影响。绘岛原本其罪当诛，但是在月光院的努力下改为流放信州高远。家继病死后，两贵妇为下一任将军又开始了新的争斗。

后世有史学家认为天英院并非忌妒心强的女人，她是个虔诚的日莲宗佛教徒，也颇有才能。当年家宣继位后，天英院劝说家宣废除了不少纲吉留下的恶政，因此天英院在德川家甚至幕府中是有着不低威望的。家继病死时天英院已经年过五十，而月光院只有三十多岁（与吉宗年龄相仿），无论是势力还是经验，前者都更有优势。也可以说正因为天英院在政治上的影响力更大，也是由于吉宗被认为辈分和血缘更接近家康，最终支持吉宗者占了上风。尾张派和纪伊派，抑或说是月光院派和天英院派的争夺战，由吉宗被推举为下任将军而告一段落。

家继于正德六年四月三十日过世。但是吉宗曾经三次拒绝担任将军，直到八月十三日，他才正式就任，同年改元享保。政争失败的月光院从此隐居，余生都在寺庙中度过。绘岛事件所涉人员后来都被吉宗大赦。虽然绘岛本人没有改变被流放的命运，不过吉宗也给予了生活上的关照。吉宗离开纪州后，纪伊藩主由纪伊德川家的旁支、原伊予西条藩主松平赖致（后改名德川宗直）接任。

享保元年（1716）七月十八日德川吉宗正式继任为第八代将军。他上任伊始便表现出不同于先代的风范。正式入主江户城那天，在幕臣们的迎接仪式上，他穿得很朴素，与衣着华丽的官员们形成强烈对比。因为是以旁支身分继任将军，幕府的旗本们大多为前朝遗臣，吉宗担心大权旁落，便开始清除前朝势力。他罢免了侧用人间部诠房，并不再设侧用人。任命水野忠之担任老中，同时罢免新井白石的顾问职务，用跟白石同门但忠于吉宗的室鸠巢取代。此外还启用了大冈忠相。

新井白石是一位颇有影响力的老臣，他是一位儒学家、历史学家，在德川家宣时代被启用。他虽然没有成为地位最高的幕臣，却有不少提议被家宣采纳，因而很有威望。和吉宗一样，他也清楚幕府面临的问题很严峻，一直致力于革除弊政。吉宗很怀疑儒者们处理实际问题的能力。加上吉宗本人很讨厌繁文缛节，白石却一切从礼教出发，这些因素都使得吉宗下决心把白石撤换，并废除了大多数白石向家宣提出的所谓改革方案。不过吉宗赞同白石的经济政策，保留了下来。

浮世绘中的德川吉宗

　　这个人事变动引发了极大的争议，尤其在老臣们当中。包括关白近卫基熙，也因为女儿天英院在写给他的信中对吉宗此举颇有微词，使得关白倾向于同情白石，认为吉宗过于草率。

　　享保时代，有一位不能不提的名人，就是大冈荣五郎忠相。他是伴随着吉宗新政留名青史的一代贤臣，忠相正直清廉，而且办事认真公道，留下了很多断案传奇。因其官位是从五位下越前守，人们惯称大冈越前。他原本是伊势、志摩的山田奉行，负责伊势、志摩的司法和治安，还有伊势神宫的管理。

　　在吉宗还是藩主的时候，有一次伊势与纪伊的居民因为地界问题发生了纠纷，因为纪州是亲藩，而且还是御三家之一，使得多数官员并不敢得罪纪州人。然而忠相秉公执法，判定伊势人胜诉。同样出乎意料的是，作为纪州藩主的吉宗并没有记恨这个不讨好纪州人的忠相，相反，他很欣赏忠相的为人。这件事在后世被人们传为佳话。

　　吉宗当上将军后便任命忠相为普请奉行，后来又升为江户町奉行。这是一个集江户的行政、治安和司法于一身的职务。忠相成了吉宗的左膀右臂，为贯彻执行吉宗的改革政策做出了巨大的贡献。而吉宗时代也正因为像忠相这样的贤臣得到重用而在历史上留下了光彩的一笔。

　　吉宗改革的第一步是精简机构。为了削减旗本的数量，他废除了旗本的官位和俸禄的世袭制。同时他也裁减了不少御家人。这么做不仅仅是出于财政上的考虑，也有利加速恢复将军的集权。为此他提拔了一批在纪伊时就跟随他的家臣，但是他并没有给他们太多的特殊照顾。有一次，一个很有能力的幕僚没有事先报告便下达命令，结果事后被他当众臭骂一通。公务上的事他尽量自己来做，却也很放得开手让家臣们去办。对于当年饱受侧用人压制的幕臣们，吉宗的办事作风很受欢迎。

　　吉宗一直认为，曾祖父家康公时的幕府是最自律、最高效的。勇猛顽强的三河武士们在战场上锻炼出了高度的组织性和纪律性，现在这些靠祖辈的功绩得以腰插两把刀到处炫耀的官僚们是不能与之相比的。现在的国家，从江户到各藩，武备松懈，机构臃肿膨胀，官绅勾结。针对这种状况，吉宗恢复了德川纲吉时代禁止的鹰狩，并加强了幕府军队训练的强度，在关东平原和富士山区进行了几次大规模的军事演习和以军事训练为目的的狩猎。此外，他还增加了日本沿海地区的守备以强化锁国。

　　他不喜欢前任几个将军的那种凡事都以儒家经典为依据的作风，他认为，幕府本来就应该像个武人的政权，切合实际，办事果断迅速，一如当年的家康。于是，"诸事権现様御掟之通"成了其施政方针，意为"诸事（任何事）以如同权现（德川家康）所定的方法处理"。

　　吉宗本人并非不信奉儒教，他结交和重用的儒者也不少。只是他试图从过去几代由侧用人（往往是作为智囊的一群儒者）掌权的统治方式恢复到江户初期将军本人独揽大权的体制。另外在民政方面，吉宗对当年江户的大火灾仍然记忆犹新，于是享保五年（1720）建立了四十七人的江户町火消组，由江户町奉行大冈忠相指挥，是日本最早的直属于政府的专业消防队。

　　在吉宗以前，百姓和下级武士直接向将军、大老或老中等幕府高官提出请求均是重罪。特别是拦轿喊冤这类，可能会被以犯上罪论处。这个制度的制定本是为了防止有人行贿高官，当时的统治者甚至认为政策本来就不是基于公众而制定的。然而，即使在这种极端的制度下，也会有不堪忍受苛政、无处申冤的老百姓冒死告状请愿。

　　享保三年（1718）的新年，吉宗从上野的神社祭祖归来，路上有一个町民冲破侍卫的阻拦，要向吉宗递交诉状。这个人当然被当场拿下。但在此人即将被押走法办时，吉宗制止了侍卫们，并说以后遇到这类事情不要逮捕请愿人，还要把他们的状纸转给管事的官员。这件事情虽然看似平凡，却表明吉宗领导下的幕府改变了原有的治世理念。之后，幕府在享保四年（1719）宣布，所有来自下层的提议和请求都会被考虑和调查；即使是证据不足的指控，投诉者也不会受惩罚。

　　享保六年（1721），小石川养生所建立，就是江户医生小川笙船通过目安箱所提出的建议。小川笙船认为政府应该建立一个院所，专门协助年老无助，亦不富裕的病人。吉宗收到了笙船投在目安箱里的信函后，虽然当时国库的余钱不多，仍吩咐大冈忠相与笙船面谈，并调查可行性。后来在忠相的操办下，养生所在小石川药园成立（今东京大学理学院附属植物园）。小石川药园原先是纲吉所建的一个花园，吉宗把它改成了药用植物园，用于试种高丽参、甘蔗等进口作物，不少受到后人的尊敬的名医都曾在养生所中服务过。著名电影导演黑泽明的作品《红胡子》讲的就是一个在小石川养生所奉献了毕生精力的医生的故事。

享保六年，连年灾害导致作物严重歉收，不但国库的收入降到了最低点，甚至连旗本的俸禄都发不出来。为此，幕府发布了上贡稻米制，规定各藩上交的年贡为每一万石中交给幕府一百石；同时大名们参勤交代的时间缩短一半，以减少大名们在江户的开销。此外，吉宗废除了老中轮值制度，改设立勘定方专门负责财政，由水野忠之领导。改制后，幕府一年总共收到一百七十五万石米，首先解决了旗本和御家人的俸禄问题。同时幕府发布的还有要求幕臣们节省各类开支的俭约令。后来，俭约令的范围扩大到各大名，甚至对个人的生活消费，如婚礼上用几顶轿子这种事都进行了要求。不过，俭约令在远离江户的地区并没有产生很大的影响，因此吉宗在位期间曾多次重申。

在古代的东方，米才是硬通货，官员的俸禄和领主的地盘都是以米来衡量，货币的价值也是以米为参照。致力于解决全国经济问题的吉宗，在提高贡赋、节省开支的同时也着手进行新田开发。但是新田开发的效果不是马上就能看到的。为此，幕府开始寻求在现有的基础上增加税收。1727 年，天领内农业的税收从四成提高到五成，这个数字即使在封建时代都算是很高的（也成为后来关西一揆暴动的诱因之一）。商业方面，幕府部分放宽了当时唯一的对外贸易港——长崎的对华贸易限制。当年家宣为了加强锁国，曾经根据新井白石的建议削减了对荷兰和中国的贸易量。享保时期，日本向中国输出的商品有铜、鲨鱼翅和漆器等，其中铜是利润最大的出口货。

吉宗时代的经济问题总是接连不断，但事实上，社会生产力总体而言是向前发展的。在全国各地，资本主义萌芽有所发展，农村地区有越来越多的人成为自由雇工。从现存的地主账本来看，很多农忙时节的帮工其实与地主甚至佃农是短期雇佣关系，而非人身依附关系。而且这些雇工并非仅限于做农活，也给镇上的手工作坊打工。商业和货币经济日益发达，加之农业产出相对丰富，使得米价下跌，很多农民反倒觉得种地不来钱，将土地秘密出售（当时买卖土地是非法的）。吉宗后来注意到这个变化，放宽了土地买卖的禁令。但吉宗幕府没有改变封建时代的观念，依然将土地视为唯一的资本，仍以土地石高来计算产出的价值，故而农民的赋税逐渐加重，投机倒把、高利贷和兼并土地的行为日盛。

可以说德川吉宗成功地挽救了自己的家族和江户幕府，却令蠢蠢欲动的各方势力大感挫折。据说在明治维新之前，位于本州岛最西部的长州藩藩主每年新年都要面对自己麾下家老重臣们"今年倒幕之机如何？"的询问。所谓"断人财路，如杀人父母"，日本各地豪族对于霸占了富饶的近畿之地，还要每年向自己征收"银两和女人"的历届幕府的仇恨自然可想而知，但是要想"一夜翻身把歌唱"，完成倒幕的伟业却又谈何容易。

幕府将军与各地豪强相比，大体上有三大优势。首先，政治上幕府操控天皇，拥有"挟天子而令诸侯"的大义名分，可以轻松地将任何反对势力都打上"逆贼"的标签，然后堂而皇之地"蓄兵马以讨不臣"。

其次在经济上，幕府拥有向全国庄园征税的权力，镰仓幕府便曾要求各地名主按一反田地（约合十公亩）五升（约九公升）的比例征收"军粮米"。尽管这一雁过拔毛的苛政，不久便由于全国名主的反对声浪而作罢，但仅凭没收政敌"非法所得"所圈占的土地，历届幕府依旧是全国豪强难以单独匹敌的庞然大物。

除了传统的农业收入之外，幕府还拥有制定法令限制商业运作的权力。巨大的经济优势，通过土地分封的利益链条，江户幕府拥有大批忠心耿耿的旗本。身为"有产者"的旗本平时驻守江户，而在战时则自备武器、自带干粮、动员侍从出阵。由于战后可以得到幕府发放的土地等"御恩"的回报，因此旗本不仅"奉公"参战，在战场往往表现得异常积极。

面对强大幕府所拥有的政治、经济和军事上的全面优势，各地的豪族尽管各怀鬼胎，但也只能理性地选择长期雌伏，德川幕府统治之下的长州藩藩主就以"时机尚早"来搪塞麾下家老重臣们悍然倒幕的勃勃野心。那么要等待什么样的时机才适合起兵"倒幕"呢？

幕府虽然强大，但内部绝非铁板一块，尽管彼此沾亲带故，但是由于利益分配不均，幕府内部的手足相残也是时有发生的。镰仓幕府的开创人源赖朝江山还未坐稳，不就和自己同父异母的兄弟源义经翻脸了吗？那么是否可以利用幕府内讧，一举将其打倒呢？

答案当然是否定的。毕竟幕府上下都很清楚"关门内斗"的结果无非"肉烂在锅里"，引入外部势力则无疑是授首于人。因此，历届幕府都努力控制着内斗的时间和范围，力争"短平快"地解决问题。而对于扑朔迷离的幕府内斗，各地豪强也往往投鼠忌器，不敢贸然造次。

幕府将军虽然跋扈，源赖朝曾称后白河天皇雅仁为"日本国第一の大天狗"，日本民间更有幕府将军淫乱天皇后宫，以求"换种"的传说。但是从法理上看，幕府将军依旧只是人臣，还不敢公取天皇而代之。那么是否可以利用天皇对幕府的不满而有所作为呢？答案似乎也是否定的。

公元 1221 年，后鸟羽天皇尊成利用镰仓幕府自源赖朝死后延续二十多年的内乱，向全国武士下达了倒幕的命令，希望能够联合不受幕府控制的寺院僧兵及非御家人的地方豪强武士力量一举打垮执掌镰仓幕府的源赖朝小舅子北条义。但这场本应是轰轰烈烈的倒幕大戏承久之乱最终却被证明只是一出荒诞剧。全国上下

天皇造反的始作俑者后鸟羽天皇

真正响应天皇号令的武士数量极少，连向来与皇室共进退的寺院也作壁上观。面对集结于幕府军旗之下的十九万大军，不过万余兵力的朝廷军一触即溃。

短短三十一天，由天皇发动的御反乱便以失败告终。北条义轻松地放逐了包括后鸟羽天皇在内的三位前任天皇及大批皇室成员，挑选年仅十岁的茂任为傀儡，是为后堀河天皇。

显然对于天皇与幕府之间的对立，各地的豪强也都洞若观火。但在没有十足的把握之前，谁都不会轻易站在强大的幕府的对立面上。倒是跟着将军有肉吃，参与平定承久之乱的大批幕府武士以"新补地头"的身分接管了没收的倒幕派的领地。

在幕府的内斗和天皇亲自发动的倒幕运动，都无法撼动这个庞然大物的情况之下，难免会有人将希望寄托于外部势力的干涉。但不得不承认，在东亚大陆经历着明、清政权兴替的同时，真正看得上日本列岛的外来政权并不多。但不多并不代表没有，最终来自西方的疾风，还是成功地吹皱了江户幕府治下的这潭死水。

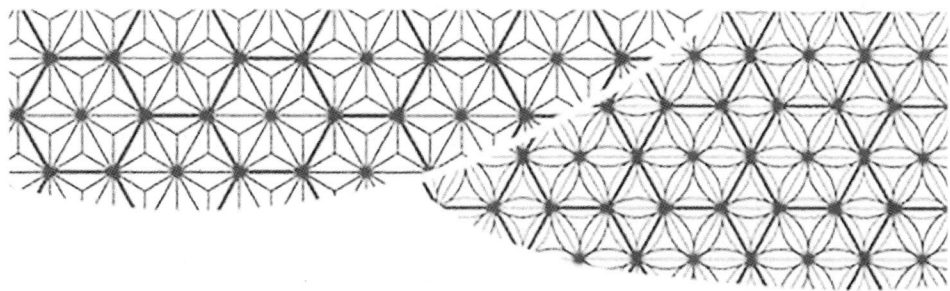

第四卷　有风西来

西方列强进入东亚后的江户幕府内外危机

◆

十六、北寇八年——日俄在东北亚的初次交锋

事实上最早向近代日本发出"武力开国"威胁的，并非高悬着星条旗的美国海军，而是自诩得到圣徒安德烈庇佑的俄罗斯人。自16世纪中期伊凡四世建立起近代意义上的沙俄帝国以来，这个以双头鹰为国徽的新兴政体便以前所未有的贪欲忙于开疆扩土，广袤无垠的西伯利亚非但没有成为顺流而下的哥萨克们难以逾越的屏障，反倒为其铺就了通向东方的坦途。

在公元1689年无奈地被满清帝国驱逐出黑龙江流域之后，俄罗斯探险家们转而向《尼布楚条约》中笼统地称为"待定地区"的外兴安岭北支、白令海峡及堪察加半岛渗透。谈到俄罗斯世人往往首先想到的是其纵横大陆的金戈铁马，但17世纪俄罗斯人对海洋的热衷却丝毫不输于其西欧的邻居。在西伯利亚及远东滨海地区建立了一连串贸易和军事据点之后，俄罗斯人更进一步扬帆出海，试图圈占横亘于北太平洋之上的阿留申群岛及北美大陆西段的阿拉斯加半岛。

俄罗斯人在北太平洋的到处乱窜，最终误打误撞地闯入了江户幕府治下的日本人平静的生活。公元1699年被普希金盛赞为"远

被普希金称为『远东叶尔马克』的哥萨克勇士阿特拉索夫

东叶尔马克"①的哥萨克头目阿特拉索夫在扫荡堪察加半岛的原住民部落之时，意外俘虏了一名自称传兵卫的日本商人。尽管史学家对这位据说是海船失事，漂流到堪察加的传兵卫的国籍和身分颇多质疑，认为其可能只是接受了日本文化的阿伊奴人，但这并不影响阿特拉索夫将其作为"东洋景"写入呈现给彼得一世的报告之中。

　　彼得一世向来注重海权和异域文化，随即命阿特拉索夫除了严加盘问传兵卫，以获取有关日本的有用信息之外，更要将其护送到莫斯科来。传兵卫抵达沙俄帝国首都之时，恰值彼得一世游历西欧后不久，在不断派出亲贵前往东欧学习之余，彼得一世也

① 叶尔马克·齐莫菲叶维奇：出生年月不详的顿河哥萨克和丹麦女奴之子，曾长期因盗马和抢劫而为沙俄政府通缉。1579 年为沙俄探险家族斯特罗加诺夫招安，并活跃于与西伯利亚汗国的战争之后。1585 年战死后成了俄罗斯的民族英雄，甚至沙俄帝国第一艘于北极地区航行的破冰船亦以之命名。

命人教授传兵卫俄语，再由其培养出第一批俄国日语翻译。不过对于此时正全力筹备对瑞典的战争，以夺取波罗的海出海口的沙俄而言，此举无非闲时布冷子。此后俄罗斯远东地区又陆续接纳了一些遭遇海难的日本人，沙俄随即在西伯利亚开设了日语学校。对日本的情报收集和外交准备可谓从未中断过。

十年之后，当彼得一世在涅瓦河两岸征服的土地之上营建新都圣彼得堡接近完工之时，在遥远的东方，一支由七十五人组成的俄国官方探险团亦进入了海雾氤氲的千岛群岛。千岛群岛位于堪察加半岛和北海道之间，扼守着俄罗斯人所控制的鄂霍次克海通往太平洋的交通枢纽，因此一经发现便引起了沙俄帝国的高度重视，彼得一世随即颁发敕令，要求对其深入勘察，同时还在秘密手谕中训示探险队员在占领这些"无主之地"的同时，要开辟通往日本的航线。

千岛群岛的"千岛"之名虽然夸张，但也包含总面积一万五千六百平方公里的五十六个岛屿，因此沙俄探险队虽然竭尽全力但也仅勘察了其中的十四个岛屿，仅在其北部的六个岛屿之上竖起了十字架算是"有效占领"了。但在到处血洗阿伊奴人部落之余，俄罗斯人也发现他们已经接近日本统治圈的外围了。在写给彼得一世的报告中，探险团也提到了"日本人已到第六岛（即沙俄控制的占守岛南部的春牟古丹岛）采掘矿山"，并随报告献上了缴获的日式铁锅、刀剑等战利品。在与满清的交往过程中，沙俄帝国已经深知贸然激怒一个东方大国的风险。随着公元1725年彼得一世的去世，沙俄对千岛群岛和日本的兴趣虽不至人亡政息，但也基本上停留在海盗式的逐岛劫掠和奴役当地原住民的阶段。

俄罗斯人最终重返千岛群岛要等到八十年之后的叶卡捷琳娜二世执政末期，出身德国的叶卡捷琳娜二世有着不弱于历代男沙皇的扩展欲望。在她的统治之下，沙俄帝国不仅伙同普鲁士三次瓜分波兰，更两次击败土耳其，将环黑海的大片土地纳入了版图。在这样的一代雄主治下，俄罗斯不仅开始向千岛群岛输出武装移民，更谋求直接与日本政府发生接触。

事实上，江户幕府对沙俄千岛群岛的蚕食和渗透长期一无所知。尽管 1644 年江户幕府便在其绘制的全国地图《正保御国全图》标明了北海道东北偏北方面的三十六个岛屿，虽然不精确却也是世界范围内最早关于千岛群岛的地图之一。但是千岛群岛毕竟是终年海雾弥漫的苦寒之地，江户幕府授权开发北海道的松前藩又长期面对阿伊努人此起彼伏的起义而无暇旁顾。无奈之下，江户幕府只能将千岛群岛暂时划为预备开发地区承包给了唯利是图的商贾们。这些商贾在当地抢男霸女，行为操守未必比沙俄好多少。

直到公元 1784 年，江户幕府通过自身的情报网络了解到了松前藩长期隐瞒沙俄南下的事实。沉迷于将棋的第十代将军德川家治在外交事务上异常敏感，随即派出一支一百八十人的巡查队，对北海道和千岛群岛进行周密的勘察。结果自然令江户幕府大吃一惊，在与北海道仅一水之隔的择捉岛①上他们发现了沙俄竖立的十字架。尽管孤立的十字架很容易砍倒，并且换上了大日本惠登吕府的标志，但是俄罗斯人却不会就此而止步。

公元 1792 年，叶卡捷琳娜二世听取了常年居住在沙俄西伯利亚心脏地带伊尔库茨克的学者基利尔·拉克斯曼的建议，决心正式与日本建交。当然这一极具风险的任务不能由别人顶缸，基利尔·拉克斯曼的儿子近卫军中尉亚当·拉克斯曼带上西伯利亚总督的函件、价值两千卢布的礼物，以护送因海难而漂流到"俄

---

① 择捉岛：位于北纬 45°、东经 147°53′，是今天日俄纷争的北方四岛中最大的岛屿。

主张充实海防的日本学者林子平铜像

方领土"的幸太夫等日本海员回国的名义，野心勃勃地抵达北海道最东端的根室湾。

此时主持江户幕府日常事务的是第八代将军德川吉宗的孙子松平定信。松平定信是个理想主义者，由其所发动的宽政改革不仅在内政上遵循守旧，除了抑商重农和振兴武家之外，甚至连色情文学和男女混浴都严令禁止。在外交上更是将保守锁国推向了极致，不仅长期盛行一时的兰学被作为异端查禁，连主张"熔三方（中、日、西方）兵法于一炉，取长补短"的军事思想家林子平的著作《海国兵谈》亦在封杀之列。面对这样的执政者，沙俄与日本建立外交关系的努力自然只能以失败告终。

在接到拉克斯曼通过松前藩转交的国书之后，松平定信自感压力颇大，如若明确回绝，那么沙俄军舰下一步可能直扑江户。

而松平定信深知"房相二总豆州（泛指相模湾周边地区），小给所多，而城池少，若从海上来，外国船定能长驱直入永代桥一带，故事若至此，则为不经咽喉而直入腹中"。面对江户虚弱的现状，松平定信一边要求各藩强化海防，一边对沙俄使团使出了缓兵之计。松平定信授意松前藩当地官员回复拉克斯曼说：日本唯一的通商口岸是九州岛西岸的长崎，沙俄如有心通商可转泊该地再行商榷。

对于江户幕府的这一答复，拉克斯曼自然备感失望，毕竟对于沙俄海军当时的航海技术而言，要远征长崎绝非易事。怀着被耍弄的不满，拉克斯曼使团虽然铩羽而回，却在虚惊一场的江户幕府上下掀起了一股谴责松平定信的声浪。激进派认为松平定信未能按照《锁国令》的"祖宗之法"将窥测"神国"的沙俄使团系数斩首，必将遗祸无穷。而保守派则觉得松平定信不够"淡定"，大举强化海防纯属庸人自扰。

在幕府内外政敌的夹击之下，拉克斯曼还未回到出发地鄂霍次克，松平定信便不得不黯然辞职。客观地说，松平定信在对待沙俄使团的问题上并无明显的不当之处，之所以倒台主要还是其所推行的宽政改革不得人心。有趣的是，松平定信上台之前因在天明大饥馑中出色的赈灾表现颇具民望，但上台之后民众却纷纷表示："白河（松平定信曾为白河藩主）水清难养鱼，田沼混浊堪怀念。"而所谓的"田沼"指的是其前任老中田沼意次。田沼意次虽然由于收受贿赂被认为私德有亏，但在其治下，江户幕府实行的重商主义经济政策却颇有建树。在对俄问题上，田沼意次更吸收了学者工藤平助的《赤虾夷风说考》中的观点，力主开发北方航线，与俄罗斯展开互补的双边贸易。

可惜的是，松平定信辞职之后，接任江户幕府老中一职的大多为碌碌无能之辈，不仅没有田沼意次主动与沙俄建交的度量，更缺乏松平定信加强海防的紧迫感。宽正六年（1794）八月颁布了所谓的"海防犹予令"，彻底废止了松平定信在相模湾诸国设立海边御役所移封幕臣藩士充任江户湾防卫的计划。应该说恰是这种鸵鸟政策最终为日后佩里舰队在相模湾横行无忌，最终直逼江户埋下了伏笔。

就在江户幕府上下都认为"海防犹予"的情况下，沙俄帝国开始正式向千岛群岛移民，第一批三十八名流放犯和二十名猎手被送到位于千岛群岛中央的得抚岛。沙俄帝国对千岛群岛的渗透开始进入了武装殖民的新阶段。在对手的步步紧逼之下，江户幕府只能于1799年宣布将北海道东部和南千岛群岛收归为幕府直辖的"天领"，在择捉岛设立官方渔场，由南部、津轻两藩交替派遣兵力前往驻防。事实证明此举并未杜绝沙俄入侵的脚步，此后日俄之间仍龃龉不断，冲突升级。

沙俄窥探千岛群岛受损最大的一方，无疑是失去了东部管辖权的松前藩。当时的北海道并不产米，松前藩作为无高大名，其经济全靠渔业的海产和承包海岛的商贾缴纳的运上金。由于地形和气候的因素，松前藩对北海道西部的开发长期有心无力，失去东部的地盘对松前藩可谓伤筋动骨。不过江户幕府随即准许其将位于北海道西部的库页岛纳入藩领管辖之下，也算是失之东隅，收之桑榆。松前藩对库页岛的窥测和开发，更为后世日俄解决千岛群岛的争端打开了方便之门。

事实上，日、俄两国对隶属满清帝国的库页岛，长期以来都虎视眈眈，各派考察队深入内陆。不过与沙俄流放囚犯，逐步开放的西方殖民模式相比，松前藩只是在岛上设立交易所和渔场，因此其影响力长期以来均只限于"东不过雪兰，西不过沙耶"的库页岛南部，向北的发展每每"终以水陆道路险恶，难于深入"，显然在争夺库页岛的长期竞赛中，日本终非沙俄的对手，更不用说仅在康熙年间派出过考察队的满清帝国了。

雷扎诺夫的画像

　　不过在日本严阵以待的情况下，沙俄南下的脚步由于西欧拿破仑的崛起而缓慢了下来。公元 1802 年，自认威胁已经解除的江户幕府按照之前与松前藩的七年之约，将北海道东部归回其藩领。然而，两年之后，俄国人又来了。公元 1804 年，一个名叫雷扎诺夫的俄罗斯人带着给日本天皇的国书、价值六十万卢布的礼物，同样以送还遇险日本海员的名义抵达了日本。不过这一次俄罗斯人吸取了之前拉克斯曼使团的经验，直接由波罗的海沿岸的喀琅施塔军港出发，花费一年时间直达长崎。

　　沙俄此次中规中矩的叩关，令江户幕府朝野一时也找不出合适的理由拒绝。雷扎诺夫在长崎逗留了半年多之后，江户幕府才硬着头皮告诉对方"我爷爷（《锁国令》是祖宗之法）不许我和你玩，你来长崎也没用"。雷扎诺夫是"俄国哥伦布"舍利霍夫的女婿，俄美公司①的大股东，在俄罗斯也算有头有脸的人物，岂能就此忍气吞声？他离开日本抵达堪察加半岛之后，随即写信给正被拿破仑和亲妹妹叶卡捷琳娜公主搞得焦头烂额的沙皇亚历山大一世，表达了其"要让他们知道俄国不好惹"的决心。

雷扎诺夫毕竟不是战争狂，他同时也在信中明确了打击的范围："破坏他们的松前地区，从萨哈林岛（库页岛）将他们赶走。"应该说尽管俄罗斯在远东的军事力量并不强大，但足以实现这两个有限的目标。而有趣的是，日本方面并不知道自己开罪了一个睚眦必报的对手。江户幕府还于公元1806年的正月颁布《文化三年薪、水给与令》，虽然明确要求全国各地对俄国船只"严正申明以后不可前来，使其返航"。但对于确实为遇风暴而漂流，缺乏食物、淡水、燃料等，难以立刻返航之俄船，应给与物品，促其返航。可谓仁至义尽。但这一法令刚刚颁布不到一年，沙俄军队便于九月十一日强行登陆择捉岛，逮捕了当地的松前藩守吏。一个月之后，沙俄武装商船又抵达了库页岛，洗劫了松前藩在当地的久春古丹税务所。

沙俄的海盗式攻击令江户幕府顿时乱了阵脚，除了慌忙宣布将松前藩的领地再度划归天领之外，也只能被动调动南部、津轻、秋田、庄内等东北各藩武士进入北海道布防。不过除了公元1807年五六月间，沙俄海军再度洗劫了择捉岛，劫走了在附近航行的江户幕府和松前藩的四艘货船万春丸、宜幸丸、贞祥丸和诚龙丸之外，沙俄方面的袭扰又再度销声匿迹起来。当然，除了雷扎诺夫自认惩戒日本的目的已经达到之外，拿破仑帝国对沙俄的步步紧逼也令莫斯科不得不暂时放弃东方，专注于欧洲事务。

---

① 俄美公司：俄罗斯美洲公司的简称，由格里戈里·伊凡诺维奇·舍利霍夫和尼古拉·彼得罗维奇·雷扎诺夫共同创办。值得一提的是，舍利霍夫由于完成了对远东的全面勘探而被称为"俄国哥伦布"，而出使日本也令雷扎诺夫成为俄国首位完成环球航行的探险家，有"俄国麦哲伦"之称。

在江户幕府严阵以待了四年之后，一个"不识相"的沙俄海军上校戈洛夫宁终于撞在了枪口之上。这位出身于莫斯科附近今天以空降兵闻名的梁赞州斯塔罗日洛夫斯克市的沙俄正规军军官，拥有着科班出身的显赫学历，以及两次环球航行的丰富经验，唯独欠缺避实击虚的海盗精神和些许运气，在两次进入择捉岛海域均被日本方面击退之后，他竟然贸然离开了自己乘坐的单桅炮舰狄爱娜号，只带了八名水手便深入国后岛①内陆，最终被擒。

沙俄在国后岛吃了亏之后，随即绑架了在函馆颇具人望的豪商高田屋嘉兵卫。嘉兵卫可以说是江户幕府时代北海道商贾的代表人物。他出生于濑户内海的淡路岛，厌倦了世代务农的沉闷生活之后，嘉兵卫立志经营自己的船业出海远洋。在往来于大坂和淡路的航运中捞取了第一桶金之后，嘉兵卫用金钱打通了与幕府之间的人脉，最终获准开辟择捉、国后两岛的航线，并在北海道拥有了多个渔场。在1806年的函馆大火灾之后，高田屋身体力行带领当地居民进行灾后重建，甚至动用自己的积蓄投入函馆基础设施的修复。当然灾后高田屋也介入当地的造船业，成为北海道举足轻重的风云人物。

嘉兵卫被沙俄绑架一事可谓扑朔迷离。由于其本人当时正在俄国炮舰狄爱娜号上，因此事后有人指责他不仅长期从事走私贸易，更是沙俄入侵的"带路党"。不过另一种阴谋论的说法则直指江户幕府，认为江户方面为了诱捕戈洛夫宁故意让嘉兵卫与俄方接触。

无论如何，在此后的一年多时间里，被拘押在堪察加的嘉兵卫始终努力扮演着日俄双方调停人的角色，最终化解一场严重影响双边关系的人质危机。随着公元1812年拿破仑号称百万的大军最终消失在了俄罗斯的雪原之上，莫斯科开始全力介入欧洲的列

---

① 国后岛：千岛群岛中与北海道知床半岛隔根室海峡相望的小岛，是今日俄纠纷的"北方四岛"中面积仅次于择捉岛的岛屿。

高田屋嘉兵卫在日本人的印象中俨然是一个市侩的商人

强纷争。自公元 1805 年雷扎诺夫愤懑地离开长崎以来，日俄"准战争"状态也画上了一个句号。日本史学家称之为北寇八年。

作为双方政府的筹码，戈洛夫宁回到俄罗斯之后受到了英雄般的礼遇，不但其关于环球航行和在日逗留期间的专著大受欢迎，他的仕途也丝毫未受影响。尽管再也没有获得驰骋海洋的机会，但他在俄罗斯海军造船局、兵役局、炮兵局的工作，还是令其在病逝后获得了海军中将的殊荣。嘉兵卫回到日本之后随即宣布隐居。公元 1833 年，由其一手创办的高田屋被德川政府查封，理由是其弟金兵卫涉嫌对俄走私。

十七、《无二念打拂令》——在西方滋扰中不胜其烦的日本

好不容易结束了与俄罗斯的纷争，江户幕府却不得不面对另一个欧洲强国的挑战。公元 1808 年八月十五日，一艘悬挂着荷

兰国旗的商船驶入了日本列岛唯一的对外通商口岸——长崎。这本不是什么大事，因为在江户幕府漫长的统治时期，每年八九月份都有荷兰商船利用季风来到长崎，等到翌年二月份再出港返航。尽管公元 1799 年之后，为了限制贵金属外流，江户幕府已经规定了一年两艘的贸易配额。但在公元 1808 年，这还是第一艘抵达日本的"荷兰船"。

　　按照惯例，所有进入长崎的荷兰船均需要接受相当于海关关长的长崎奉行部下的严格检查，包括船帆、宗教书籍和武器在内的物品均会被没收及封存直到其驶离。但是这一次情况却略有不同，位于出岛之上的荷兰商馆馆长海德里克·道富（Hendrik Doeff），向长崎奉行松平康英请求先由荷兰商馆的馆员上船与自己的同胞接触，再允许其入港。

　　海德里克在日本生活多年，与当地政府关系良好。而松平

出岛荷兰商馆负责人海德里克·道富

康英却刚刚赴任不足一年，面对荷兰商馆馆长这样的"江湖前辈"，松平康英自然要卖个面子。此时的他显然并未预料到此举竟会将他陷入万劫不复的境地。海德里克之所以要先派自己的人上船，是因为曾经显赫一时的荷兰联省共和国已于公元1794年冬天为拿破仑所占领，曾经横行海上的荷兰本土舰队当时被冰封于登赫尔德，最终竟被衣衫褴褛的法国骑兵从冰封的海面上纵马攻占。

　　而在以印尼群岛为中心的荷兰亚洲殖民地，情况也好不到哪去。拿破仑于公元1806年吞并了过渡性质的荷兰傀儡政权巴达维亚共和国之后，随即委派亲法的荷兰政客丹德尔斯为印尼总督。英国人自然无法忍受自己通往太平洋的航线被法国打入一个楔子，于是公元1806年底，英国海军突袭了雅加达，当地的荷兰舰队也被悉数歼灭。毫不夸张地说，此时日本的出岛是世界上唯一还飘扬着荷兰三色旗的地方。

　　身处出岛的海德里克对于外面世界的变迁知道多少，世人不得而知。但是，无论出于他乡遇故知的兴奋还是本能的警惕和防备，他都有足够的理由先行派人上船。事实证明，海德里克的担忧是有道理的，荷兰商馆的馆员一上船便遭到了扣押，对方随即亮明了身分，他们是英国皇家海军。这艘飘扬着荷兰国旗的舰船是英国护卫舰费顿号（pheaton，亦可意译为快车号），他们挟持荷兰人为人质，要求日本方面为其提供燃料、饮水和食物。

　　按照《锁国令》中的相关规定，长崎港自然应将英国军舰拒之门外。但是公元1795年和公元1796年，英国军舰亦曾借马戛尔尼使团访华之际，两次造访长崎购买补给。现在对方强行扣押人质，事态却复杂了起来。松平康英有意以武力解决，但长崎奉行麾下总共就十名武士，即便凑上当地的其他治安力量也不过百人。松平康英只能向临近的藩国求援。但是远水难解近渴，面对英国人两舷逐次打开的炮门，松平康英最终接受了海德里克的建议，向英国海军提供了相关物资。

客观地说，松平康英的选择并没有错，费顿号虽然只是护卫舰，但在纵横大洋的英国水手的操控下，三十门以上的舰炮也足以压制长崎港周边那些久疏操练的炮台守军。更何况战端一开，曾经繁华的出岛周边必然毁于兵燹。松平康英唯一的过错在于处理这种外事纠纷失之淡定，最终不仅惊扰了日本列岛原本的平静，还丢尽了江户幕府的脸面。

英国军舰突入长崎导致松平康英被江户幕府解职，在悲愤中切腹自尽。长崎所在的佐贺藩藩主锅岛齐直则被指责增援不力。好在佐贺藩的武士长期研读《叶隐》，一口气跳出七个以死谢罪的武士来，才算平息众怒。尽管此事被江户幕府引为奇耻大辱，但是西方世界却普遍表示"影响不大"。2010 年，英国作家大卫·米契尔还以此事件和海德里克·道富为原型写了部畅销小说——《雅各的千秋之年》，盛赞了出岛的荷兰商馆"不仅逼退敌人，还让荷兰国旗继续飘扬在出岛上空，让所有荷兰人能自豪地说自己并未亡国"。

长崎作为日本列岛的对外窗口向来被江户幕府视为海防的中心，即便是对日本国防形势长期忧心忡忡的林子平亦认为"现时长崎备有大炮严防"似乎高枕无忧。不过尽管英国海军的出入自由无疑给了江户幕府一记响亮的耳光，但是此时无论是负责长崎防御的佐贺藩还是江户幕府，对于加强海防却都有心无力。究其原因，除了位居上层的武士阶级此时财政恶化之外，作为海防利器的大炮和军舰日本均无法自主生产，而其主要供应商荷兰此时也深陷拿破仑铁蹄的蹂躏之下。公元 1811 至 1814 年期间，没有任何一艘荷兰船抵达长崎，甚至连出岛的荷兰商馆都必须依靠日本政府免费向其提供的生活必需品。

　　孤悬于大洋之中，周边无所依赖和屏障，固然是日本面对西方频繁进犯的不幸，但远离被欧洲列强视为首要目标的亚洲大陆，却是日本的幸运。公元1814年，结束了与印尼当地的荷兰总督们的周旋，英国又一头扎进了与缅甸在印度东部和马来半岛的争夺之中，暂时无心理会遥远的日本列岛。不过西方频繁光顾的捕鲸船，还是令江户幕府不胜其扰。

　　人类捕猎鲸鱼至少有上千年的历史，但真正对这种世界上体型最为庞大的生灵展开狂捕滥杀却是伴随着西方工业革命而展开的。除了航海技术的发展之外，很大一部分原因要归咎于对鲸鱼油脂的庞大需求。英国人和荷兰人最早发现了鲸鱼除了肉用价值之外的用途，一头鲸的内脏、肌肉、骨骼可以取出一百七十多桶鲸油，相当于一千七百头肥猪或八千多只大绵羊的油量。对于迫切需要油脂用于照明、工业润滑甚至炼钢的西方而言无疑是天然的"海洋油仓"。

　　面对日益严酷的捕杀，鲸群开始远离欧洲海域。到18世纪中叶，连北大西洋的加拿大海域也难觅鲸踪了。但巨额的利润还是让捕鲸业的后起之秀美国人跟随着英国、瑞典的脚步进入了更为辽阔的太平洋。得天独厚的地形优势，很快令美国在世界捕鲸业中独占鳌头。在发现英国自己的捕鲸业不足以满足伦敦街灯的燃料需求之后，公元1785年，美国驻英大使约翰·亚当斯甚至语带嘲讽地对英国首相说："我们感到吃惊的是你们竟然更喜欢黑暗。"

　　正是为了追逐鲸群，美国人在夏威夷群岛建立了补给点——"捕鲸镇"拉海纳，也是为了争夺优质的海洋资源，美国利用俄罗斯深陷克里米亚战争之际，以七百二十万美元的低廉价格收购了阿拉斯加。

　　对于闭关自守的日本而言，鲸鱼不过是偶然在近海网到了鲜美食材而已，因此对于西方殖民者的纷至沓来充满了敌意和警惕。公元1824年，一艘英国捕鲸船在九州南部的大津浦登陆。此时的江户幕府刚刚于六年前拒绝了英国方面提交的通商诉求，对于这

在西方列强面前，日本在捕鲸领域长期处于后进

种不请自来的行为感到异常的反感，于是据说从小就残忍嗜杀的第十一代将军德川家齐大笔一挥颁布了著名的《无二念打拂令》。

　　所谓"无二念"自然是指不作他想，而"打拂"则是将出现在日本近海的西方捕鲸船视为苍蝇之类的讨厌飞虫。从今天的角度来看，作为日本列岛的合法政府，德川家齐的确有权宣布封锁自己的领海，但是当时的日本仍未建立起强大的海防体系，一味地强调"打拂"，最终结果只能是引发不必要的冲突和战争。

　　公元 1830 年，佐贺藩新任藩主锅岛直正曾借拜访长崎奉行之名，视察了长崎港周边的炮台设施，他吃惊地发现，不仅公元1653 年平户藩主松浦镇信受命设立的古台场早已形同废墟，连费顿号事件之后新设立的炮台新台场亦在风雨侵蚀中不堪再用。锅岛直正深知日本此时财政紧张，武备落后，当务之急只能是抓住荷兰这根救命稻草，扩展贸易的同时引进西方先进的军事科技。当年七月，锅岛直正委派自己的姐夫锅岛直茂登上长崎港的荷兰军舰，开始采购西方先进的燧发枪，习练西洋枪阵。当然这一切

日本最早接受西方文明的大名锅岛直正

都只能秘密地进行，因为就在两年前，长崎刚刚发生了著名的间谍疑案西博尔德事件。

西博尔德是一位出生于巴伐利亚的外科医生，长期受雇于荷属东印度公司。在当时依旧一盘散沙的德意志诸邦，这种专业人士出国谋职本是司空见惯的事情，但是他在印尼的荷兰驻军中的工作却引起了某些别有用心者的注意。荷兰尽管常年在日本设立商馆，但其工作人员的活动范围却只局限于小小的出岛。为了进一步收集日本的情报，以便在未来西方列强进入这个东方岛国时夺取先机，荷兰政府迫切需要一个具有专业背景且能顺理成章深入内陆的人，而此时日本对西方医学的兴趣恰好为其打开了方便之门。

公元 1823 年，西博尔德抵达长崎之后，随即成为当地名医和兰学私塾鸣滝塾的教授。西博尔德不仅对自己的本职工作颇为用心，私下更要求患者以当地特产和文物、书籍作为医资。而 1828 年的江户之行更令西博尔德与日本上层知识分子建立了联系，其中最为著名的莫过于担任幕府天文方的高桥景保。

　　作为天文学家高桥景保自然对西方的先进历法颇有兴趣，在与西博尔德的交流过程中，他竟鬼使神差地将自己的老师伊能忠敬花费二十年时间绘制的《大日本沿海舆地全图》（也称《伊能图》）交给了对方，《伊能图》不同于江户幕府前期绘制的《正保御国全图》等概念性地图，是一份包含二百一十四张各种比例地图和景物素描、精确度相当高的实测地图集。西博尔德如获至宝，回到长崎后立即要求归国。

　　但所谓"天有不测风云"，西博尔德高涨的热情最终被海上一场无情的暴风雨浇了个透心凉，在不得不返回长崎之后，其夹带在行李中的《伊能图》被江户幕府发现。有趣的是，为了保全荷兰政府的颜面，日本方面对西博尔德的指控是"俄罗斯间谍"，最终也仅是驱逐出境了事。相对无辜的高桥景保被捕入狱，最终含冤而死。

　　西博尔德虽然未能将《伊能图》带往西方，却也因在日本居住多年而掌握了大量的一手资料。他回到荷兰之后著书立说，在西方掀起了新一轮的"日本热"。西博尔德晚年更是风生水起，成为欧洲首屈一指的日本问题专家。日后美国海军在马休·佩里

今天日本邮票上的西博尔德

指挥下远征日本，一度考虑聘请其作为向导，只是考虑到日本对其驱逐令依旧有效才最终作罢。日本无奈"开国"之后，西博尔德又作为荷兰外交官再次回到日本。当然，此时无论是长崎还是荷兰，都已不再是日本对外交往的重心了。

十八、大盐不死——外部压力下的日本民间骚动

公元1837年七月的江户湾依旧如往常一般平静，几个月之前发生在大坂的民变遥远得仿佛是另一个宇宙空间里的故事。在效忠于江户幕府的忍者和目付的监视之下，即便是频繁出海的渔民此时仍不敢贸然谈论那位据说并未烧死的平八郎先生。

平八郎先生是日本民众对号称"民权之开宗"的大盐后素的尊称。与传统意义上的农民起义军领袖不同，大盐后素是被东方帝国看作"造反不成"的一介儒生。当然"腐儒"是"儒"，"儒将"亦是"儒"。起源于中国的儒学发展到16世纪，出现了主张"知行合一"的阳明学派，以王守仁为代表的"心学"在中国本土为明清鼎革所中断时，这一儒学派别却漂洋过海，由朱之瑜[①]等明末遗臣而发扬光大。

尽管后世对王守仁的学说有诸多的解释和衍生，但是其根本的立足点还是万物一体的"仁"学，即每一个人都应将自己的良知是非推广到天下，如此方能救万民于水火之中。正是这份悲天悯人的良知让大盐后素在自公元1833年起席卷日本列岛的天保大饥馑中变卖藏书，散尽家财，以接济灾民。

---

① 朱之瑜：由于其自号舜水，因此中日历史一般皆称之为朱舜水。朱之瑜在明末时两次东渡日本，希望借兵复国。尽管其外交努力最终以失败而告终，但其学识却为江户幕府所欣赏，最终受聘于江户等地讲学，终老于日本。

天保大饥馑来势凶猛，江户幕府虽然全力展开赈济，但面对不断涌入各地的灾民却也束手无策。以江户地区为例，幕府设立了二十一个可收容近六千人的御救小屋，但是要面对七十万张嗷嗷待哺的嘴巴。在这样的情况之下，主持大坂地区市政的东、西奉行所虽然采取了禁止米商囤积、限制酿酒等措施，但还是被大盐后素及其学生认定是"不作为"。而面对指责，大阪当地的跡部良弼等官员也没有从谏如流的雅量，反而威胁要拘捕大盐后素。一场内乱的导火索随即被点燃。

客观地说，大盐后素在叛乱之初并没有改朝换代或者割据一方的野心，正如其在起义当天所散发的题为《致天赐各村小前书》的檄文中所说："我等兴师问罪，不同于乱民之骚扰；既欲减轻各处年贡诸役，并欲中兴神武天皇之政道。"因此，大盐后素虽然为了教研兵法而常年在自己主持的洗心洞私塾中藏匿有长矛、大炮和"焙烙玉"（土制手雷）等武器，但起义军骨干力量只有其弟子二十余人而已。

对于自己老师准备屠戮贪官富商，将"所藏之金银财货以及米粮等物，当悉数散发于百姓"的理想主义做法，他的弟子之中也不乏临阵退缩者。就在起义发动的前夜，平山助次郎等人跑去找大盐后素首先准备拿来开刀的西町奉行跡部良弼自首。可怜跡部良弼此时已经通过牺牲大阪饥民的《江户回米令》而为自己另谋了高就，此刻也只能硬着头皮跑去镇压。

有趣的是，跡部良弼虽出身武家名门却毫无行伍经验，尽管在平叛之战中占据了先机，自己却被大盐后素的炮声吓得从马上跌落了下来。而一向自诩悍勇敢死的幕府军也没有和对手白刃战的勇气，只是用大炮对着大阪街区乱轰一气。好在大盐后素的"救民"大旗在目不识丁的饥民中应者寥寥，在洗劫了鸿池家等巨商米店之后，起义军在高压之下溃散。而幕府军的

大盐后素

炮火虽然摧毁了大阪城五分之一的街区，却始终没有找到大盐后素的身影。

由于江户幕府担心各地饥民趁势作乱，因此第一时间调集了近邻诸藩向大阪驰援。在事态平定之后，为了搜捕大盐后素又下令出兵其可能藏匿的丹波等地。如此兴师动众难免惹得谣言四起，坊间甚至流传跡部良弼战死，大阪已经陷落的消息，京都、江户等地的贵族富商纷纷开始作逃难的打算。好在一个月之后，在幕府御用忍者的刺探之下，幕府军终于将潜逃的大盐后素及其养子包围在了大阪韧油挂町的一所民房之内。事情终于到了了结的时候。

就在幕府方面打算用大盐后素的人头来安定民心之际，这位宿儒竟然点燃炸药自焚而死。尽管幕府将两具焦黑的尸体驮在马上游街，并再加以磔刑，却始终无法消弭民众的疑惑和抱打不平之心，于是"三月末得于火中者，非真尸也"的新谣言再度泛滥开来。而这一次江户幕府也束手无策，毕竟大盐后素已经死了，谁也没办法把他揪出来，验明真身。

被日本史学家称为大盐平八郎之乱的大阪骚乱只是天保大饥

馑所引发的大规模民变的冰山一角而已，在大盐后素起兵之前有公元 1836 年发生在甲州的郡内骚动和三河国的加茂一揆，而在大盐后素伏法之后，各地又相继发生了如越后的生田万之乱、摄津的山田屋大助之乱和备后尾道、三原一揆等大规模骚乱。而大盐平八郎之乱之所以被载入史册，很大程度上是由于其领导人的特殊身分和叛军大量使用的火器，将其与那些被幕府藩兵用铁炮乱射就击溃的饥民暴动拉开了档次。

　　值得一提的是，在平定大盐平八郎之乱后，在大阪民怨沸腾的跡部良弼尽管在影射的评书和歌舞剧中被一再丑化，却依旧官运亨通。不过这也无可厚非，谁让他有一个位高权重，此时正出任幕府首席老中的哥哥——水野忠邦呢？而凡是跡部良弼所管理的地区不是火灾连年就是骚乱不断，如果不是"天生祥瑞"，那么就只能说明他的性格大有问题。

　　就在江户幕府上下对国内无法遏制的天灾和各地此起彼伏的民变大感头疼之际，一艘不合时宜的西方舰船却偏偏出现在了江户湾原本海面之上，更令江户幕府连问讯的兴趣都没有，直接让沿海炮台"无二念打拂"了事。而令幕府高层没有想到的是，此举竟引来了一场最终改变日本国运的祸事。

　　这艘名为莫礼逊号的商船为美国人查尔斯·金所有，查尔斯本来航行的目标是当时隶属葡萄牙政府管辖的澳门，不过在澳门逗留期间，他无意间发现在当地的教堂里生活着几位被英国人救起的日本海员。查尔斯对日本的国情并不太清楚，认为奇货可居，随即打着"送人回家"的旗号，准备和江户幕府谈谈通商的问题。从今天的角度来看，查尔斯此举无疑是利令智昏，这招如果真的有用，英国人就不会选择将这几个日本海员安置在澳门了。

　　没来由地挨了一通炮火之后，查尔斯只能灰头土脸地将这几个日本海员送回了澳门。客观地说，对于常年处于天保大饥馑的祖国，这几位日本人应该没有太多的眷恋，他们在澳门打工娶妻，成了进入西方历史的首批日本侨民。而令江户幕府始料未及的是，莫礼逊号的出现又引发了新的谣言，坊间盛传大盐后素不仅假死，此时更被美国船接走了。江户幕府此时无力辟谣，只能将民间批评锁国政策的一干兰学家以与大盐后素通谋的名义一一逮捕，史称蛮社之狱。显然对于日本内外"开国通商"的呼声，江户幕府不仅没有接纳的意思，相反却一味地采取了错误的高压姿态，但这种态势很快便随着邻国的一场战争发生了天翻地覆的变化。

公元 1840 年，中英鸦片战争爆发的消息通过往来于长崎的中国、荷兰商旅所递交的报告（风说书）第一时间传到老中水野忠邦的手中，江户幕府在高度关注这场东、西方文明决战的同时，严密封锁了此事在国内的传播。应该说虽然身为旁观者，但是江户幕府对于满清帝国禁烟、中英武装冲突乃至《南京条约》的订立都第一时间有所了解。由于往来于中日之间的商贾大多为浙江人，江户幕府甚至得到了一些宁波、定海、乍浦等地战事的细节情报。

天下没有不透风的墙，在水野忠邦"虽为外国之事，但足为我国之戒"的默许之下，其秘书盐谷宏阴将有关鸦片战争的各种"内参"整理成册，以《阿芙蓉汇编》的名义出版，同时，歌颂中方抗英将士，谴责英国侵略行径的《乍浦集咏》也在日本刊刻流行。不过日本民间写手岭田枫江所写的小说《海外新话》却由于卷首附录的《英吉利记略》和世界地图而被查封。

有趣的是，《海外新话》及其同人作品《海外新话拾遗》为了满足读者的口味，加入了大量有关中国军民英勇抗战的故事，不仅关天培、陈化成等中国将领形象高大，达洪阿台湾歼敌、三元里义民抗英无一遗漏，甚至还以讹传讹地说满清军队在余姚俘获了"神态万化，轻如蝴蝶逐花"的敌军女将、英国三公主。为满清的一败涂地抹上了些许绯色。当然这个故事的原型是英军前武装运输船风鸢号的船长夫人诺布尔女士 ①。

再美好的故事终究也只是故事，无论生擒敌国公主的传说如何香艳也始终无法改变东亚老大被打倒在地的现实。原本以为"清国无论如何乃一重要大国，夷狄不敢轻易问津"的日本政要此刻感受到一种前所未有的压力——"今清国打乱，难保何时波及日本"。

公元 1844 年，荷兰国王威廉二世亲笔修书给江户幕府，要求其留意"近来英国出兵中华的激战"，想借机要挟日本向西方世界打开国门。但是江户幕府书面通知出岛的荷兰商馆："以后请直接将这类信件退回吧！"显然主动开国并非江户幕府的选择，面对满清帝国的前车之鉴，日本首先想到的是加强海防，顽抗到底。

就在江户幕府忙于整顿内部事务的天保改革，各种加强海防的谋划还停留在纸面上之时，美国人又来了。这一次带队的是美国东印度舰队司令詹姆斯·比德尔准将。江户幕府步上满清帝国的后尘似乎已是无法避免的了。

---

① 风鸢号事件：1840 年 9 月，英国武装运输船风鸢号于余姚外海搁浅，船长夫妇及二十六名船员悉数成为俘虏。满清政府对俘虏采取了甄别关押，欧洲人可不戴手铐活动，而印度船员则要求始终戴着，据说是因为中国官员看不惯印度船员以手抓饭。船长夫人诺布尔更受到了空前的礼遇，她老公则靠着一手素描的本事，换来了很多肉包子作为画资。《南京条约》签订前这批俘虏获释回国。

十九、山雨欲来——西方列强对日本列岛的加紧探索和江户幕府的内讧

公元 1837 年，被日本拒之门外的美国商人查尔斯·金回国之后曾将自己在日本的见闻写成一本书，在书中他曾这样告诫自己的同胞："下一次和日本接触一定要武装到牙齿。"从某种意义上来讲，美国政府的确遵从了他的建议。在詹姆斯·比德尔准将的小舰队中，包含有一艘装有七十四门炮的风帆战列舰哥伦比亚号，就火力而言已不输于英国打开满清国门的远征军旗舰麦尔威厘号。但美国人准备好了战舰，却没有调整好自己的心态。

公元 1844 年 7 月 3 日，美国利用满清帝国喘息未定之际，几乎兵不血刃地逼迫对手签订了《中美望厦条约》，消息传回美国国内，自然是一片欢呼之声。在美国政府看来似乎东方的大门已经毫无保留地向其打开，于是便草率地要求比德尔准将在赴中国换约之后，绕道前往日本。可以说比德尔此行本来就是"搂草打兔子"，本身并未做好一旦江户幕府拒绝开国，便兵戎相见的准备。

与逼迫满清政府签署通商条约的顾盛相比，海军准将比德尔也并非和日本政府打交道的合适人选。顾盛在从政之前是马萨诸塞州的一名律师，深谙虚张声势之道。正是他在与满清帝国的谈判中不断采取战争恫吓与炮舰威胁的手段，最终迫使满清政府主动发出了"两国均不乏明于料事，岂有无端用兵之理"的哀求。比德尔虽然老于军旅，却无独当一面的才能，甚至率部扫荡加勒比海海盗都无功而返。值得一提的是，当时奉命以外交手段，威胁委内瑞拉政府停止颁发私掠船许可证的海军上校奥利佛·佩里恰是未来打开日本国门的马休·佩里之兄。

马休·佩里

　　美国海军抵达江户引发了当地居民的慌乱，好在此前江户幕府已经对《无二念打拂令》进行修正，于公元 1842 年再度颁布了《薪、水给予令》。在避免了第一时间发生交火之后，负责江户湾外事工作的浦贺奉行随即遣员上船与美方交涉。在说明来意之后，比德尔自恃江户幕府断无拒绝的勇气，却不想刚和日方代表团接触，便被随行的武士一记耳光抽倒在地。事后比德尔才知道自己挨打是因为没有按照日本的礼仪表示敬意。比德尔不想事态恶化，也只能大度地表示谅解。他当然没有想到美国政府的底线恰在这一记耳光中被对手试探了出来。

　　日本文化向来尊重荣誉，但更推崇实力，在江户幕府看来，比德尔的表现恰是外厉内荏的表现，于是水野忠邦底气十足地向对方重申了日本的锁国政策，要求美国舰队在获得了补给之后，马上驶离日本近海。此时美墨战争已经打响，比德尔深知美国的国力还不足以支持两线作战，于是也只能自认倒霉，带着愤懑离开了江户湾。不过这记耳光的仇，美国海军算是记下来，六年之后比德尔的继任者马休·佩里将用加倍的屈辱来回敬。

应该说从中英鸦片战争结束到佩里舰队抵达，江户幕府有整整十年的时间来调整其内外政策，但偏偏这十年里幕府内部纷争不断，各派势力钩心斗角。1841 年，在天保大饥馑中归隐，却长期以大御所（太上皇）身分干涉朝政的第十一代将军德川家齐终于病逝了，给其子德川家庆留下的是一个满目疮痍的烂摊子。

由于经济结构的剧变，德川家齐执政时期日本列岛正经历着一个传统农业的崩溃和工场手工业、商业资本繁荣的阵痛期。以田地年贡为主要收入来源的幕府、大名和武士都不可避免地日益衰弱。因此，德川家庆亲政伊始，便倚重老中水野忠邦开始了天保改革。

所谓天保改革，无非日本传统封建势力的一次自我改良而已。水野忠邦异想天开地认为只要控制农村人口进入城市，便可以缓解田赋年贡的减少。只要改变武士们购买商业产品，同时免除其对大商贾的债务便能重振旗本们的家庭。只要政府限定物价，降低金属货币的质量，便能减少财政赤字。而无情的现实最终告诉人们，这些违背经济规律的做法没有一个能取得成功。

当然，由水野忠邦所推行的天保改革也并非一无是处，其勒令解散遍布日本列岛的株仲间（同业公会），推行自由贸易的做法，客观上也起到了平抑物价，促进日本经济发展的作用。萨摩藩和长州藩也正是借着天保改革的东风，以分期偿还（长州藩为三十七年，萨摩藩则为二百五十年）的方式"赖"掉了巨额的债务。可以说正是水野忠邦所推行的改革，加上萨摩、长州两藩秘密进行的走私贸易，令其一举走出了德川家康以来的财政阴影，一跃成了财货雄足的西南强藩。

公元 1843 年九月，颁发《上知令》可谓水野忠邦激进改革的最好写照。为了增强幕府的实力，水野忠邦宣布将江户周围十里、大阪周围四里范围内的所有大名、旗本领地收为幕府直辖。此令一出顿时引起轩然大波，要知道这些领地大多为江户幕府的亲近重臣所有，谁愿意用自己的膏腴田产去换取不毛之地？在朝野上下群起而攻之的情况下，水野忠邦被迫辞职，接任其职务的是日本近代颇具争议的人物阿部正弘。

阿部正弘接任老中一职时年仅二十五岁，他的崛起实在应该感谢已经作古了的大御所德川家齐。德川家齐淫乱无度，是历任将军中拥有妻妾、子女最多的一位。面对多达三十九位的侧室，德川家齐自然无法做到雨露均沾，久而久之，不甘寂寞的大奥中自然有人红杏出墙，而这位敢于"撬将军墙脚"的奸夫，正是身为寺社奉行的阿部正弘所管束的和尚日启。

对于这一丑闻，阿部正弘本应负有监管不力之责，不过他却先发制人，在德川家齐去世后，秘密处决了日启和尚。此举不但保全了将军家的颜面，更令阿部正弘进入了德川家庆的视野。公元 1843 年闰九月，阿部正弘正式以老中的身分进入江户幕府的决策层，凭借着因势利导，左右逢源的政治手腕，成为日本政坛炙手可热的新贵。

面对西方列强的步步紧逼，江户幕府内部逐渐分化出了稳健派和激进派。稳健派的主要代表是常陆国水户藩的藩主德川齐昭。水户藩自水户黄门德川光国以来便是日本列岛朱子理学的大本营，常年受所谓"大义名分"的熏陶，德川齐昭在接掌藩主伊始便响应水野忠邦的天保改革，大刀阔斧地在水户藩内检地、开学，整顿军备。

德川齐昭在自己的"独立王国"内的种种做派本不至于影响幕府中枢，偏偏公元 1844 年其政敌攻击他在领内压制佛教，以追鸟狩为名大搞武器训练，强迫他将藩主之位传给十二岁的嫡长

幕府保守派代表德川齐昭

子德川庆笃。不想"强制归隐"的德川齐昭不仅暗中操纵水户藩，还带着"无官一身轻"的闲暇开始干预起幕府的事务来。德川齐昭本出身御三家，又兼和第十二代将军德川家庆是连襟关系，其影响力自然不言而喻。但值得注意的是，德川齐昭并非一味强调"祖宗之法"的守旧人士，他的主张是在延续日本传统文化"大义"的前提之下，逐步强兵富国，为此也提出了加快开发北海道和解除大船建造禁令的主张。

与"根红苗正"的德川齐昭相对的则是来自九州的萨摩藩主岛津齐彬。作为本应长期被排斥在中枢之外的外样大名，萨摩藩的地位在江户幕府末期借助姻亲得到显著的提升，德川家齐的正室近卫寔子便出身岛津氏，从血缘关系上来说岛津齐彬要喊小名笃姬的近卫寔子一声"姑奶奶"。不知道是否出于对这位长辈和女强人的尊敬，岛津齐彬将自己的养女也起名为笃姬，果然日后这位新一代的笃姬也不负父望，成为主导江户幕府末年政治的风云人物。

西乡隆盛的领路人岛津齐彬

有趣的是，和德川齐昭一样，岛津齐彬在本藩施政也并不顺手。不过和德川齐昭遭遇政敌打压不同，岛津齐彬的烦恼来自家族内部。岛津齐彬有一位命运多舛却精明能干的父亲岛津齐兴，还有一位野心勃勃的异母兄弟岛津久光。在两个同样富有政治才干的儿子之中，岛津齐兴更偏爱和自己一样推崇国学的幼子久光，因此早早将岛津齐彬赶出家门。岛津齐彬先是给种子岛家当养子，随后又去未来岳父家"倒插门"，如果没有外力的支持，岛津齐彬可能连藩主之位都无缘一坐，更谈不上按其政治理念改造日本了。

在关键时刻，无形之中拉岛津齐彬一把的正是阿部正弘。借助天保改革的东风，萨摩藩靠赖账和走私，迅速积累了二百五十万两的黄金储备，此事被幕府探知之后，阿部正弘将时任藩主的岛津齐兴叫去诘问。好在主持藩镇改革的重臣家老的调所广乡在江户招待所（藩邸）内自杀身亡，才算暂时为萨摩藩化解了一场弥天大祸。

调所广乡之死引起了萨摩藩空前的内讧，岛津久光一系的人马纷纷指责岛津齐彬为了谋夺藩主之位出卖情报，岛津久光的生母由罗更是到处煽风点火，声称岛津齐彬意图发动武装政变害死他们母子。在岛津齐兴震怒及萨摩藩千夫所指的情况下，岛津齐彬一系的多位元老被勒令切腹。在这场史称阿由罗之乱的愁云惨雾之中，有两位少年正矢志为父辈复仇，他们就是齐彬派的藩士大久保利世之子大久保利通和西乡吉兵卫的儿子西乡隆盛。

就在齐彬系人马都认为大势已去之际，事态却出现了否极泰来的急转。坐镇江户的阿部正弘亲自出面调解萨摩藩内讧，最终在幕府的威压之下，岛津齐彬顺利地取其父而代之，成了萨摩藩名义上的新任领导人。鉴于岛津齐彬在整件事中始终扮演着表面受尽委屈实则名利双收的角色，后世的学者不乏"阴谋论"观点，认定岛津齐彬确有暗中勾连幕府，出卖情报之嫌。这一点固然无从考证，但是从事态发展来看却不得不承认阿部正弘在处理萨摩藩的问题上打带结合，手段高超。萨摩藩暗中敛财固然令幕府眼红，但如果强行追究，最终只能以内战收场。阿部正弘逼死调所广乡，不仅起到了敲山震虎的效果，更令岛津氏在内讧中失血严重，一时无力与幕府对抗。

事实证明，尽管作为家督之争失势的一方，岛津齐彬的施政才能远非其父、其弟可比。在其出任藩主之后，萨摩藩迅速掀起了一场"工业革命"。作为西南强藩，岛津氏的西化可以追溯到齐彬的曾祖父岛津重豪，不过岛津重豪注重天文、医学和教育，岛津齐兴则热衷于购买西洋枪炮。真正把到西方强大之脉络的却是岛津齐彬。

尽管会见阿部正弘时，岛津齐彬弹的还是"第一政通人和，第二强化军备"的老调，但在实际操作中岛津齐彬却力主"殖产兴业"。所谓"殖产"原指增殖财产，而在近代日本这个汉语词却被赋予了工业化的意味。岛津齐彬深知西方之强大在于其工业基础，既然"西洋人是人，萨摩人也是人"，那么只要吸收了西方先进的工业技术，日本同样可跻身世界列强。

号称"兰癖"的岛津齐彬不仅自身广泛涉猎西方典籍，更广开招贤之门。在来自日本列岛的诸多兰学家的携手努力之下，萨摩藩不仅一举仿制出了西方反射炉，用于铸造枪炮，更在日后吸收了西方的电信、金属活字印刷、煤气灯和摄影等技术，被称为"萨摩切子"的水晶玻璃更成了冠绝日本的工艺品，甚至在岛津齐彬身后百年，日本工匠才得以复原其工艺。

必须指出的是，在稳健派和激进派之间，阿部正弘始终保持着中立的角色。恰如他鼓励引进和吸收兰学，却始终不愿接受西医一样。而他在外样雄藩及谱代重臣之间大搞平衡，更为其赢来了"瓢箪鲶"的绰号。所谓瓢箪鲶指的是近江大津绘中结合了葫

"瓢箪鲶"阿部正弘

芦和鲶鱼的一种艺术形式。意为"圆滑的解决任何事态，以无形而克制有形"，当然也有"毫无主见"的意味在其中。无论如何，在阿部正弘执政时期日本列岛依旧延续着往昔的平静，直到公元1853年六月的那个清晨。

二十、黑船来袭——美国逼迫日本开国的幕后故事

随着中英鸦片战争的硝烟散去，欧洲列强们又各自开疆扩土。公元1845年，美国借口墨西哥政府威胁孤星共和国①的独立和领土完整，将这个短命的国家并入自己的版图。美墨之间随即兵戎相见，最终自以为是的墨西哥人非但没有获得其与孤星共和国有争议的纽埃西斯河流域，反倒拱手送给了美国人二百三十万平方公里的土地。美墨战争对美国而言有着非同寻常的意义，它不仅使美国解除了西部和南部的威胁，更一举在太平洋东岸站稳了脚跟。

为了将舰队部署在新征服的海岸线之上，更为了建立太平洋上的霸权，一支美国舰队由弗吉尼亚州的诺福克军港起航，坐镇旗舰密西西比号的正是新任美国东印度舰队司令马休•佩里。和西方传统意义上的海军将领相比，佩里可以说是一位技术型军官，在踏上漫漫征途之前，他的主要工作是管理美国海军的布鲁克林造船厂，之所以挑选他担任舰队司令，很大程度上也正是因为佩里是当时先进的蒸汽战舰专家，有能力带领美国海军的"宝贝疙瘩"新型蒸汽动力战舰完成此次环球航行。

---

① 孤星共和国：也称得克萨斯共和国，1836年宣布从墨西哥独立，1845年并入美国，成为其第二十八个州。

　　由于此时美国在世界各地还没有足够的补给站，因此佩里舰队在出航之前特意对舰艇进行了一系列改装，将密西西比号的载煤量由四百五十吨提高到六百吨。一路避开大型补给港口直驱亚洲而来。此举倒不是出于试验舰艇性能，或避开其他强国的耳目，而是因为英国政府规定只为英国船只提供燃煤。而佩里在出行之前也知会了日本的主要西方贸易伙伴荷兰，以便让日本早有准备。

佩里舰队的旗舰密西西比号

　　尽管在情报战中占据了先机，但江户幕府却无力拒敌于国门之外，只能怀着忐忑不安的心情坐等对方找上门来。公元1853年7月8日，该来的终于来了。两艘日本人眼中硕大无朋的蒸汽明轮战舰及两艘风帆护卫舰在浦贺出现，顿时令江户陷入空前的混乱之中。可笑的是，江户幕府号称精锐的旗本此时集体沉默，倒是来自外藩的武士踊跃求战。而承平日久，入库的刀枪早已腐朽不堪，一时之间武士们在江户各地购买铠甲刀枪，以致此类商品当天便涨价三倍，火药更是被一抢而空。混杂在各藩武士嘈杂的洪流之中，一位来自土佐的藩士正冷眼旁观着幕府的狼狈，他就是正在江户三大道场之一的玄武道场研习北辰一刀流的坂本龙马。

对于兵临城下的佩里舰队，江户幕府还是以不变应万变。阿部正弘一边要求五千石以下的旗本，要每百石献银十两以充军资，如现在甲胄等物不全者，可穿消防短袍上阵。同时派出当年曾参与炮击莫礼逊号的中岛三郎助前去与佩里交涉，台词还是"请开往长崎"。这句已经忽悠了无数西方人的话显然在这里行不通了，佩里首先质疑了中岛三郎助的身分，随后坚决地表示美国总统的国书必须在江户递交，日本方面如果不允许美舰停泊，那么唯有武力解决。

没有料到美国人竟如此强势的阿部正弘一时也不敢擅自做主，偏偏这时应该出来"征夷"的大将军德川家庆一病不起。阿部正弘无奈之下只能任命主战派的德川齐昭为"海防挂"，并向诸国大名甚至江户百姓征求意见。身为有实无名的首相竟然在敌国炮口之下大搞民意调查固然可笑，但是站在阿部正弘的角度，此举却是避免成为历史罪人的唯一办法。

事实上，佩里此时亦是强弩之末。美国政府虽然授命他与日本进行外交接触却并未准许他首先开炮，何况舰队之中四艘船均为战斗舰艇，在没有补给和陆军的情况下很难与对手长期对峙。因此，在折冲樽俎之后，双方最终达成共识，美国方面可以登陆递交国书。但是由于德川家庆的健康原因，幕府将"稍后"给予回复。带着三百名海军陆战队队员在江户久里浜登陆之后，佩里

志得意满地向幕府传达了美国政府的如下要求：日本向在其近海
航行的美国船只提供避风港及补给，日本开放一个到多个港口作
为贸易口岸和加煤站。

佩里舰队久里浜登陆

从美国的国书内容不难看出，对于美国而言，保护其北太
平洋捕鲸船的安全远胜于通商。这种今天看来本末倒置的提案背
后是当时捕鲸船的高损毁率。作为最为庞大的动物，鲸鱼在被围
猎的过程中往往不会坐以待毙。就在佩里逗留于日本之际，一条
七十吨的雄性抹香鲸正频繁地攻击人类船只，保持着撞沉三十艘
人类船只记录的它要到公元 1859 年才被瑞典人用十七支巨型鱼
叉射死。除了鲸鱼的反击之外，火灾、风暴更令夏威夷群岛等地
的海底成为捕鲸船的墓场。

在日本武士的注视下，勘探了江户湾的地形后，佩里撂下了一句"爷明年再来"扬帆远去了。自以为送走了瘟神的幕府上下刚松了一口气，正在操办德川家庆的葬礼之时，四艘敌国船只出现在长崎的消息却又接踵而至。这一次来的是日本人民的"老朋友"沙俄帝国。

显然是受了美国人准备率先打开日本国门的刺激，莫斯科方面派出了曾借助武力威慑打开波斯国门的职业外交官普提雅廷前来与日本交涉北方领土及通商事宜。江户幕府一视同仁地告诉俄罗斯人"回去等通知吧"！俄罗斯显然没有那么好的耐心，五个月之后，一度退居上海的普提雅廷再度来到了长崎，而江户幕府还是一个字——拖，在得到了所谓"幕府正在考虑"的答案后，普提雅廷悻悻而去。

江户幕府上下都认为西方列强不过外强中干，近在咫尺的沙俄帝国都被轻松打发了，何况是远在大洋彼岸的美国人。但此时，佩里又来了。公元 1854 年 2 月 13 日，江户的渔民突然报告说七艘黑船再度前来，江户幕府这才知道佩里舰队根本没有回国，而是始终在西太平洋游弋。

事实上此时在遥远的黑海，英、法为了围堵沙俄突入东地中海而展开了对克里米亚半岛的围攻。在中国大陆，由洪秀全领导的太平天国起义军已经攻陷了东南的近半壁江山。沙俄帝国迫于局势自然不敢贸然与日本开战，而受命保护美国在华利益的佩里却得以调集美国在亚洲各地的全部海上力量，再度前来叩关。

在会合了本属自己舰队序列的蒸汽明轮战舰波尔顿号和风帆护卫舰马其顿人号、温达里亚号之后，佩里舰队的作战舰艇增至七艘。对接下来的军事行动意义重大的是补给舰南安普敦号和列克星顿号的到来，因为只有具备海上补给的能力，佩里舰队才能在海上保持对江户幕府持续的压力。

佩里之所以再征日本，除了在上海得到沙俄方面正在逼迫日本开国的消息外，更重要的是佩里从荷兰方面得到了日本正全力强化海防的消息。江户幕府委任国内著名的炮术专家江川英龙，斥资七十五万两黄金于江户湾品川外海移山填海，修筑十一座海上炮台。同时又通过出岛的商馆向荷兰政府订购炮舰和新式步枪，俨然丝毫没有开国的打算。

阿部正弘万万没有想到佩里会如此之快地杀了个回马枪。十一座炮台之中只有五座刚打好地基，荷兰人的炮艇也不知道在哪漂着呢。无奈之下只好硬着头皮和佩里再开谈判，而双方刚一接触便就谈判地点扯起皮来。佩里坚持要进入江户面见新任将军德川家定。按说江户幕府自家康以来，征夷大将军会见"外国友人"也不乏先例，但是德川家定不仅缺乏历练，性格更内向懦弱，根本无法应付这样的大场面。至于德川家定患有先天脑残，幕府不想"国家机密"外泄之说，则大体可以理解为后人的调侃。

拒绝了佩里直入江户的要求之后，双方最终选定浦贺和江户之间的横滨作为会谈地点。而此时的横滨不过是一个荒芜的小渔村，这座今天日本的第二大城市，国际级贸易大港的崛起，正是从由公元1854年3月8日佩里的登陆开始的。佩里尽管来势汹汹，在横滨谈判之前曾发出武力威胁："如不谈判，我立马调五十艘船来，然后再从加利福尼亚调另外五十艘船来，二十天之内，组织一百艘船的大舰队，立即开战。"但事实证明折冲樽俎并非这位技术型军官所长，幕府全权代表大儒林复齐一味强调日本拘押美国遇险捕鲸船海员。表示"通商获利和拯救船员的生命有什么联系？"佩里一时语塞，也只能要求日本先行开港，徐谈通商事宜。

经过一番讨价还价,公元1854年3月31日,《美日神奈川条约》正式签字画押。客观地说,尽管同为不平等条约,日本既未赔款更没割地,只是开放了下田和函馆两处港口为美国捕鲸船补给和避风之用,除了有损"国威"之外,并无实际损失。

在会谈过程中佩里尽显其"技术控"的本色,向日方赠送了含一百米环形轨道的火车模型及当时世界最为先进的摩尔斯码电报机。日本并没有如邻近的天朝那样视其为奇技淫巧,相反展开了系统的研究和仿制。中日两国对于新兴技术截然不同的态度,将最终决定一场战争的胜败。

佩里赠送给日本的火车模型

合约既然签署,佩里自然无心在日本常驻。尽管临行前提出遣舰去江户鸣放礼炮,引起了一些小摩擦,但客观而言,佩里此行对日本利大于弊。也难怪今天日本依旧有纪念其此次远航的"黑船祭"。但如将眼光放诸亚洲却不难看出,新近崛起的美利坚虽不如英、法、俄等老牌帝国那般唯利是图,但雄心勃勃,布局长远。

在两度远征日本的前后,佩里舰队均造访了琉球王国。通过签署"琉美修好"的《那霸条约》，美国俨然将其视为进入日本近海的重要补给中枢和前进基地。对于孤悬于太平洋中部的小笠原群岛和扼守东亚咽喉的台湾岛，佩里经过一番细致勘探之后，也在回国的报告中建议美国政府及早予以占领。

好在日本之行极大地损害了佩里的健康，未等回到国内便已不得不卸任休养。在耗费心力写就了《日本远征记》之后，1858年3月4日，六十四岁的佩里因关节炎诱发的心脏病死于纽约。在他有生之年里，已经目睹了纽约商人汤森·哈里斯以首任美国驻日公使的身分逼迫日本签署了向美国开放神奈川、长崎、箱馆、兵库、新潟五港和大阪、江户两市，允许美日民间自由贸易的《日美友好通商条约》。

美国政府利用英、法深陷克里米亚战争和第二次鸦片战争无暇东顾之际，彻底打开日本国门的愿望终于达成了。但佩里并没有想到哈里斯的这份合约并没有将日本推入美国殖民地的深渊，却令其在内部的震荡中完成了一场名为明治维新的浴火涅槃。

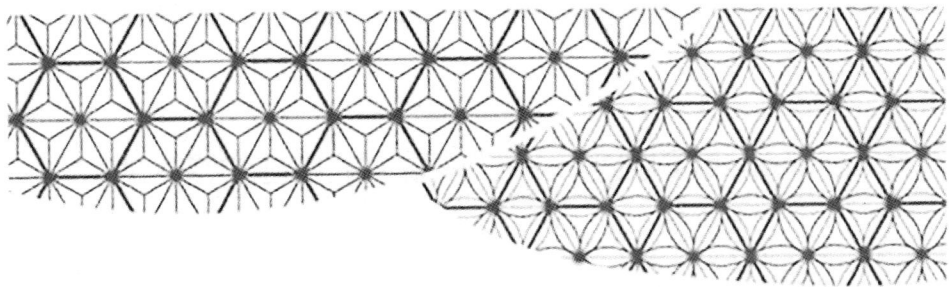

第五卷 武家之殇

江户幕府的崩溃和武士时代的终结

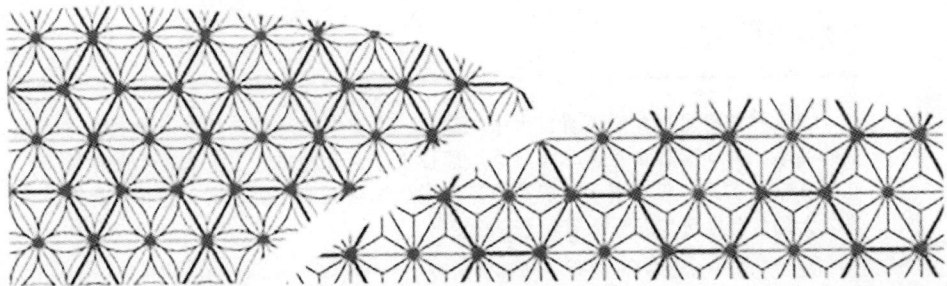

二十一、继嗣之争——江户幕府的内讧和错失的良机

　　黑船来袭及《神奈川条约》的签署对江户幕府维系了两百多年的威信无疑是致命一击。但此时日本列岛长期雌伏的各路野心家们除了以"上喜撰四杯落肚，则不得做太平之梦矣"，语带双关①地揶揄一下当权派外并不敢贸然动作，毕竟黑船来袭不同于蒙元入寇，江户幕府除了颜面有损之外，远未伤筋动骨。如果各派势力团结一心的话，江户幕府依旧有压制全国的本钱。但偏偏"团结"二字在日本历史上是最难实现的。

日本人笔下的黑船

---

　　① 上喜撰四杯落肚，则不得做太平之梦矣：上喜撰本是江户时代一种上等绿茶的品名，其读音じょうきせん与蒸汽船じょうきせん相近。向来喜欢谐音暧昧的日本人在此不仅有表示四艘美国蒸汽战舰惊破太平迷梦之意，更有指责幕府老大们只会钻研茶道全无御敌之策的意思。

　　犹如浮动火山一般的蒸汽战舰令第十二代将军德川家庆撒手人寰，无疑吹响了幕府内部纷争的号角。德川家庆谈不上风流，但也育有包括十一个儿子在内的二十七个后代，从中挑选继承人本不是难事。偏偏这些男丁之中免于夭折的唯有四子德川家定一人而已。即便是这一根独苗，也因自幼体弱多病而难当大任。无奈之下，德川家庆生前便有传位于幕府大老德川齐昭之子德川庆喜的想法。不过向来以平衡权术著称的阿部正弘却反对这一提议，毕竟德川齐昭本身便颇有权势，如再成为将军之父，势必打破幕府现有的权力架构。

　　自己儿子眼看就要到手的将军宝座被阿部正弘搅了局，德川齐昭内心的愤怒自然是可想而知的。不过阿部正弘随即撮合德川家定迎娶了岛津齐彬养女笃姬，打算用政治联姻的手段孤立德川

日本漫画家笔下的笃姬形象

齐昭。岛津齐彬也是老狐狸，虽然早早地便安排接受举止礼法培训的笃姬前往江户，却依旧心存观望，借口 1855 年江户大地震等缘由一再推迟婚期。无奈之下，阿部正弘只能另寻政治盟友，联合纪州德川家与之抗衡。

纪州德川家虽然坐拥纪伊、伊势两国五十五万石的强大实力，又通过向大名放贷积累了雄厚的经济基础，但其上代藩主德川齐顺英年早逝，其子德川庆福继任之时年仅四岁。在这样的情况下，与纪伊德川家关系密切的彦根藩藩主井伊直弼便成了这股新生势力的代言人。阿部正弘与井伊直弼的首次接触是在黑船来袭事件。井伊直弼率部协防江户，在阿部正弘问询对策时提出"必须临机应变，积极交涉"，加上井伊直弼在进入江户之前在本藩颇有"贤名"，阿部正弘对这位三十八岁的后起之秀自然刮目相看。

事实证明阿部正弘这条"瓢箪鲶"这次恰恰看走了眼，井伊直弼虽然确有过人之处，但其性格中却隐藏着太多从政者不应有的自负和专横。由于是庶出，井伊直弼自幼过着寄人篱下的生活，自感一生恐难出头，井伊直弼竟将自己的居所取名为埋木屋。不想其父兄接连病故，井伊直弼最终得以登上藩主之位。这位雄心勃勃的政客，随即以先祖遗言为名，将十五万两黄金分给领内士民。"买"来了所谓的"贤名"。

德川家定执政之后，阿部正弘和德川齐昭的关系迅速恶化。德川齐昭以《神奈川条约》丧权辱国为名，逼迫阿部正弘的左右手松平乘全和松平忠固辞职。而心力交瘁的阿部正弘也不得不让出首席老中之位。但是长期为阿部正弘所压制的德川齐昭和岛津齐彬并没有想到，随着阿部正弘的归隐和最终离世，他们即将面对的不是通往权力巅峰的坦途，而是黯然的谢幕。

客观地说，德川齐昭和岛津齐彬虽然观点不同，但都力主增

最终搅乱江户幕府的井伊直弼

强国力，以强硬的外交姿态"攘夷"，而作为阿部正弘的继承者，下总佐仓藩的藩主堀田正睦却力主向西方妥协。井伊直弼、堀田正睦之所以热衷于开国，不是因为他们有什么高瞻远瞩的眼光，而是因为他们的封地恰恰位于江户东面的咽喉之地，不仅长期要替幕府担负海防支出，财政不堪重负，而且一旦日本与西方列强开战，其封地将首当其冲。

随着公元1856年7月美国政府根据单方面理解的"两国政府认为有需要时"，派出首任驻日公使汤森·哈里斯驻节下田，以德川齐昭为首的攘夷派和堀田正睦所代表的开国派展开了激烈的交锋。哈里斯是个曾在中国宁波厮混过的"东方通"和外交老油条，他刚一抵达下田便叫嚷着要去江户参见幕府将军德川家定。江户幕府避无可避，只能允许他打着星条旗从伊豆半岛的南端一路前进。

德川家定据说虽然体弱多病却是一个肤白唇红的帅哥，不过哈里斯对他可没什么兴趣，抵达江户之后，这位来自纽约的奸商

真正打开日本国门的*汤森·哈里斯*

随即开始威逼利诱日本与美国订立通商合约。面对哈里斯所谓西方舰队必将纷至沓来的威胁和自由贸易将带来的关税收入，堀田正睦怦然心动，令其犯难的是江户幕府内部不仅有德川齐昭等人的反对声浪，这样的外交条约要正式签署还需要得到日本列岛名义主宰孝明天皇统仁的首肯，而京都的公卿们恰恰与德川齐昭等攘夷派的观点保持空前的一致。

德川齐昭所代表的水户学派之所以在京都大有市场，表面上看是由于德川齐昭和五摄家之一的鹰司政通有密切的姻亲关系，但实则却是水户学中所提倡的"尊王"观点正挠到了天皇和公卿们长久以来不甘寂寞的痒处。既然"尊王"是为了"攘夷"，那么孝明天皇自然要不断地在对外事务中彰显存在。早在佩里舰队前来叩关的八年之前，刚刚即位半年的孝明天皇便发出《意旨书》，要江户幕府"对洋寇不侮小寇，不畏大贼，施以良策，保神州之无暇"。而面对佩里舰队咄咄逼人的架势，孝明天皇虽然同意签署《神奈川条约》，但也言明"水陆军事未整之际，唯有此法"，俨然是"下不为例"。

果然哈里斯要求日本开港互市的消息传到京都，孝明天皇随即强烈反对，甚至表示："任阁老上京如何游说，固否决之……夫异人之辈不听者，其时攻之可矣，此为朕之决心。"孝明天皇这番话表面上是和不惜"毁钟铸炮"大炼钢铁的德川齐昭共同进退，但其"攻之可矣"的对象却显然不仅限于西方列强。在写给近臣的文书中，孝明天皇颇为得意地写道"据云诸大名以下人等，皆愿以朕马首是瞻"。显然已有摆脱幕府掣肘，开启皇政时代的自信。

当然此时公卿中的通达之士都清楚天皇仍不具备与幕府抗衡的实力，孝明天皇自己也说："若拒绝之意强硬，则有损堀田（正睦）之健康，且有害于大树将军（德川家定）之关系，实为难之至。"显然孝明天皇反对与美国建立贸易关系也不过是摆摆样子，如果江户幕府能够在这个问题上充分尊重天皇系人马的意见，形势依旧有转圜的空间。但偏偏此时德川家定的健康状况不断恶化，本是外交事务的"开国"又夹杂进了将军继嗣的内部争斗，江户幕府逐步滑向了分崩离析的深渊。

站在德川齐昭的角度自然希望自己过继到一桥家的儿子德川庆喜可以入主江户。而作为其政治盟友岛津齐彬也在1854年12月18日让自己的养女笃姬与德川家定正式完婚。对德川家定的身体状况有全面了解的岛津齐彬当然知道要笃姬为德川家诞下子嗣，几乎是不可能的任务。他之所以牺牲养女的终身幸福，所图的是笃姬能够进入大奥，说服自己的婆婆，在继嗣问题上一言九鼎的本寿院迹部美津，争取其支持德川庆喜。但是笃姬从大奥传来的消息却令岛津齐彬感到绝望，迹部美津明确表示："如果庆喜殿下当上将军的话，宁可选择去死。"

与迹部美津的支持相比，最终决定德川庆喜无缘将军宝座的还是对手德川庆福背后强大的实力。公元1857年阿部正弘死后，堀田正睦重新启用了德川齐昭的政敌松平忠固，又联手推举井伊直弼出任幕府大老。大老在江户幕府中本是一个临时职务，并不像老中那样参与日常政务的管理，只是在重大决策中担任将军的高级顾问。但是在德川家定无力理政，最可能的继承人德川庆福年幼无知的情况下，井伊直弼的大老之职可谓大权独揽。

有趣的是，由于大老位置特殊，因此江户幕府历任大老只限于被认为忠心耿耿的井伊、酒井、土井、堀田四家。首任大老便是井伊家族元祖"赤鬼"井伊直政之子井伊直孝，撇去日后在位不过数月的酒井忠绩不论，江户幕府的大老也算是由井伊始，由井伊而终。井伊直弼的异军突起，不仅昭示着江户幕府的继嗣之争将由其支持的德川庆福胜出，更预示着江户幕府新的当权者将与支持德川齐昭的孝明天皇彻底决裂。

二十二、安政大狱——幕府独裁统治的高潮和终结

公元1858年7月29日，经过十八个月的马拉松会谈，江户幕府最终与美国政府签订了通商条约。在此后的三个月里，江户幕府又与英、法、荷、俄签署了类似条约。由于这些条约都签署于安政五年，因此日本史学家将其统称为《安政条约》。如果仅是开放主要港口，允许自由贸易，《安政条约》对日本同样是有利无害，但在签署条约的过程中，井伊直弼、堀田正睦最终没有顶住对手的压力，不仅给予了西方列强在江户等地设立租界、施

行领事裁判的特权，更进一步拱手让西方制定双边贸易的关税和汇率，可谓彻底的"卖国"。

　　应该说从佩里舰队造访日本以来，在德川齐昭等攘夷派的努力之下，日本的海防有了突飞猛进的提升。除了从英、荷两国购入了四艘蒸汽战舰之外，日本本土的造船业也由于一次偶然的事件脱胎换骨。公元1854年9月，曾与佩里在上海提出联合行动逼迫日本开国的沙俄特使普提雅廷在俄罗斯远东地区得知了《神奈川条约》签署的消息，顿时心痒难耐。不过此时克里米亚战争仍在如火如荼地进行中，沙俄在太平洋有限的军事力量仍须防备英法舰队可能的入侵，普提雅廷只能带着自己的旗舰戴安娜号独自前往日本。

　　要说普提雅廷的运气实在太差，不仅逼迫日本开国的计划被克里米亚战争打乱，在与江户幕府会谈期间又遭遇地震。戴安娜号不过是一艘木质帆船，怎能抵抗地震所引发的海啸和风暴？普提雅廷不仅颜面扫地，更连回国都成了问题。好在江户幕府无意让这个使团长期逗留，便以俄国船员曾在地震中救助日本人为由，由普提雅廷提供图纸在户田为其建造了一艘新船。普提雅廷不仅感恩戴德地将这艘新舰命名为户田号，更在公元1855年签署的《下田合约》中承认南千岛群岛（即今天争议的北方四岛）及库页岛南部为日本所有。算是正式终结了日俄双方自北寇八年以来的领土纠纷。

　　户田号被普提雅廷驶回了尼古拉耶夫斯克，证明了日本人同样能够建造欧式风帆战舰。就在户田号修建的同时，水户藩建造的凤凰丸、君泽丸、旭日丸和萨摩藩建造的昇平丸、凤瑞丸先后服役。加上公元1858年英国女王维多利亚一世赠送给德川家定的蒸汽炮舰蟠龙丸，江户幕府已经拥有了一支不可小觑的近海防御力量，完全能够以更为强硬的态度去应对哈里斯

为了纪念《下田合约》签约一百四十周年并感谢富士市渔民救助落难的戴安娜号船员，俄国赠送给富士市的雕塑。中间为普提雅廷，两边是日本渔民

的战争讹诈。

　　《安政条约》的签署不仅令以德川齐昭为首的攘夷派深表不满，孝明天皇更是以江户幕府没有获得自己的"敕令"许可就擅自行动发出了指责，认为江户幕府"以武士之名目治世，亦难御敌，征夷之官职其实难符"。准备颁布《戊午密敕》，要求幕府迅速派遣御三家的重臣及大老上京对强行签约一事做出解释。从某些角度来看，孝明天皇此举颇有针对井伊直弼的意思，但井伊直弼如果真的和德川齐昭等御三家代表前往京都，必然将遭到群起围攻。

　　可惜孝明天皇的公文还未发出，井伊直弼便已先发制人。八月十三日，井伊直弼以德川齐昭父子伙同尾张德川家的德川庆恕、越前藩主松平庆永擅自进入江户城当面指责自己为由，将其悉数软禁。八月十四日，第十三代幕府将军德川家定突然逝世，官方公布的死因是"脚气攻心"，但联系到此时江户城内波诡云谲的政治环境，日本国内纷纷揣测德川家定是死于井伊直弼或德川齐昭之手。

随着井伊直弼将自己扶持的十三岁少年德川家茂推上将军继承人的位置，一场针对以水户藩士为主的异己分子大清洗在京都和江户同时展开，史称安政大狱。京都方面由井伊直弼的亲信、负责与朝廷联络的老中间部诠胜负责，首先突击了水户藩武士鹈饲吉左卫门的居所，搜出了所谓"水户藩阴谋炮制"的《戊午密敕》。自以为得计的间部诠胜拿着这份密敕跑去觐见孝明天皇，一方面解释违敕签约一事，将过错全部推在堀田正睦的身上；另一方面则希望孝明天皇能够看清形势站在井伊直弼一边。

天皇家族在日本历史上曾多次上演丢卒保车、抛弃盟友的传统戏码，但面对间部诠胜的软硬兼施，孝明天皇却显得颇为硬气，他大方地承认了《戊午密敕》确实是自己的意思，在稍作修改之后还是于八月八日将其传檄而出。在这份《戊午密敕》之中，孝明天皇为德川齐昭公开喊冤："闻说水户、尾张两家被处分，且其余宗家皆为同一命令所罚，以上诸人何罪有哉？难以知之。"有了这番话垫底，后面要求全国的大名共同"以忠诚之心得相正"参与此事，几乎就是公开地高喊倒幕了。

客观地说，《戊午密敕》并没有传遍日本列岛，除了水户藩仅有萨摩、长州、土佐等向来与幕府分庭抗礼的十三雄藩接到了这一敕令。与德川齐昭长期共同进退的岛津齐彬率先打出了起兵上洛的旗号，以萨摩藩当时的军力和财力对抗当时内忧外患的江户幕府并非全无胜算。但岛津齐彬却在阅兵之时突然发病，于八月二十四日去世，世人随即将怀疑的目光投向了暗自幸喜的井伊直弼和继任萨摩藩主岛津久光。

岛津齐彬的意外离世，不仅令同样势力雄厚的肥前藩主锅岛直正、长州藩主毛利敬亲等人不得不暂缓动作，观望形势更无形中改变了两个理想主义者的命运。得知对自己有知遇之恩的藩主去世，被岛津齐彬派往京都执行秘密任务的西乡隆盛自感万念俱灰，打算回到萨摩便一死了之。好在此时萨摩藩与京都朝廷的联络人清水寺成就院的住持月照赶来劝阻，才算暂时打消了西乡轻生的念头。

　　但是回到萨摩的西乡隆盛很快便有了第二次自杀的举动，在井伊直弼的密令之下，岛津久光委派西乡去诱捕好友月照和尚。不忍将挚友推上绝路的西乡隆盛最终选择和月照一起在九州岛锦江湾投海自尽。月照时年四十六岁而西乡隆盛则恰好三十岁。是以日后中国维新变法的先锋梁启超写道："男儿三十无奇功，誓把区区七尺还天公。不幸则为僧月照，幸则为南洲翁。"

　　西乡隆盛落水之后为受命随行监视他的平野国臣所救，但获救之后的他却对政治彻底死心。倒是岛津久光和平野国臣被这两个人至死不渝的友情感动。岛津久光将西乡隆盛派往山高幕府远的奄美大岛，躲避安政大狱的同时多多历练。而平野国臣则毅然脱藩，以一介浪人的身分在京都起兵反抗幕府，最终战败被杀。

　　由井伊直弼所发动的安政大狱席卷江户、京都两地并蔓延全国，大批保持"尊王攘夷"观点的志士纷纷被捕，或被处斩或被勒令切腹。井伊直弼随即被安上了其远祖井伊直政的外号"赤鬼"，与之相对，横行京都的间部诠胜则被称为"青鬼"。显然在各地"尊王"志士的眼中看不到井伊直弼此举是为了重塑幕府的威权，认为只要诛杀了这两个人便可天下太平。而首先被列为暗杀目标的自然是在京都的间部诠胜。

　　也许在风声鹤唳的京都想要刺杀间部诠胜的人不在少数，但历史上留下名字的却唯有"偷渡狂"吉田松阴一人。吉田松阴的本职工作是长州藩的军校老师，出于对西方先进军事理念的向往，

吉田松阴

吉田松阴不仅"脱藩亡命"，游历了九州、江户和虾夷，两度试图跟随前来督促日本开国的美、俄舰队离开自己的祖国。好在长州藩主毛利敬亲知道他不过是想"通宇内形势""探知其实情"，因此在其被遣送回藩之后也没为难他，象征性地关了一年之后便授意他以开办私塾的方式传授兵法，宣扬"尊王攘夷"的主张。

　　吉田松阴的松下私塾规模并不大，条件更显简陋，学生老师都是自带糙米边舂边吃。但就在这不起眼的两间教室里走出了日后撬动东亚政治版图的木户孝允、高山晋作、伊藤博文、山县有朋等人。值得一提的是，与吉田松阴同时代的日本还有一位桃李满天下的教育大家，他就是和吉田松阴亦师亦友的佐久间象山。但佐久间象山的学生之中除了吉田松阴之外，如胜海舟、坂本龙马大多长于理论韬略，短于践行实施。究其根源果然有境遇不同的成分，但最根本的还是佐久间象山的治学思想之中还残留着大量东方儒学的观念，不如吉田松阴淡化传统道德只看结果来的更具实用价值。而吉田松阴的这一思想日后更为福泽谕吉所改进，成了近代日本功利主义的滥觞。

安政大狱发动之时，江户幕府本没有将吉田松阴列为逮捕的目标，但是吉田松阴本对井伊直弼签署《安政条约》心怀不满，此刻更被纷乱的时局激发出了"我辈不出，如苍生何！"的豪情来，他主动派弟子去联络长州藩的重臣周布政之助，希望长州藩能出兵上洛。周布政之助虽然和吉田松阴私交不错，但是站在长州藩的角度上考虑，他却只能劝告对方时机尚未成熟。

周布政之助对吉田松阴全盘托出了长州藩的计划，要终止井伊直弼的乱政，唯有联合西南各强藩的力量出兵京都，在拔除幕府控制朝廷的二条城之后，方能以天皇的名义收拾山河。应该说日后长州藩也的确是按照周布政之助的这一计划执行的，可惜的是吉田松阴只肯等到 1858 年底。无奈之下周布政之助只能以"松阴的学术不纯，动摇人心"为由将他再度关进野山监狱"保护"了起来。

吉田松阴到处传播"尊王攘夷"思想的举动已经引起了江户幕府的注意，在井伊直弼的压力之下，长州藩只能将吉田松阴引渡到江户。后世将长州藩此举视为对吉田松阴的出卖，但平心而论，毛利敬亲和周布政之助此时都不知道吉田松阴的江户之行将会是一条末路，因为此前江户幕府对于松阴这样的民间异见人士大多流放了事。

最终将吉田松阴推上断头台的是其本人的执著和愤懑。江户幕府原本只是指控吉田松阴与号称恶谋四天王的京都大儒梅田云滨暗通款曲。如果吉田松阴大方承认下来，最多也不过是被流放或关押，毕竟梅田云滨本人也不过是被软禁在小仓藩主的家中严加看管而已。

　　但吉田松阴却耻于和曾密谋袭击俄国通商船的梅田云滨并列，说："梅田一贯狡狯，与我毫无关系；而且我的性格光明正大，不做阴谋的事，我有自己的计划。"这一句"我有自己的计划"引出了吉田松阴准备在京都刺杀间部诠胜，进而推翻井伊直弼的计划。为了震慑世人，更为了给长州藩一个教训，井伊直弼亲自过问此案，将原定的流放改为死刑。

　　吉田松阴在生命的最后时刻还在为日本的未来谋划。他在囚禁期间写下的《幽室文库》中描绘了日本"并吞五大洲"的短期目标："乘间垦虾夷，收琉球，取朝鲜，拉满洲，临印度，以张进取之势，以固退守之基。遂神功之所未遂，果丰国之所未果也。收满洲逼俄国，并朝鲜窥清国，取南洲袭印度。宜择三者之中易为者而先为之。此乃天下万世、代代相承之大业矣。"

　　后世的梁启超认为吉田松阴虽然没有成就什么伟业，但是"吉田诸先辈造其因而明治诸元勋收其果，无因则无果，故吉田辈当为功首也！"推崇其为明治维新第一人。但实际上没有心怀对挚友愧疚之情的周布政之助将吉田门下的弟子推举进入长州藩的高层，木户孝允、高杉晋作、伊藤博文等人是否有未来的成就实在难说。与其说吉田松阴是明治维新的推动者，不如说他率先制定了日本未来对外扩张的计划。当然，由吉田松阴所勾勒出的未来对于日本这个底气不足，一味取巧的民族而言最终也不过如他走上刑场时所念的绝命诗那般，不过是"肉躯纵曝武藏野，白骨犹唱大和魂"的空前悲剧。

　　公元1859年10月27日，年方三十的吉田松阴授首于千住小原刑场。他的死不仅是安政大狱的高潮，更成了井伊直弼的催命符。当然吉田松阴本人尚未有暗杀幕府大老的计划，但他的死令众多曾期望本藩能够起兵上洛的志士看到了藩主们的瞻前顾后，决心以自己的力量扭转乾坤。而对井伊直弼仇恨最深的自然莫过于水户、萨摩两藩。

公元 1860 年 3 月 22 日，水户藩昔日的郡奉行金子教孝、矢仓奉行高桥爱诸等人脱藩后抵达京都，在那里会合来自萨摩藩的有村兼清。有村没有金子和高桥两人曾经的显赫地位，有的只是一腔的愤慨，他曾和西乡隆盛一样在京都秘密活动，准备迎接前任藩主岛津齐彬的大军上洛。但此时物是人非，他已经回不去了。双方在江户著名的商业区日本桥西侧的酒店一料亭聚会，最终决定利用两天之后井伊直弼进入江户城向幕府将军进献上巳节（农历三月三日）贺词之际对其展开伏击。

尽管井伊直弼对江户城内对手的密谋毫不知情，但是此时日本各地针对安政大狱的不满令他的心腹们如坐针毡，受命监视水户藩动向的矢田藩主松平信和甚至亲自登门劝说井伊直弼辞去大老之位，以暂避一时。但此时的井伊直弼同样没有退路，回到自己的独立王国彦根藩固然可躲开行刺的暗箭，但放弃主政之权后却难挡各雄藩秋后算账的明枪。于是井伊直弼故作镇定地表示"人各有命"，在上巳节登城之时带上了幕府法定上限的六十人卫队。

事实上，作为一名曾长期雌伏于社会底层的武士，井伊直弼本身也是"练家子"，不仅枪术、弓术、柔术均有涉猎，在剑道方面更是开宗立派的人物。也许在井伊直弼看来，对方在戒备森严的江户城内即便悍然对自己行刺，所动用的人手也绝对无法超越自己的卫队，纵然有个把刺客可冲破重围来到自己的轿前，也未必是自己的对手。

上巳节本是传统东方文化中开捕巡猎、踏青游湖的日子，但是公元 1860 年的江户此时却仍是天寒地冻，积雪处处。井伊直弼从樱田门外的宅邸出发时遭遇了一场不合时令的大雪，在井伊直弼坚持要登城的情况下，随行卫队只能换上了行动不便的蓑衣，折腾到上午 9 点左右，大队人马才从井伊府出发。刚走出没多远遇到了一个拦轿喊冤的男子。在安政大狱的大搜捕之下，这种情况并不罕见，因此井伊直弼的护卫并没有提高警惕，只是上前准备把告状者劝离了事。

就在告状者和护卫们拉拉扯扯之际，一个黑影猛地冲向井伊直弼的坐轿。在被扑倒之前，这个黑影迅速地向幕府大老的坐轿连开数枪。这响彻雪夜的枪声立即成为潜伏于四周的十八名暗杀者发动袭击的冲锋号，拦轿告状的森五六郎率先拔出刀来砍倒数人。面对从四面八方涌来的暗杀者，井伊府的轿夫顿时一哄而散。为了将轿子中生死不明的井伊直弼抢回府中，原本人手就捉襟见肘的护卫们不得不分出一部分来抬轿，形势更显不利。

樱田门外之变想象图

在风雪之中，井伊直弼的坐轿显然成为乱斗旋涡的中心。在多名试图抬起轿子撤走的同僚先后倒在暗杀者的刀下之后，三十岁彦根藩武士河西良敬脱掉蓑衣，手持双刀护卫在座轿一侧，连续砍翻了多名刺客。但正所谓"双拳难敌四手"，这位师承柳生双刀流的河西良敬最终倒在了来自萨摩的北辰一刀流高手有村兼清的刀下。尽管在后世的作品中，这场双刀对单刀的厮杀被赋予了高手对决的神话色彩，但在当时也不过一场毫无技术含量的街头斗殴而已。

砍翻了最后一名轿前护卫之后，有村兼清挑开轿帘才发现井伊直弼早已腰间、腿部多处中弹，无法施展其颇为自傲的新心新流拔刀术。怀着亢奋的复仇之心，有村兼清手起刀落，把持江户幕府两年之久的权臣井伊直弼随即黯然谢幕。

杀到井伊轿旁的有村次左卫门即有村兼清

对于政府首脑的遇刺，江户幕府当然第一时间封锁了消息。彦根藩的武士迅速将井伊直弼的首级寻回，随即对外宣称藩主只是遇刺负伤，性命无虞。而德川家茂也颇为配合地向其藩邸送去了朝鲜人参以示慰问。此举一出，观望的各路人马纷纷效仿，一时间包括水户藩在内的各强藩使者在井伊府内进进出出，更有好事者频繁路过刺杀现场。

二十多天之后，江户幕府终于发现关于井伊直弼已死的"流言"早已传遍列岛。德川家茂只能含糊地宣布"井伊直弼急病发作而死"。随后彦根藩参与护卫的武士之中重伤者流放，轻伤、无伤者全部被勒令切腹，最无辜的轿夫则被处于斩首之刑。但是江户幕府在这一事件中所失去的威信，却是无法靠这区区几十颗人头所能换回的。在未来相当长一段时间里，这种针对政治人物血腥暗杀的阴影将始终笼罩在日本列岛的上空。

二十三、公武合体——江户幕府最后的政治努力

在井伊直弼遇刺的樱田门事件五个月后，软禁之中的水户藩前藩主德川齐昭突然离世，江户幕府公布的死因是心肌梗死。但朝野上下均认定此事与痛失藩主的彦根武士脱不开干系。面对以水户藩为首的各强藩对幕府的不满，刚刚元服亲政的德川家茂也没有解决之道，只能遵从继承井伊直弼遗志的老中安藤信正的意思，开始推行德川齐昭生前一直主张的公武合体政策。

所谓公武合体指的是代表公卿势力的天皇和代表武士利益的幕府之间联合执政。其实自镰仓源氏以降，历届幕府没有哪一个敢于公然抛开天皇单干的，因此大张旗鼓鼓吹公武合体无非要通过强化天皇对幕府的支持以缓解各强藩对幕府政务干预的一种手段而已。

　　当年德川齐昭提出公武合体，无非想通过天皇和公卿的支持，将自己儿子德川庆喜扶上将军之位，同时压制开国派。而此时安藤信正旧事重提，则是为了借天皇之手来压制各藩"尊王攘夷"的口号，既然你们口口声声要"尊王"，那么"攘夷"自然还是以征夷大将军为首了。

　　客观地说，此时的京都朝廷和江户幕府都认识到无法独自面对开国以来的剧烈变革，抱团取暖是无二选择。但是在具体操作层面双方却各有盘算。在孝明天皇看来，把自己的妹妹和宫亲子嫁给德川家茂本不是什么大事，但前提是江户幕府必须承诺在十年之内完成"攘夷"，重回锁国状态。

　　毕竟只要日本不沦为西方的殖民地，天皇万世一系的地位便无从动摇。而江户幕府则深知开国大势已经无法挽回，贸然与西方决裂，最终只能是江户幕府和列强拼个鱼死网破，而各地强藩坐收渔翁之利。因此，经过双方反复交涉和相互扯皮，最终敲定先行完成德川家茂和和宫亲子的婚事，幕府则在稍晚一些时候下达攘夷的命令，动员全国的武士向西方开战。

　　正如所有敷衍和权宜之计最终都会由于其中种种的暧昧不明而节外生枝一样，公武合体从一开始双方就欠缺的诚意，最终令这场本可一举团结日本各阶层力量的大戏变成了列岛分裂的奏鸣曲。公元1861年十月三日，和宫亲子以内亲王的身分从京都出发，此时日本各地出现了幕府挟持公主为人质，不久便将废立天皇的谣言。为了避免好事之徒袭击公主的出嫁队伍，江户幕府只能要求和宫亲子进入江户的沿途二十九个藩领宣布进入戒严状态。

　　而为了平息谣言，江户幕府还破天荒地准许京都朝廷调集长州、萨摩等强藩的藩主率军上洛。显然公、武双方都对彼此充满了怀疑，迫切需要第三方势力来为这一场政治交易作保。公元

成为政治联姻牺牲品的和宫亲子

1861 年十二月十一日，长年在京都养尊处优的和宫亲子终于入住了幕府将军的"后宫"——大奥。

在这里她首先要面对的不是未婚夫德川家茂，而是名义上的婆婆、已经改称天璋院的笃姬岛津於一。自古婆媳关系便水火不相容，在向以钩心斗角而闻名的后宫更是如此。和宫和笃姬还没掐上，双方麾下的婢女便先斗得不可开交了。于是天璋院倚老卖老欺负公主的消息被添油加醋在坊间流传开来，引得一干本就对"和宫下嫁"心怀怨恨的志士们咬牙切齿。

不过就算借这些志士一百个胆，他们也不敢冲入戒备森严的江户城去解救公主，只能拿担负着媒人角色的老中安藤信正出气。牵头的依旧是水户藩，不过这一次萨摩方面岛津久光正在谋划领兵上洛，水户藩只能另找长州藩合伙，联络了吉田松阴的弟子桂小五郎。仅就剑术而言，桂小五郎当不弱于有村兼清，但是作为吉田松阴的接班人，桂小五郎有更为远大的志向，加之此时长州藩内部的纷争，桂小五郎最终选择了退出暗杀计划。

客观地说，水户藩在暗杀领域实在缺乏想象力，刺杀安藤信正的计划和当年对付井伊直弼的手法如出一辙。在江户坂下门外再度上演了拦轿喊冤、拔枪怒射、白刃突击之后，仅有七人的水户藩武士竟然还能砍伤安藤信正，世人也只能感叹："这江户幕府看来是完了啊！"

与义愤填膺的水户藩士相比，孝明天皇对于和宫亲子婚后生活的不适却表现得"情绪稳定"，甚至亲自托人带话，让妹妹和自己的婆婆搞好关系，不要折腾。毕竟此时岛津久光已经在鹿儿岛点齐军马即将前来京都，这个时候天皇可不想和萨摩藩把关系搞僵。

公元1862年三月，岛津久光率领萨摩藩精锐部队一千多人动身向京都进发，临行之前已经升任为萨摩藩步兵监督的大久保利通向久光建议将投闲置散的西乡隆盛从奄美大岛召回。大久保利通的想法是，西乡不仅有在京都活动的经验，更在安政大狱中成了尊王攘夷派心目中的英雄，由西乡隆盛为大军前驱，可以为萨摩藩一路收罗人心，打通关节。

出乎大久保利通意料之外的是，西乡隆盛一回到鹿儿岛，便急谏岛津久光，要其取消上洛之行。好在大久保利通居中斡旋才没让局面陷入尴尬。不过西乡隆盛虽然作为萨摩军的先头部队一路经下关，入大阪，抵京都，沿途却没有太大的作为，毕竟此时心怀尊王攘夷思想的各藩志士早已将实施"安政大狱"的江户幕府列为打击的对象，萨摩藩此次上洛无非促成公武合体，自然不对他们的胃口。西乡隆盛一路上忙于安抚各地躁动的情绪，哪有时间招揽人才。于是岛津久光一气之下，决定再度将西乡流放。而大久保利通除了出面安抚了西乡几句之外也表示无能为力。

　　赶走了西乡隆盛之后，萨摩藩的军队终于抵达了京都。此时岛津久光和大久保利通才发现自己已经坐在了火山口上。大批野心勃勃的"愣头青"以志士的名义追随萨摩藩进京，到处集会、串联，其中影响最大的自然莫过于来自萨摩藩的政治团体——精忠组。

　　说起来大久保利通和西乡隆盛也曾经是精忠组的成员，但是比起这个组织里其他满怀理想、忠于岛津齐彬的热血青年来，大久保利通更为现实和圆滑。在岛津齐彬意外去世后，大久保看准岛津久光喜欢围棋，便苦修棋艺，很快成了藩主的手谈良伴。而针对岛津久光痴迷古籍，大久保更收罗来了廿八卷本《古史传》，一本本地借给对方看，每次借书大久保必在其中夹杂自己和精忠组对时局的看法，最终换来了岛津久光对他的赏识和对精忠组的承认。

　　有了岛津久光和一干萨摩精兵的撑腰，精忠组在京都自然成了大大小小同类团体中的翘楚。势力急速膨胀之下，精忠组的领袖人物有马新七头脑发热，竟然联络土佐藩的武市瑞山、长州藩吉田松阴的高徒久坂玄瑞等人，准备先以暗杀的手段夺取土佐、长州两藩的实权，随后联合三大强藩之力在京都起兵，一举推翻江户幕府。这些人不仅罗列了长长的暗杀黑名单，甚至连新任幕府将军的人选都已经拟定好了，他就是孝明天皇的哥哥青莲院宫亲王。

　　公元1862年5月6日，土佐藩的武市瑞山率先动手，暗杀了本藩大权在握的参政吉田东洋。有趣的是，武市瑞山和吉田东洋生前关系还不错，两人曾就日本未来有过一番激烈辩论，不过武市瑞山这样的"愣头青"哪是学究古今的吉田东洋的对手，被对方引经据典地驳得哑口无言。在大失面子的情况下，才萌生了杀机。而吉田东洋遇刺之后，土佐藩上下都畏惧武市瑞山杀伐决断的手段，原本远离政治斗争的土佐藩随即成为武市瑞山"一藩勤王"的工具。

消息传来，岛津久光的恐惧和担忧自然可想而知。他深知精忠组此时已经尾大不掉，等到武市瑞山带着土佐藩兵上洛，局势自然更难收拾。而自己如果出面干预，也很可能成为有马新七的暗杀对象。盘算再三，岛津久光决定壮士断腕，委派大久保利通对精忠组展开打击。

五月二十九日，大久保利通亲自挑选的萨摩藩九大剑客带着岛津久光，勒令精忠组全体返回萨摩反省的命令，进入了有马新七等人聚集的旅店寺田屋。有马新七正沉浸在自己指点江山的迷梦之中，哪里听得进劝。双方一句不合自然拔刀相向。但精忠组虽然人多势众却不是本藩剑道达人的对手，一场火并之后，有马新七等六人当场授首。包括西乡隆盛之弟西乡从道在内的其他成员则被引渡回藩。至此，显赫一时的精忠组在昔日骨干大久保利通的打击之下，彻底消失在了日本历史的长河之中。

寺田屋事件对于萨摩藩而言是一场清理门户的内部整肃，不过在当时各藩都畏惧热血志士的情况下却无疑堪称表率。岛津久光随即成了京都公卿心目中新生代偶像。在大久保利通的谋划之下，萨摩藩随即向孝明天皇提出江户幕府的改革方案，即平反安政大狱的同时清算井伊直弼派势力，任命被软禁的越前藩前藩主松平庆永为大老，德川庆喜以将军后见（即将军辅佐者及继承人）执掌幕府事务。岛津久光的提议看似在为昔日的德川齐昭一派势力鸣不平，有替人作嫁衣的嫌疑，但实则却是有意让江户幕府继续陷入内部纷争无法自拔。

江户方面接到了孝明天皇的敕令之后，也是无可奈何。只能将安藤信正、间部诠胜等人解职，井伊直弼生前的心腹长野主膳和宇津木景福更惨遭斩首。昔日幕府的有力支持者彦根藩至此转向了德川家族的对立面。而德川家茂自然也不甘心将自己的竞争对手委以重任。他在会见了解除软禁的松平庆永和德川庆喜之后，只是授意他们可以参与幕府政务，对于职位安排始终不予明示。

在对江户幕府内部事务的干涉初见成效之后，孝明天皇又综合长州藩和公卿阶层的意见发出了所谓"三事策"的敕令。除了重申萨摩藩的要求之外，孝明天皇还要求德川家茂应该尽快上洛，同时以沿海五强藩为基础设立五大老。所谓的公武合体至此已经演化成了幕藩共治。面对亲自从京都赶来与自己交涉的岛津久光，德川家茂只能选择妥协。但是在任命德川庆喜为将军后见的同时，江户幕府还是小小地抵抗了一下，以松平庆永不是井伊、酒井、土井、堀田四大亲藩为由，改任其为政事总监。

虽然没有完全达到目的，但自关原兵败以来，岛津氏能将昔日强横一时的德川家族逼迫至此也该心满意足了。但就在岛津久光心情愉悦地走在从江户返回京都的路上之时，一个偶然事件全盘打乱了他的计划和日本列岛公武合体的进程。公元 1862 年 9 月 14 日，在东海道的生麦村（今横滨市鹤见区）岛津久光七百人的仪仗队与四名骑马的英国人狭路相逢了。

自《安政条约》签署以来，西方列强在日本列岛拓展的接力棒已经由美国移交到了英国人手中。毕竟英国在远东有香港和上海两大据点，自然有近水楼台的优势。而公元 1861 年发生的俄国军舰抢占对马岛事件更让英国看到了利用日本列岛封锁沙俄南下的巨大战略价值。

事情的经过是这样的，公元 1861 年 3 月 13 日，沙俄太平洋舰队护卫舰波萨得尼柯号借口要进行修理，强行驶入对马岛的芋崎浦停泊。对马藩藩主宗义和自然不敢招惹对方，只能劝说其尽快离开。但波萨得尼柯号的舰长毕里列夫却丝毫不以为意，相反

英国驻日公使阿礼国

　　向当地居民强行征集包括女人在内的各种物资。忍无可忍的对马藩士兵和居民随即与沙俄水兵发生武装冲突。眼见事态日益恶化，宗义和只能一边安抚居民的情绪，一边向江户幕府寻求支援，甚至表示"惹不起，躲得起"，万不得已请移封九州。

　　就在江户幕府上下一筹莫展之际，英国驻日公使阿礼国（一译奥尔考克）火速调集皇家海军远东舰队的两艘护卫舰驶抵对马岛。在英国海军强大的武力威慑之下，沙俄这次吐出几乎已经吃到嘴里的对马岛。而就在阿礼国自认为日本化解了一次领土危机，理应对对方感恩戴德之际，高轮东禅寺（东京都港区）英国驻日使馆却遭到攘夷派水户藩士的冲击。

　　公元 1861 年 5 月 28 日，来自水户藩的十四名所谓志士冲入英国公使馆。由于日本国内此前已经发生了多起袭击外国人的恶性事件了，因此江户幕府特意在英国公使馆外部署了一百五十人左右的警卫。但事实证明这些同样由各藩武士组成的所谓别手组根本无力阻挡这群愤青的攻势。在英国公使馆书记官和驻长崎领事负伤，阿礼国仓皇逃窜的情况下，攻击公使馆的十四名水户藩士竟然仅有三人战死，一人被捕。尽管在此后江户幕府的大力搜捕之下，又有一人被捕，三人切腹自尽，但"漏网之鱼"的冈见留次郎等人却流窜在外，最终加入了开启武装倒幕先河的天诛组。

侥幸保全首级的阿礼国事后对江户幕府表达严重的抗议，幕府方面也深感无奈，只能在向受伤者支付赔偿的同时，允许英国方面派遣二十名海军陆战队登陆，与别手组共同保护英国公使馆的安全。江户幕府自认为有了英国武装力量的介入便高枕无忧，不料一年之后又发生了别手组成员伊藤军兵卫试图冲击自己所保护的英国公使馆的第二次东禅寺事件。

伊藤军兵卫来自位于相对闭塞信浓的松本藩，脑子里根本没有"外交无小事"这根弦。他只看到随着英国等西方列强的纷至沓来，自己所在的松本藩负担着日益沉重的警备费用，更可能为了保护这些外夷而与同胞白刃相见。怀着一腔单纯的想法，伊藤军兵卫试图刺杀代理公使尼尔。但是伊藤军兵卫虽然奋勇杀死了途中试图阻拦他的二名英国海军陆战队成员，自己却也身负重伤。深感行刺无望的伊藤军兵卫最终跑到了公使馆的番小屋（警卫室）自刃。

频繁的袭击事件在英国政府看来不过是日本武士狭隘的民族情绪在作祟，因此代理公使尼尔完全没有意识到这些攘夷派武士的背后是一心与西方正式决裂的天皇和西南雄藩。也就在英国政府选择了与江户幕府展开交涉之际，在通往江户的东海道上，岛津久光的仪仗队与常年往返于上海、横滨之间英国商人查理斯•理察逊等人形成了对峙的局面。

查理斯在中国待过一段时间，据说曾多次粗暴地鞭打过当地人，因此在他眼中，岛津久光虽然身分显赫但也理应为自己让道。

倒是与之同行的马歇尔夫妇常年居住在香港，似乎对东方人颇有好感，主张暂避一时。而就在查理斯自信地表示"我知道该如何对待这些人"之际，马歇尔太太的坐骑突然失控冲向了岛津久光的仪仗队。查理斯不知道是有心护花还是同样骑术不佳，也跟着跑了过去，结果当即被萨摩藩的武士砍倒在地。他的雇员克拉克和马歇尔先生也在争斗中负伤。日本武士倒没有为难挑起争端的马歇尔太太。是为生麦事件。

二十四、西南强藩——攘夷运动的失败和武装倒幕的兴起

　　生麦事件在外交事务中本算不得必须兵戎相见的大事，但是接二连三遭到日本武士的袭击却令"日不落帝国"感到很没面子。于是，公元 1863 年英国皇家海军出动十二艘军舰抵达江户附近的海面之上，江户幕府再度选择息事宁人，将生麦事件连同此前的第二次东禅寺事件合并计算，向英国政府一次性赔款 10 万英镑。

生麦事件

　　事情进行到这一步本可谓圆满解决，但是在当年的 6 月 25 日，长州藩却借口江户幕府已经与天皇达成了攘夷的协定，自说自话地向在下关附近海面航行的美、法等国船只施以炮击。长州藩此举名义上是遵从征夷大将军德川家茂的指示行事，但事实上在德川家茂抵达京都觐见孝明天皇本身就是迫于幕府激进派及各强藩的内外压力，对于彻底与西方决裂毫无信心。因此长州藩率先展开的攘夷活动无疑是将德川家茂置于进退两难的境地之中。

　　在长州藩悍然炮击外舰的二十天之后，忠于江户幕府的大名小笠原长行率领精兵一千五百人于大阪一线登陆，向京都进发。显然此时幕府已经失去了对京都的控制，面对跃跃欲试的各强藩，德川家族内部的保守派渴望以武力为后盾，重建自身的权威。但是在孝明天皇的坚决反对之下，小笠原长行的部队最终驻足于京都之外。江户幕府只能以反恐为名，通过招募亲幕府浪人，在京都组建了名为新撰组的民间武装。

　　所谓新撰组的前身浪士组最初是为了应对德川家茂前往常有浪人刺杀幕府官员及亲幕府人士的京都而由一个名为清河八郎的武士提出的，不过讽刺的是，化名为清河八郎的齐藤正明本身就是个倒幕人士，因此在京都新德寺召集了二百名浪人之后，清河八郎便毫不避讳地提出：“浪士组虽然是被幕府征募，为了护卫上洛的将军而来到京都，但是我们终究是浪人，不能食幕府之禄。我们要做尊皇攘夷的急先锋。”在这样的情况下，清河八郎的浪士组最终被召回江户，其本人也被幕府暗杀。后期活跃于京都的新撰组基本是由会津藩藩主松平容保一手组建起来的。

　　作为德川氏的分支松平容保的政治立场自然是站在幕府这一边的，因此对于重新集结于京都郊外壬生村的浪人，松平容保首先进行了一番重新的选拔和甄别。浪士组也由此更名为新撰组。

新撰组的幕后老板松平容保

在一番残酷的内斗之后，新撰组的成员基本团结在了农民出身的剑客近藤勇的麾下，以"诚"字为队旗，俨然已经成了江户幕府和会津藩的私兵。而在刺杀了清河八郎之后，返回江户的浪士组也被改名为新征组，负责起了江户地区的治安工作。江户幕府这种以浪人对抗浪人的手段，固然不失高明，但显出经历连番内斗之后的虚弱。昔日主导日本列岛的武士阶层只能龟缩在浪人的身后，何尝不是一种讽刺。

在下关炮击外国战舰毕竟只是长州藩的一个姿态。在将江户幕府逼入墙角之后，长州藩以在京都活动的桂小五郎等人授意孝明天皇下达了攘夷亲征的诏书，一时之间长州藩在京都风头无二，俨然有取江户幕府而代之的架势。但恰在此时，长期停泊于横滨的英国舰队分出七艘战舰向鹿儿岛进发。英国政府此举表面上看是为了生麦事件向萨摩藩施压，但在江户幕府已经做出了赔偿的情况下，英国代理公使尼尔仍要求与萨摩藩单独谈判，其背后的用意无疑是冲着日本国内高涨的攘夷热情去的。

公元 1863 年 8 月 11 日，英国舰队出现在了城下町以南七公里的谷山乡海面之上，炮口直指萨摩藩的腹心之地。岛津久光起初接受谈判，但担任翻译的福泽谕吉却将英国方面要求严惩生麦事件中滋事的武士误解为要追究岛津久光的刑事责任。按理说，曾周游西方列国的福泽谕吉的英语水平本不至于发生这样严重的错误，但考虑到福泽谕吉此时的政治立场，一切似乎又都在情理之中。

面对英国人可能危及自己生命安全的苛刻条件，岛津久光当即以萨摩藩"关于生麦事件并无责任可言"加以强硬拒绝。随后一批精锐武士被密令混上英国战舰，企图先发制人，劫持敌方舰队司令奥古斯特·库珀中将。但此时英国舰队已经进入了临战状态，萨摩藩武士根本无法接近其战舰，日后声名鹊起的大山岩、黑田清隆等人也因此避免了九死一生的尝试。

8 月 15 日，进逼至距离鹿儿岛城仅一公里的前之滨的英国舰队开始展开军事行动，隶属于萨摩藩的三艘蒸汽船白凤丸、天佑丸和青鹰丸率先被查扣。但就在英国舰队自以为得计之时，他们也进入了萨摩藩常年进行军演训练的海域。

正午时分，八十门各种口径的海防大炮在萨摩藩武士的操控下向英国舰队发出了怒吼，被打了个措手不及的英国人只能胡乱向岸上的目标倾泻火力。一个名为东乡平八郎的少年此时正在为萨摩藩的炮台搬运炮弹，不知道他日后"百发百中的一门大炮，要胜过一百门百发一中的大炮"的练兵宗旨是否在这场名为萨英战争的冲突中已然埋下了种子。

萨英战争

　　一番交火之后，英国海军付出了三艘战舰受创，六十余人死伤的代价怏怏而去。而萨摩藩方面虽然仅死伤了十七人，但是包括昔日岛津齐彬建造的集成馆在内的大批基础设施被毁。深感得不偿失的岛津久光此后也不得不放低了姿态，在江户幕府的协助下与英国方面达成和解。结果萨摩藩仍须向英国政府支付二万五千英镑的赔偿金。尽管萨摩藩不愿自掏腰包，这笔钱最终由江户幕府暂代支付，但此战却彻底改变了萨摩藩的政治立场，岛津久光认定迷信武力的攘夷毫无前途，遂主动与英国展开一系列经济、军事领域的合作，成为开国论的急先锋。

鹿儿岛方向的硝烟在很大程度上改变了京都方面的力量对比。公元 1863 年 9 月 30 日，驻守京都的萨摩藩和会津藩武装突然接管了皇宫的禁卫工作。随后支持公武合体的中川宫朝彦亲王等公卿进入皇宫，宣布此前孝明天皇亲征攘夷的诏书不过是受到了长州藩"迫切上言"的压力不得已做出的。在时机尚未成熟的情况下必须延期。随后大批与长州藩长期合作的激进派公卿被剥夺了官位，史称文久政变。

文久政变是否与萨英之战有着直接联系，至今仍没有一个明确的答案。但是可以肯定的是，同样野心勃勃的长州、萨摩两藩长期在利益上存在着冲突。安政大狱之后，长州藩的藩政一度掌握在相对温和的重臣长井雅乐等人的手中。在长井雅乐看来，所谓攘夷不过是血气方刚的暴力论，开国进取才是推进长州藩发展的国策。根据日本列岛的现状，想要抛开幕府自主行事是不可能的，所以还应当在幕府的框架下实现公武合体，才能国内和睦。

应该说长井雅乐的看法与岛津久光基本上是一致的，但是为了取得公武合体的主导权，萨摩藩还是处处给长井雅乐设置障碍。利用长井雅乐游说京都一无所获的有利时机，其政敌周布政之助鼓动昔日吉田松阴门下的弟子久坂玄瑞、桂小五郎对其展开弹劾。为了鼓动仇恨，周布政之助甚至宣称当年将吉田松阴引渡给江户幕府的正是长井雅乐。但事实上长井雅乐在安政大狱后恰恰保护了因参与坂下门外之变而被捕的桂小五郎，理由是"只有桂一人能够抑制水户的过激派，与其杀之不如加以利用"。

政客之间本没有仇恨更谈不上感恩。以久坂玄瑞为首的藩士认为长井雅乐的策略是屈服于幕府，违背了长州藩一贯以来的勤王策略（其实是倒幕政策）。久坂玄瑞的策略是首先应当追究幕府自行开国和炮制安政大狱的罪责，随后以"草莽联合"的方式鼓动中下层武士和民众发动激进的改革。久坂玄瑞的政策最终打动了一心想一雪关原之战后被迫改易之耻的毛利氏。长州藩的"太子爷"毛利定广由江户进京之后，竟然主动指出长井雅乐提交天皇的建议书中"锁国在皇国旧法里不存在"一句是对朝廷的诽谤。在自己领导的亲自拆台下，长井雅乐只能黯然下野，在可能被暗杀的恐惧中切腹自尽。

　　带着孝明天皇受命周旋国事的诏书，毛利定广随后又来到了江户，不仅要求江户幕府赦免安政大狱以来的政治犯，甚至连萨摩藩清理门户的寺田屋事件中的死者也要予以厚葬。这种越俎代庖的行为自然激起了岛津久光的不满。在此后发生的暗杀攘夷派公卿姊小路公知的事件，长州藩指责这是萨摩藩藩士田中新兵卫所为，萨摩藩被免去皇门警卫的职责。至此，长州、萨摩两藩彻底决裂了。

　　文久政变之后，京都事实上重新落入了江户幕府和萨摩藩的控制之中，为了自保，孝明天皇随即以攘夷派"盲目行动失和于列国，妄兴倒幕之师并非自己意愿"为由将责任全部推向了长州藩，而为了向幕府示好，土佐藩藩主山内容堂逮捕了妄图"一藩勤王"的武市瑞山。随着三十七岁的武市瑞山固执地以古式的"三"字切腹法解决自己，长州藩在日本列岛几乎陷入了孤立无援的境地。

　　面对萨摩藩与江户幕府联合的局面，长州藩面临自关原之战以来最为糟糕的局面，毕竟关原之战后毛利氏还有富余的领地可供剥夺，此时却是再无退路。于是桂小五郎决定铤而走险，决定在三条小桥的池田屋召集在京都的攘夷派浪人，谋划行刺担任京都守护职的松平容保，随后趁乱放火劫持天皇。但是作为召集人的桂小五郎在集会当天却意外迟到了，就在长州、土佐、肥后等藩的志士焦急等待之时，新撰组的人马突然杀到。

在一场激烈的械斗之后，池田屋内聚集的二十一名各藩浪人中七人被杀，余者全部负伤被俘。由于新撰组仅有四人冲入屋内，其中名为冲田总司的白河藩士一人便手刃长州藩四人重伤一人。一夜之间壬生剑子手、壬生狼的大名迅速自京都、大阪传遍了整个日本。走到半途得知消息的桂小五郎立刻返回了藩邸，对于池田屋的求救使者也闭门不应。事后桂小五郎为自己开脱说："出于维新之前途着想，彼次行动之时实在不可应援，并非畏惧……"

池田屋事件的消息传到长州，是对毛利氏激进势力的一次敲打。但是由于此前各地攘夷派志士纷纷起兵，由脱藩武士组成的天诛组在大和国的十津川打出"幕府领内年贡减半"的旗帜，一时应者云集。原筑前藩士的平野国臣受命前往镇压，但在抵达前线的途中竟然也以"减免年贡"为口号召集了二千余农兵。这两支起义军虽然最终被镇压，却也令长州藩萌生了江户幕府气数已尽的错觉。

公元 1864 年 3 月，水户藩又出现了不满推迟攘夷而在筑波山举兵的天狗党，认定倒幕时机已然成熟的毛利敬亲决定以"向天皇陈诉藩主的冤罪"为名向京都进军。长州藩出动的兵力仅为两千人，本不足以长驱直入，但是京都仍有不甘为江户幕府所左右的公卿势力，纷纷参谒天皇，请求准许长州藩势力入京，并驱逐松平容保等人。身为幕府在京都总代理的德川庆喜好不容易从孝明天皇手中获得讨伐长州的敕令，对手已经抵达了京都蛤御门。

7 月 19 日，长州藩军队与会津藩、桑名藩军队发生冲突，由此点燃战火。长州藩军队一度突破由筑前藩军队把守的中立卖门，攻入京都御所内，但把守乾门的萨摩藩军队作为援军赶到，形势发生逆转，长州藩的人马不得不撤出战场。以后起之秀活跃日本政坛的久坂玄瑞在公卿鹰司辅熙家中自杀。由于在战斗中据说曾以大炮轰击皇宫，长州藩随即被江户幕府指为"朝敌"。撤退中的长州藩军队在长州藩屋纵火，会津藩军队也攻击隐藏长州藩士的中立卖御门附近的民宅。战斗虽然在一日之内结束，但战火从以上两处蔓延至京都的大街小巷，燃烧至 7 月 21 日早晨方被扑灭。整个京都在这场禁门之变中几乎化为了废墟。

有趣的是，本应与长州藩呼应的天狗党最终不过是进行了一场武装请愿而已。但是他们心目中的"少主"德川庆喜却对这些长途跋涉的水户藩士缺乏好感。最终天狗党的骨干近四百人在敦贺海岸被处死。但德川庆喜并不知道他此举毁灭了水户藩的攘夷派，同时也令自己的本藩从此在幕末的政治舞台上销声匿迹，最终导致了他的暗淡结局。

二十五、长州征伐——德川家茂教你如何打烂一手好牌

禁门之变令长州藩不仅失去了诸多忠臣良将，更陷入了四面楚歌的境地。除了让士兵在鞋底写上"萨贼会奸(萨为萨摩,会为会津)"的字样之外，毛利氏一时也想不出更好的办法。甚至向来以奇才自诩的桂小五郎也以躲避幕府追捕为由，迟迟不肯归藩。

所谓"屋漏偏逢连夜雨"，就在长州藩在京都兵败的同时，下关方向又传来了英、美、法、荷四国联合舰队登陆的消息。事实上，自以攘夷为名在下关肆意炮击外国船只以来，长州藩便与西方列强龃龉不断。以久坂玄瑞为首的光明寺党，先是开炮袭击了通过下关海峡驶往长崎的美国商船彭布罗克号。公元 1863 年 7 月 8 日又攻击了法国通信船建昌号。

或许是觉得炮击民用船只不足以体现武士道精神，很快光明寺党开始找起了西方军舰的晦气。第一个倒霉的是荷兰军舰梅迪萨号。不过荷兰人此时国势衰弱，无力还手。不过当得意扬扬的

长州藩武士将炮口对准美国战舰怀俄明号时，他们终于知道了自找倒霉的含义。

公元 1863 年 7 月 16 日，美国海军对长州藩炮台和军舰进行了报复性的猛烈攻击，击沉三艘长州军舰，并封锁了下关海峡，沿岸的武士家属以及部分百姓纷纷逃往山中，海峡地区出现冷落的情景。受到了美国人的鼓舞，向来喜欢落井下石的法国人也派出东印度舰队的旗舰塞米拉米斯号和唐克雷德号对下关和长门之间的前田炮台发动攻击。二百五十名法国陆战队员甚至悍然登陆，占领了前田、坛浦等处炮台，开始劫掠沿途的村庄。

就在惹事的光明寺党装聋作哑之际，与久坂玄瑞并称为"松门双璧"的高杉晋作挺身而出。与藩医之子的久坂玄瑞不同，高杉晋作是如假包换的武家子弟。他的父亲高杉春树领有毛利氏二百石的俸禄，在江户幕府时代已可算是中产阶级。因此除了在吉田松阴门下学习之外，高杉晋作还有机会前往江户深造，并周游日本东北诸藩，甚至于公元 1861 年接受江户幕府的派遣，乘坐千岁丸前往上海。

高杉晋作此行的目的，起初是为幕府寻求与满清帝国直接通商的可能。但是在中国逗留的两个月里，高杉晋作不仅亲眼目睹了西方列强在上海的肆无忌惮，开始忧虑"孰能保证我国不遭此事态？"

更从在上海躲避战乱的士绅口中得知此时席卷东南的太平天国运动的一些情况。对于"家屋已被焚毁，家中书籍、金石图书一并而空"的颜塵等人的遭遇，高杉晋作虽然表面上以"闻之使人潸然泪下"给予同情，但实际上却对太平天国运动中所彰显的草莽力量颇有兴趣。当然高杉晋作也赞同同行的萨摩藩士五代有厚所谓："尽管太平军有超人之勇，但在少数英法军队面前遭到惨败，今后是新式大炮和军舰的时代。"在公元 1861 年 8 月回到长崎之后，如何以西式枪炮武装一支平民军队便成了高杉晋作的主要课题。

　　公元 1863 年 7 月 18 日，为了加强下关一线的防御。长州藩起用因为火烧正在江户品川御殿山施工的英国公使馆而被迫隐居的高杉晋作。针对长州藩此时正忙于京都争雄的局面，高杉晋作撇去门户之见，在招募下层武士的同时，也开始吸纳长期与军旅无缘的农民、商人和手工业者。这支所有的服装、武器操练均效仿西方的新型军队被高杉晋作命名为奇兵队。

高杉晋作的奇兵队

　　和所有新生事物一样，长州藩的奇兵队在成立之初可谓受尽了白眼。公元 1863 年 9 月，奇兵队与以精锐自居的撰锋队在教法寺发生火并。身为奇兵队总监的高杉晋作被迫承担"管教不严"的责任，黯然去职。但奇兵队在火并中能够直冲撰锋队的驻地，也令变相挑起矛盾的长州藩"太子爷"毛利定广对其另眼相看，因此在事件发生后不仅没有将其解散，反而委任高杉晋作的同学山县狂介出任军监。此举等同于承认了奇兵队是长州藩的正规军。

山县狂介虽然以一介武夫自诩，却也知道"不和于国，不可以出军；不和于军，不可以出阵"的道理，因此接手奇兵队之后，严格拘束部下，杜绝类似事件再度发生。在长州藩进军京都的军事行动之中，奇兵队已然达到了四千人的规模，与撰锋队等部共同参与了禁门之变的恶斗。不过高杉晋作却由于一再以时间尚未成熟而阻挠出兵，甚至悍然"脱藩"而被投入了监狱。以至于他再次崭露头角之时不得不化名为宋户刑马。

许多日本小说都将发生在公元 1864 年 9 月的炮击下关事件吹嘘为奇兵队的首次大捷。但事实上，面对英、美、法、荷四国联合舰队所拥有的二十艘军舰和五千一十九名士兵，长州藩可谓一败涂地。奇兵队虽然驻守沿海炮台死战，但在军监山县狂介右腕和腹部中弹负伤的情况下，最终也只能败下阵来。最终还是由高杉晋作化名出访，与曾指挥炮击鹿儿岛的英国海军中将库柏签署了解除禁海、赔偿军费三百万美元的《下关条约》。

有趣的是，与此前萨英战争的善后一样，长州藩同样借口财政困难，《下关条约》所产生的巨额赔款最终也落到了江户幕府的头上。因此炮击下关尽管令长州藩遭受了一定的损失，却远未伤筋动骨。西方列强的坚船巨炮反倒令这个西南强藩改变了此前盲目的攘夷方针，转向了与萨摩藩相同的开国论调。

禁门之变和炮击下关的接踵而至，令长州藩一时陷入了内外孤立的不利境地，本是江户幕府一举荡平自关原之战以来便始终心怀不满的毛利氏的绝佳机会。但是身为征夷大将军的德川家茂既没有凭借德川氏的力量独立荡平长州的信心，更缺乏亲自率兵出征的勇气。野心勃勃的德川庆喜先一步获得了天皇发出的"讨伐长州"的敕令后，德川家茂犹豫了起来。

为了彰显自己的权威，德川家茂向本州西部、四国、九州的二十一藩都下达了出兵的命令。这步臭棋顿时令许多心存观望的强藩对幕府产生了抵触的情绪。毕竟长州藩的领地有限，各藩出兵之后虽能轻松取胜，但也很难收回成本。加上得知江户幕府有重新强化已经名存实亡的参觐交代制度，一时间各藩纷纷以财力不敷为由拖延出兵。

在勉强凑集了十五万大军之后，幕府军对长州藩已经形成压倒性的优势。但此时在主帅人选上德川家茂却再次犯起愁来。应该说身处京都前线的德川庆喜和松平容保均已用自己的实际行动证明了其军事才能。但其政治立场和功高震主的忧虑却令德川家茂最终将总领大军的"朱印状"交给尾张德川家的家督德川庆胜。但这位德川庆胜同样在安政大狱中曾被迫隐居，对井伊直弼所推举的德川家茂并无好感可言，在征讨长州的问题上更缺乏积极性。

公元 1864 年 12 月，德川庆胜在大阪举行军事会议。这次会议本是敲定对长州的总攻时间，但是出任征讨军参谋的萨摩藩士西乡隆盛却突然提议以政治手段解决问题。本就无心参战的各藩大名纷纷附和，德川庆胜赞许他的主张，命令他为全权代表并赐给他佩刀作为表证，让他出使长州。而面对幕府的讨伐大军，长州藩本就陷入了分裂，主张抗战到底的高杉晋作被迫出走。因此西乡隆盛抵达长州之后，毛利氏立即爽快地答应了追究益田右卫门介等三位家老进攻京都的责任，拆毁重镇山口城及遣返逃到长州的三条实美等公卿的条件。

在长州藩自毁长城的情况下，德川家茂只要有其祖家康一半的腹黑便足以将对手打入万劫不复的境地。但在上下离心的情况

将一手好牌打烂的德川家茂

下，江户幕府纠集的大军却最终止步于长州藩外。在安然渡过了危机之后，长州藩内虽然一度出现了保守派当道，试图解散奇兵队，追捕攘夷派的局面，但是随着高杉晋作秘密潜回下关，长州藩内的激进势力迅速死灰复燃。

　　公元 1865 年 1 月 14 日，高杉晋作在下关功山寺举兵。一时之间富农豪商不无响应。高杉晋作之所以能够获得如此之多的支持，很大程度上是因为长州藩民间流传着江户幕府要求毛利氏交纳巨额赔款的消息，担心利益受损的大户纷纷组建力士队、义勇队等民间武装自保。高杉晋作举兵之后，各路豪强纷至沓来。1 月 28 日高杉晋作留学英国的昔日同学伊藤博文率领力士队攻占下关伊崎会所，夺取了大量军费和武器弹药。2 月 1 日，高杉晋作发表讨奸檄，开始向藩府萩城进军。审时度势的毛利敬亲父子随即派人与高杉晋作联系，表示愿意合作。至此长州攘夷派再度掌握了藩政。

　　面对长州藩再次打出的倒幕大旗，江户幕府自然不能坐视不理。这一次德川家茂似乎感到有亲自出马的必要，于是仿效先祖当年关原出阵的情形，德川家茂带领幕兵以及诸大名和藩士，威风凛凛地向长州进兵。但是德川家康当年从江户到关原仅仅用了二个月的事件，德川家茂的第二次征讨长州只是抵达京都便花费了半年的光景。

　　德川家茂之所以行动如此迟缓倒并非沿途游山玩水，而是忙于在大阪协调各方势力。由于孝明天皇对江户幕府再次征伐长州的理由感觉很不满意，因此准许用兵的敕令迟迟没有抵达。无奈之下，江户幕府只能采取昔日制裁丰臣氏的老办法。德川家茂以询问的名义召集毛利氏的重臣，在对方迟迟不至的情况下，宣布"长州藩早有谋反之心，更不可宽恕，只得早日征讨为上"。

　　第二次长州征伐不仅理由薄弱，不足以发兵再征，巨大的军费开支更使幕府的财政困难重重。利用日本国内政局不稳之际，英、美、法、荷四国又提出江户幕府开放兵库港、降低关税等要求。就在江户幕府焦头烂额之际，长州藩却通过一番合纵连横，重新掌握了主动权。

　　由于事先便预料到江户幕府一定不会对攘夷派重掌长州善罢甘休，高杉晋作一方面任用精通西洋军事的大村益次郎为军事专政，秘密采购大批西式武器准备；另一方面利用土佐藩士坂本龙马的私交，向萨摩藩伸出了橄榄枝。坂本龙马是土佐藩攘夷派领袖武市瑞山生前的挚友，眼见在江户幕府的高压之下，不仅土佐一藩勤王的梦想归于破产，长州、萨摩两藩亦有被各个击破的风险，坂本龙马自然积极地奔走于萩城和鹿儿岛之间。

促成萨长同盟的坂本龙马

　　坂本龙马之所以最终能促成萨长同盟，很大程度上与此时英国政府的对日政策有关。江户幕府不仅长期垄断了日本列岛的外交事宜，不允许各藩和西方独立展开贸易，自然伤害了英国的利益。随着法国采取支持江户幕府的态度，英国更急于在日本寻找自己的代理人。在这样的情况下，公元1866年正月，西乡隆盛与在潜伏京都的桂小五郎达成了秘密的萨长倒萨同盟。在江户幕府的第二次长州征伐中，萨摩藩不仅不出兵，更通过长崎为长州藩从英国订购了七千支新式步枪。

　　公元1866年6月7日，四面受敌的长州藩终于在周防的大岛方向迎来了江户幕府的首轮进攻。在富士山丸、大江丸两艘军舰的掩护之下，以忠于江户幕府的松山藩为主力，三千名幕府军在大岛强行登陆。但是仅有少数西式步枪队的幕府军很快便在奇兵队的反击下败下阵来。由于幕府舰队在高杉晋作所乘坐的丙寅丸小火轮偷袭下仓皇撤走，登陆的幕府军竟然悉数被困在岛上，任人宰割。

初战获胜的长州军随即于 6 月 13 日在小濑川防线展开反击。同样以武士为主力的彦根藩、高田藩的军队在长州藩的西式陆军面前迅速崩溃。江户幕府虽然投入幕府直属部队和纪州藩的增援，但也堪堪稳定住战线而已。在两线获胜的情况下，长州藩转入外线作战，大村益次郎指挥的长州军通过中立的津和野藩的领地进攻忠于幕府的滨田藩。6 月 18 日滨田城便宣告易手。

据说坂本龙马曾受桂小五郎之邀前往观战。尽管他本人在笔记中仅是轻描淡写地说："长州军绝不布设密集队形，而是分散冲锋，使得中弹的人很少。"但事实上，在整场战争中江户幕府所谓骁勇善战的武士几乎已经沦为被屠杀的羔羊，例如以枪术见长的滨田藩士岸近江本便在眨眼间就被打成了筛子。企图凭借大麻山、云雀山、莺巢山等天险阻遏长州军继续挺进的幕府军更在对手的大炮轰击下作鸟兽散。

江户幕府最后的王牌是由小笠原长行指挥的九州诸藩，毕竟萨摩藩虽然拒绝出兵，但是锅岛直正麾下的佐贺藩战力不可小觑。但是号称"肥前妖怪"的锅岛直正同样作壁上观。就在小笠原长行与长州藩展开多次苦战之际，大阪方面传来了征夷大将军德川家茂去世的消息。

德川家茂的死因，幕府方面始终没有给出一个明确的答案。据说在临终之时，这位年仅二十一岁的青年两眼平视着天花板，微微叹了一口气说："我，到底干成了什么啊？"关于他的一生，江户幕府的海军将领胜海舟曾总结说："因为过于年轻而被这个时代玩弄。如果活得久一点，或许会成为一个名留青史的英迈君主也说不定。"尽管江户幕府选择了秘不发丧，但得知消息的小笠原长行还是自作主张地逃离了战场。被孤立的小仓藩于 8 月 1 日在城内放火，向香春退却。这之后虽然小仓藩与长州藩的战斗还在继续，但江户幕府的第二次长州征讨已经宣告了失败。

尾声、大政奉还——江户幕府的苟延残喘和最终崩溃

由于德川家茂与下嫁的和宫亲子还未产生爱情的结晶，因此幕府将军之位自然而然地便落到了"将军后进"的德川庆喜头上。但是讽刺的是，此时的德川庆喜似乎对政治失去了兴趣，拒不接受将军之位，直到孝明天皇亲下诏命令才勉强宣布即位。德川庆喜此举固然有装腔作势的成分，但此时的江户幕府的确已然成为一座即将消融的冰山。

此前为筹集第二次征伐长州的军费大伤脑筋，财政空虚的江户幕府曾不得不勒令大阪的巨商交纳御用金二百五十二万五千两，但是这笔巨款在战争的消耗面前仍是九牛一毛。由于江户幕府大批采购军粮，各藩大量囤积粮食，各地的商人趁机炒作粮食，最终致使日本米价飞涨。

原本江户幕府与长州藩之间的征战对普通百姓的生活影响不大，但是随着物价的攀升，江户、大阪等地的百姓纷纷开始抢掠米店，攻击富商。自公元 1866 年 6 月 20 日兵库县发生了农民捣毁米店和商店的暴动之后，这股风潮很快便波及日本各大城市。民众纷纷将责任怪到江户幕府的头上，认为是"将军无道才导致天下大乱"。德川庆喜本希望咬牙将征讨长州进行到底，但在这样内外交困的情况下，也只能要求孝明天皇颁布停战令，好给幕府军以喘息之机。而长州藩也迫切需要休养生息，因此坦然做出幕府军撤退之际不予追击的许诺。

　　德川庆喜深知第二次长州征伐已经令江户幕府的虚弱昭然若揭，要想稳住局面，便要进行由上而下的全面改革。在英国表面宣布局外中立，暗中扶持雄藩崛起的情况下，法国人便成了江户幕府最为重要的外援。此时的法国恰处于拿破仑三世执政时期，曾多年在非洲殖民地工作的法国驻日公使罗修斯秉承上意，摆脱了以往追随英国的做法，积极展开对日外交。尽管法国政府愿意向江户幕府提供总额为五百万美元的贷款，但是由于法国为江户幕府设计的改革方案仍以中央集权为基准，摩拳擦掌的长州、萨摩等西南强藩显然不会给德川庆喜足够的时间。

　　公元 1867 年 1 月 30 日，年仅三十六岁的孝明天皇突然神秘死亡。据说孝明天皇发病之初被诊断为痘疮，并有好转的迹象，但是随后病情突然恶化。就在此前，孝明天皇曾严词拒绝了公卿提出的不利于江户幕府的一系列提案。因此有人怀疑是孝明天皇

死因成谜的孝明天皇

昔日的御用侍从岩仓具视暗中下毒，为倒幕拔除了这块最大的绊脚石。

岩仓具视因为和宫下嫁的事情被幕府申斥，后来被迫辞去职务在家闲居，其间与萨摩、长州都有联系，立场转为倒幕。孝明天皇死后，在宫廷内部公武合体派的势力自然消退，众多曾因倒幕而下野的公卿获得赦免并重新开始公开活动，岩仓具视此后更是官运亨通。

孝明天皇的嫡子睦仁即位为明治天皇，年仅十六岁的睦仁此时无非一个橡皮图章，真正执掌朝廷大权的是有栖川宫亲王、三

高杉晋作和踌躇满志的伊藤博文（右）

条实美、中山忠能等公卿，这些人原本都和萨、长两藩勾结，被幕府压制，现在全被赦免掌握了朝廷，对于幕府十分不利。这时长州藩还是朝敌，为了摆脱不利的身分，长州联络萨摩藩上书朝廷举行四侯会议，讨论长州藩赦免和兵库港开港的问题。兵库港开港一事是历史遗留问题，根据《日美和亲条约》规定，一定要如期开港，但是孝明天皇不准，西方列强现在又以战争威胁，所以事关紧急。

所谓四侯会议本来是萨摩藩的大久保利通提出的，其本意是利用诸侯会议的机会要求赦免长州藩不敬之罪，同时追究幕府不经天皇同意就私自开放兵库港的罪责，罢免幕府的权力，将其降为普通大名，是为和平倒幕。而此时在樱山疗养的高杉晋作因肺结核于公元 1867 年 5 月 17 日逝世于下关新地，遗命葬在奇兵队驻地吉田，时年不足二十八岁。他的遗言是"让这无趣的世界变得有趣吧"！

公元 1867 年 6 月，萨摩藩主岛津久光联合越前藩、土佐藩、宇和岛藩主带兵上京举行四侯会议。诸侯和幕府之间为了先开港还是先赦免长州藩罪责的问题相持不下，德川庆喜也带兵上京进行威胁。四侯内部的土佐藩、越前藩倾向于支持幕府，结果会议不了了之。和平倒幕的想法是实现不了了。

于是长州、萨摩两藩的执政私下密谋准备武装倒幕。土佐藩主山内容堂一心想要幕府将军自己交出权力，避免内战。土佐藩乡士坂本龙马和山内容堂的亲信后藤想二郎在船中密谋，利用天皇权威逼迫幕府自己交出权力，改革国家政体。此即著名的船中八策。

山内容堂和长州、萨摩诸藩主上奏天皇要求幕府交出权力，归政于天皇，同时改革国家政体，国家权力由所有藩镇公议，经天皇批准执行。德川庆喜考虑到德川家是全日本的最大藩镇，即使没有幕府虚名，就算是议会公议也是德川家实力最强。于是同意撤销幕府，王政复古。

公元 1867 年 11 月 10 日，德川庆喜将幕府权力奉还天皇，降为普通大名，但是仍然保有全国最大的领地和兵力。诸侯和公卿不满德川家依旧拥有最大势力，准备给德川家最后的致命一击。他们以天皇的名义解除了会津藩和桑名藩这两个幕府亲藩保卫京都的权力，改由萨、长两藩守卫京都。同时在没有德川庆喜参与的情况下举行御前会议，商议要求德川庆喜纳土辞官，交出领地。在会议上，亲幕府的土佐藩主山内容堂要求请德川庆喜与会，不能让少数公卿把持朝政云云，被岩仓具视痛斥。西乡隆盛得知情况后威胁将山内容堂及随从以不从诏命为由干掉。在死亡威胁的情况下，诸侯一致要求德川庆喜交出全部领地和领民，这就是要彻底灭亡德川家。

与此前长州藩始终矗立于倒幕前沿的局面略有不同，这一次真正的主动权掌握在萨摩藩的手中，在决意用武力"倒幕"之后，大久保利通采取了"整备兵力，争取声援"的策略，向京都增派一个大队的兵力。还滞留在京都的岛津久光则召见了潜伏在萨摩藩邸的长州藩士山县狂介，要求长州藩做好参战的准备。闻知消息的德川庆喜再也不抱任何幻想了，开始整顿军队，俨然要和倒幕派一决雌雄。

公元 1868 年 1 月 4 日，越前藩主松平庆永和尾张藩主德川庆胜来到德川庆喜在京都的官邸二条城，向他转达了会议结果，要求德川家纳土辞官。德川庆喜拒不接受，他调动幕府军队准备进城讨逆。当天晚上长州藩军队率先开进京都把守各门。德川庆喜认为京都形势不利，于 1 月 7 日退回大阪，准备集结军队有所行动。德川家的各亲藩大名对纳土辞官的诏命反应激烈，纷纷要求武力抗拒。德川庆喜遂下定决心，向朝廷进呈讨萨表，指斥萨摩藩为奸佞小人，准备带兵上京清君侧。

德川庆喜之所以有如此自信，主要源于幕府军自征伐长州之后的改革。在聘请法国的教官开始法式陆军训练后，江户幕府组建了近万人的新式陆军。值得一提的是，法国教官第一次将欧洲的军事体操引入了日本。当时被称为"练体法"的军事体操的作用在于锻炼士兵们的体魄，使他们的身体状况可以适应训练和作战的需要。但是幕府军的军官始终由世袭的武士担任，使得幕府的军事改革仍未脱离封建制度的窠臼，始终落后于萨、长两藩。

公元1868年1月26日，德川庆喜指挥幕府军和会津等藩兵一万五千人从大阪沿淀川北上，兵分两路向京都进发。到达淀城翌日，兵分二路，桑名藩兵为先锋向京都西南方的鸟羽推进，主力则东出伏见城，由陆军奉行竹中重固指挥，率有幕府军及会津等藩兵，兵力约八千人。自诩武勇的新撰组也加入了这一路的幕府军之中。

接获幕府挥军北上的消息后，京都新政府派遣二千名萨摩藩兵防守鸟羽，一千八百名长州藩兵和三百名土佐藩兵防守伏见，另有四百名萨摩藩兵作为预备队守卫设在东寺的指挥部，由西乡隆盛统一指挥。政府军兵力仅为幕府军三分之一，但士气、装备、训练均占优势。

鸟羽伏见之战。图中清晰可见双方均已采用西式战法

　　倒幕军在鸟羽布置有一个半月形阵地，从东边的中岛到鸭川西岸的小枝，守军有萨摩兵二千及一部分长州兵。幕府军要求守军让路并下令强行通过，萨摩守军首先开炮，第一发炮弹就击中幕府军纵列顶部的一个炮兵队，随即又是雨点般的枪击，幕府军顿时大乱。后来幕府军好不容易才组织还击，京都的宪兵警察组织见回组还进行了白刃冲锋，但这些精于刀剑的武士立即被枪弹击退。入夜，幕府军无法抵御讨幕派的夜袭，遂连夜逃回淀城。

　　伏见在鸟羽之东，京都南约六公里，西滨贺茂川，东靠桃山。奉行所在它的东南角，由土墙和巨屋所圈围，在当时的火力条件下，算得上一个牢固的堡垒。同鸟羽方面一样，倒幕军也有一个半月形阵地，占据了桃山制高点，从三面包围着伏见奉行所。守军有长州兵一千八百人、萨摩兵一部和土佐藩的三百人。幕府军多次冲击倒幕派的阵地，一度占领桃山，后都被打退。入夜，倒幕派照样进行夜袭，黎明时分幕府军被迫退回淀城。

　　幕府军连遭重创令原先效忠幕府的各藩纷纷倒戈。幕府军败退后曾欲固守淀城。淀城藩是江户幕府的谱代大名，就在三天前还是幕府军的前线指挥部，但此时却断然拒绝幕府军入城，并开城欢迎倒幕官军。甚至御三家之一的纪州藩也借"勤王"之名保持中立。德川家至此可谓众叛亲离。

　　幕府军虽然在地面战中遭遇大败，却在海战中略有斩获。1868 年 1 月 19 日，作为对维新浪士在江户四处活动的报复，幕府令担任江户警备的庄内藩兵围攻其根据地萨摩藩邸。于是，藩邸内的藩士及其家属以及浪士队员（包括大名鼎鼎的草莽志士相乐总三）三百三十余人乘萨摩炮舰翔凤丸撤出江户，而京都、大阪的萨摩藩士及其家属亦乘运输船平运丸撤离，两舰后与前来接应的春日会合。三舰于 1 月 24 日进入兵库港，预备撤回萨摩。但此地驻有幕府海军的巡洋舰开阳，炮舰蟠龙，运输舰黑龙丸、顺动丸，不远的天保山冲还有炮舰回天丸在虎视眈眈。因此萨摩军舰的处境被形容为"犹如蜘蛛网中的虫子"。翌日，平运丸独自突出港外，但遭到开阳与蟠龙两舰发炮堵截，被迫返回。

阿波冲海战中的春日丸

　　对于幕府海军的强硬行动，春日上的萨摩藩官员向幕府海军副总裁、开阳丸舰长榎本武扬提出了抗议，但榎本以现在幕府与萨摩处于交战状态为由，不予理睬。为了不成为幕府的俘虏，萨摩三舰唯有突围一途。27日凌晨，三舰冲出兵库港，其中春日丸以缆绳牵引着翔凤丸。次日，这支小舰队在阿波冲海面被开阳丸追上。开阳丸发一空炮勒令停船，而春日丸误以为敌舰开始攻击，亦发炮迎战，阿波冲海战于是爆发。是为日本近代海战之始。

　　春日丸割断了拖航的缆绳，得以自由行动。它在舰长赤塚源六、副长伊东祐麿指挥下，利用航速优势，和实力远强于己的开阳丸大兜圈子，以争取时间。开阳丸上的幕府官兵被这种太极拳式的战术气得七窍生烟，但无奈本舰航速不及对手，只能被人家牵着玩捉迷藏的游戏。

　　就这样，两舰一边在海上画着直径约为二至三公里的同心圆，一边互相炮击。然而，二者虽然对射炮弹四十三发，但是仅有春日丸的一发炮弹命中了对手，令其受了轻伤。日后的海军元帅东乡平八郎此时是春日丸上的一名负责操作火炮的三等士官。

　　两舰不知在阿波冲海面画了几个太极之后，夜幕已然降临。春日丸虚晃一枪，径直开向了萨摩。而开阳丸自知追赶不上，亦垂头丧气地收兵回营。这场极富戏剧性的海战，就此拉上帷幕。值得一提的是，此役，春日丸上有三名未来的海军元帅参战，这个阵容堪称豪华。除了东乡平八郎以外，井上良馨此时是舰上的二等士官，而伊东祐亨在江户萨摩藩邸遭袭时乘翔凤丸逃出，后换乘到春日丸上，帮助兄长伊东祐麿作战。

　　幕府海军虽然小挫对手却无力改变战局的走向，身在大阪的德川庆喜与幕府重要官员松平容保等人逃上开阳丸号逃回江户。大阪城中的幕府军闻讯后尽皆惊愕，遂作鸟兽散。海军副总裁榎本武扬只得将城中藏金十八万两搬上军舰，并接载部分伤兵驰向江户。随着长州藩部队进入大阪，宣告幕府军在京畿决战中彻底失败。

　　德川庆喜逃回江户后，幕府内分裂成恭顺派和主战派。德川庆喜最后接受了恭顺派的主张，解雇了支持主战派争取法国援助进行决战主张的法国军事教官歇多万，任命日本近代海军的创始人，主张绝对恭顺的胜海舟为陆军总裁，主持幕府事务。但恭顺派并不是准备无条件投降，他们不过是要以温和的手段来最大限度地保住幕府的利益。尽管幕府陆军的主力已经在鸟羽、伏见战役中被消灭，但胜海舟执政后立即派出甲州镇抚队和信州镇抚队前往阻止官军东进。

2月23日，胜海舟将甲州镇抚的任务交给了曾在京都血腥镇压维新志士、和倒幕派誓不两立的新撰组，拨给金五千两、大炮二门、枪五百支及其他军用物资；又任命古屋佐久卫门担任步兵头，率第六联队，携炮四门及其他物资，出抚信州。胜海舟还准备在和新政府的谈判失败后，疏散江户市民，火烧八百街，绝不交出完整的江户城。

3月1日，幕府的甲州镇抚队和倒幕军的甲州支队同日向甲府进发，但官军抢先一天进入甲府。3月6日，官军兵分三路击溃了幕府军，控制了甲州。同时，官军的东进部队在豪商相乐总三组织的民间武装赤报队的帮助下于3月6日越过天险锥冰峠，3月10日黎明突袭幕府的信州镇抚队，一千八百人的幕府军逃往东北方的会津藩，官军占领北部关东平原，与南边的甲州支队相呼应，形成了对江户的钳形攻势，幕府军的防线被彻底击垮。倒幕军预定3月15日总攻江户。

甲州、信州镇抚的失败，彻底打破了幕府主战派的一切幻想。3月14日，幕府的恭顺派终于和官军达成江户"无血开城"的协议，规定幕府交出军舰和一切武器，德川庆喜去水户"谨慎"，让田安龟之助继承德川家，仍给静冈土地七十万石。至此，统治日本260多年的江户幕府名实俱亡。4月21日，东征大总督炽仁亲王进入江户，把旧将军府改为大总督府。

不久，这座将军的居城，成为日本的新首都。

不甘心失败的反动武士组织了一支拥有两千人的名为彰义队的反新政府武装，拥立轮王寺宫，以上野宽永寺为据点，串通江户幕府残余势力继续同明治政府为敌。5月15日，在上野之战中，彰义队被大村益次郎指挥的官军包围击溃。倒幕派的反攻取得了完全胜利。

江户幕府虽然宣告覆灭，但内战还没有结束。被列为朝敌的会津藩主松平容保自回会津以后，整备军火，改革兵制，准备和明治政府军决一死战，会津一时成为反明治政府势力的中心。江户开城以后，原幕府步兵奉行大鸟圭介就带领精兵 2000 人从江户逃往会津藩。同时，东北（陆奥、出羽、越后）地方诸藩也并不希望把奥羽地方卷入战火中。

4 月 11 日，仙台藩主伊达庆邦、米泽藩主上杉齐宪向奥羽镇抚总督九条道孝提出对会津宽大处理的请求，但是遭到了拒绝。于是 5 月 6 日，以会津、庄内两藩为中心的东北各藩成立了奥羽越列藩同盟，发出讨萨檄文，扬言要清君侧和扫除"伪官军"。战火终于燃遍了整个日本东北地区。

大村益次郎在上野之战后，取代西乡隆盛担任了官军的最高指挥。他对付奥羽越同盟的战略思想是："首先除去枝叶（指各藩），茎干（指会津）自然干枯。"以仙台藩暗杀了新政府的镇抚使世良修藏为导火索，明治政府军兵分三路开始向本州东北部进军。其中伊地知正治亲自带领中路从中央攻打白河城作为诱饵，而兵力较多的左右两路分别由野津正雄和川村纯义带领从两面包围旧幕府军。中路部队挂起多面军旗伪装成大批的军队，并炮轰旧幕府军主要阵地稻荷山以吸引旧幕府军的注意力。

白河位于古奥羽街道的北线起点，是通往奥羽等地的重要关门。奥羽越同盟建立后虽然对明治政府占领的白河组织了七次进攻，即所谓白河七战，但结果全部以失败告终。自此期间，奥羽越列藩同盟的孱弱彰显无余，使用老式枪支的旧幕府军战斗力低下。倒是一些游侠、赌徒、农民组成的冲击队，多次对白河城发动夜袭，令明治政府军心有余悸，将这些一袭黑衣装扮的敢死队称为鸦组。

　　在战场以外，明治政府和奥羽越列藩同盟也在扩张自身的同盟范畴。长冈是越后北部强藩，民风质朴强悍。藩主牧野忠信是德川家康十七将之一的牧野康成之后。他曾在藩内改革兵制，设置军校，装备大批西洋军械。长冈藩军事总督河井继之助早在归藩前就把江户藩邸内的古董和什器全部变卖，以所得款项从外国商人处重金购入了两门最新式的加特林机关枪，这种威力强劲的武器当时在日本总共只有三门。7月初，长冈曾与官军谈判要求武装中立被拒绝，只能加入奥羽越同盟和官军作战。

　　长冈藩虽然一度会合了会津、桑名两藩的部队击溃政府军来自上田、尾张的藩兵，收复战略要点榎峠。随后又再接再厉，大破素称精锐的萨摩、长州诸队，收复朝日山。据说政府军一度狼狈到了极点，竟令铁石心肠的山县狂介潸然泪下，以至事过三十年仍不能自已。但是随着两军开始沿信浓川对峙，政府军炮火和兵力上优势逐渐凸显，山县狂介突出奇兵，率军强渡河水暴涨的信浓川，直捣长冈城。长冈藩判断失误，主力被绊牢在榎峠、朝日山一线，本城防御薄弱，河井继之助被迫以少量兵力迎击。尽

早期的加特林机关枪

管河井继之助亲操加特林机关枪上阵，但寡不敌众，左肩负伤，被迫离开前线。失去统一指挥的长冈诸队军心大乱，政府军乘势掩杀，一举夺取了长冈城。

政府军攻克长冈之后，随即大肆烧杀掠夺，事后统计长冈城下町屋舍被焚毁达二千五百余间，兵学所、藩校崇德馆、社寺等重要设施也荡然无存。"数十年来所积之军用金二十万两，大炮四十门，武器弹药无算，尽被'贼军'（指官军）掠走。"但是长冈军毕竟元气尚存，激荡着"夺还本藩二百五十年居城"的豪情，长冈武士抱定必死的决心，在密集的炮火掩护下，横涉大沼泽八町冲发起了急袭。沉湎于温柔乡中的政府军猝不及防，四散奔逃，城中的会津征讨越后方面军参谋西园寺公望、前原一诚侥幸生还。

此时始终保持局外中立姿态的佐贺藩则加入了明治政府军的行列。藩主锅岛直大不仅动员藩内的船只，还自费租赁了西方货轮，运送大批藩兵登陆关东地区以支援政府军。随着各地强藩陆续倒向明治政府，借助柏崎、新潟等港口，政府军的援兵不断地开赴长冈战场。7月29日明治政府军再度夺取长冈，奥羽越列藩同盟灭亡的号角正式吹响。属于列藩同盟的越后诸藩相继向新政府投降。

8月23日，坂垣退助的中路军抵达会津若松城下，政府军开始酝酿会津攻坚战。当时军中有两种战略：一是继若松城延续用"除支弱干"的办法，先征服米泽、仙台；二是先攻会津，理由是如果米泽、仙台久攻不下则战事势必拖延到冬季，这对以萨摩、长州等南方兵为主的官军很不利。于是官军决定采用"会津攻城，仙米攻心"的战略。

9月初，包围会津若松城的官军达到三万人。在会津战争中，由十六七岁会津藩士的子弟们组成的少年敢死队白虎队与政府军的战斗失败后，从远处看到会津城起火，误以为会津城已失陷，于是十九位少年在饭盛山集体剖腹自杀。从9月14日开始，官军发动总攻击。22 日，最顽固的封建领主松平容保不得不开城投降，反政府势力最强悍的一个据点被拔掉。在此前米泽藩和东北第一大藩仙台藩已经相继投降，明治政府在本州岛上确立了完全的统治。

根据萨摩藩军监桐野利秋提出的建议，会津藩藩主松平容保免去死罪，被罚在江户蛰居；身为家老上席的西乡赖母、田中土佐、神保内藏助本应判处切腹自杀，但西乡赖母失踪，另外两人于会津所在的福岛县战死，因此身为家老次席的萱野权兵卫被判对此次战争负责而切腹自杀。

政府军获胜后，长州藩将会津藩的战死者判为贼党而不允许下葬，尸体因长时间放置遭到风吹日晒，或被鸟兽啄食而惨不忍睹。在整场戊辰战争中，以会津战后对死者遗体的凌辱最为残忍，甚至有人因埋葬了死者而被入狱关押数日。半年之后，因考虑到疫病的流行才允许埋葬死者，而对遗体的掩埋等处理方式也非常极端。而此战之后，山县狂介突然改名为山县有朋。不知道是否感觉大局已定，四海之内皆为"有朋"了。另外，萨摩藩却对其管辖的庄内藩做出了宽大处理，对此心怀感激的庄内藩藩士在日后的西南战争中与西乡隆盛一起再次登上历史舞台。

在东北战争激烈进行的时候，旧幕府海军总裁榎本武扬，于江户率领开阳丸等八艘幕府残余军舰及仙台藩兵，与幕府老中板仓胜静等幕府遗臣，带领四千余人从品川湾逃脱，驶向虾夷。10 月 12 日强顶暴风雪登陆虾夷鹫木，随即南下箱馆，击退官军箱馆知事清水谷公孝，11 月攻陷松前福山城，和平接收五棱郭，平定了虾夷南部。

榎本武扬等人占领虾夷之后玩弄两面手法。一方面表示承认明治政府为日本正统政府，请求把虾夷地作为德川家的静冈藩飞地，通过山野开拓使"信守忠臣不仕二主之义"的旧幕臣有安身立命之地；另一方面，12 月 15 日，榎本武扬宣布成立虾夷共和国，大宴各国领事，从各国领事手里接过各国领事承认箱馆政权为事实政权的备忘

妄图割据自立的榎本武扬

录，并且在五棱郭布置大本营，陆海军士官以上投票选出榎本武扬为虾夷共和国总裁，大鸟圭介和土方岁三为陆军奉行、军事指导。

榎本武扬曾主张在虾夷共和国内征收比较高额的赋税，以集结军费，整备军力，与明治政府对抗，并决一死战。而土方岁三认为武士死则死矣，能够为了信念死在战场上就已经足够光荣，不必再增加赋税从而增加百姓的负担。这种看法倒是颇有些英雄气概的。

公元 1869 年春，已经平定了东北诸藩的维新政府着手对虾夷共和国发起征讨，各路军队络绎不绝地开向本州北部的青森，预备渡海作战。海军则以刚刚到手的铁甲舰甲铁丸为旗舰，率领春日丸等三艘军舰、四艘运输舰从品川湾一路北上，开进了宫古湾，对虾夷舰队摆出了虎视眈眈之势。出发之前，春日丸进行了一次改装，以舰上的四门四十磅炮交换了炮舰富士山上的四门六十磅炮，令战力得到了进一步的加强。

甲铁丸是当时东亚国家唯一的一艘铁甲舰，乃是政府舰队的支柱，而虾夷舰队的灵魂开阳丸此时已因遭遇风暴而搁浅并损坏，双方海军实力发生了大逆转。于是，榎本派遣回天丸、蟠龙丸、高雄丸三舰前往政府舰队停泊的宫古湾，企图以接舷战夺取甲铁丸，让胜负的天平重新偏向己方。

5月6日清晨5时许，回天丸搭载着包括虾夷陆军奉行并、前新撰组副长土方岁三在内的一批突击队冲入宫古湾，对甲铁丸发动了奇袭。凑巧的是，似乎心有灵犀一般，5月5日夜，政府军陆军参谋黑田了介在军事会议上提出，已经得到虾夷舰队向宫古湾开进的情报，建议政府舰队派出军舰巡逻，以防敌舰袭击。但海军参谋石井富之助却认为宫古一带多是幕府的同情者，故这个消息不可靠。他还讥讽黑田身为陆军，不要对海军事务指手画脚。而甲铁丸上的军官多是长州藩士，萨、长虽然联手倒幕，但以往嫌隙未消，故这些人也对黑田的建议报以无视态度。经过数十分钟的激烈争论，黑田仍然未能说服对方，终于勃然大怒，丢下"海军那帮家伙！"一句话，忿忿离席而去。他一气之下，干脆喝了个酩酊大醉，不再过问此事。

熹微的晨光中，停泊在甲铁丸北面的春日丸上的值班军官发现有一艘悬挂星条旗的军舰驶入了政府军舰的行列之中。不过此地出现美国军舰也不值得大惊小怪，因此春日丸并未采取行动。不料，这艘军舰突然降下星条旗，升起日章旗，径直冲向了甲铁丸，与其"亲密接触"——正是志在必得的回天丸！虽然当时的情形很不利于跳帮作战，舰上的突击队员还是纷纷挥刃跳上了敌舰的甲板。

春日丸回过神来，立即上前掩护甲铁丸。它对回天丸的近距离炮击造成对方舰员十余人的死伤，舰上水兵的步枪射击也令敌军吃了不小苦头。交火中，本舰亦有一人负伤。而给虾夷军造成最大损失的，还是甲铁丸上不断喷吐火舌的格林机关炮，登上甲铁丸的突击队员纷纷被密集的弹雨撂倒。这时，政府军的其他军舰，也逐渐惊醒，投入围攻之中。眼见已经无力回天，回天丸被迫退出接舷，杀开一条血路，总算侥幸逃回了箱馆。

在决定宫古湾海战成败的因素中，除了双方力量对比和接舷战的条件，春日丸的警醒也是一个相当有分量的砝码。当时政府舰队过于麻痹大意，多数军舰没有生火，舰员亦大半不在舰上，如果没有春日丸的"他人皆睡我独醒"，回天丸必定会更加从容地发起接舷战，战斗的结果，也就比较难以预料了。

宫古湾海战之后，虾夷海军失去了最后的翻盘机会，再也无力挑战政府海军在津轻海峡的制海权，只能龟缩在港口之中。5月20日，春日丸与甲铁丸、阳春丸、丁卯丸一同护卫政府军第一波部队在箱馆西北的乙部登陆，敲响了虾夷政府的丧钟。6月16日，政府舰队大举杀入函馆湾。阳春丸、丁卯丸两舰对弁天崎炮台进行炮击，而甲铁丸、春日丸、朝阳丸三舰在炮轰虾夷军阵地时遭到了老冤家回天丸的袭击。仇人相见，分外眼红。三舰联手，足足揍了敌舰一百零五发炮弹，迫其抢滩，成为水上炮台，算是给在宫古湾海战中被对方敲了闷棍的甲铁丸报了仇。战斗中，春日丸亦中炮十余发。

箱馆湾海战中的春日丸和甲铁丸

　　6 月 20 日，第二次函馆湾海战爆发。这次换甲铁丸和春日丸对付弁天崎炮台，而朝阳丸、丁卯丸则炮击陆军阵地。后两者遭到了蟠龙丸的突袭，这艘小巧灵活的炮舰左冲右突，以一敌二，居然成功地击沉了朝阳丸。这时甲铁丸和春日丸也加入战团，全力围攻，终于将其主机击毁。失去动力的蟠龙丸漂流到岸边触礁，被舰员自行焚毁。至此，煊赫一时的榎本舰队终于灰飞烟灭。

　　明治政府军攻下箱馆，猛将土方岁三在激战中被击毙，官军又包围榎本政权心脏之地五棱郭，甲铁丸号开始对五棱郭的要塞进行炮击。穷途末路的榎本武扬见大势已去，准备自尽，为部下劝阻，于 5 月 18 日献城投降。短暂存在的虾夷共和国宣告灭亡。这是戊辰战争中官军追击东北残敌，夺取和巩固在全日本的胜利的最后一个战役。至此，历时一年半的内战，以江户幕府及其残余势力的彻底失败，新政府的胜利而告终。

箱馆之战预示着一个属于武士的时代就此落幕

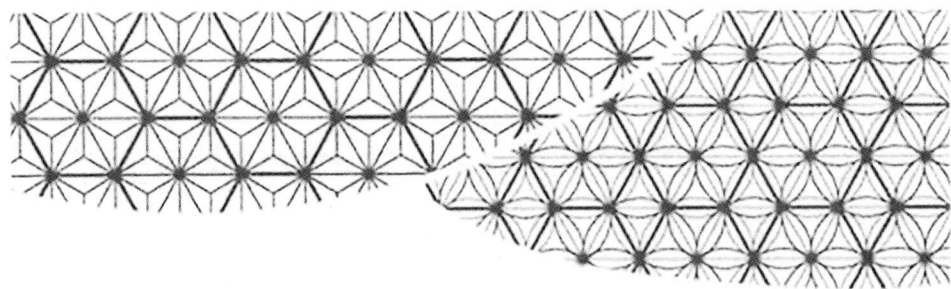

第六卷 戊辰战争

西南强藩的崛起和德川家族的退场

二十六、龙马飞去——坂本龙马之死和维新志士的时代

庆应三年十一月十五日（公元 1867 年 11 月 10 日），萨摩藩主岛津忠义上京两天以后，当日晚间，中冈慎太郎找到了坂本龙马。龙马这个时候正寄居在京都河原町的旅馆近江屋里，患着严重的感冒。中冈慎太郎一见面就问："听说伊东摄津来找过你啦？"

所谓伊东摄津，这个人本名叫伊东甲子太郎，曾经学习过"北辰一刀流"的剑术，算是龙马的师兄弟。甲子太郎曾经加入过新撰组，后来因为思想不合——新撰组是坚定的佐幕派，甲子太郎尊王色彩却更浓厚些。于是拉了一票同志退组，在萨摩藩的推荐下，组建了"高台寺党"，主要任务是守卫皇陵，所以也称为"御陵卫士"。

伊东甲子太郎是两天前来找到的龙马，警告他说："新撰组正在搜寻你的踪迹，恐怕要对你不利，还是离开旅馆，搬去土佐藩邸住吧，那里比较安全。"可是龙马完全不当一回事，笑着回复说："幕府已经没有几天寿命了，新撰组又能猖狂到哪儿去？"

这回中冈慎太郎过来，也劝龙马换个地方住，龙马却仍然摇头——大概他自由惯了，不愿跑去那么拘束的官家地方待吧。龙马不是没遭过暗杀。就在前一年他寄宿在寺田屋里（就是岛津久光曾经派人镇压尊攘派志士的那家旅馆），幕府的伏见奉行便派人来刺杀他，龙马当时才洗完澡，身穿浴衣，没带刀，结果被刺客一刀就劈伤了左手。

虽然没带刀，龙马当时腰里却别着一支小手枪，突然拔枪射击，逼退了刺客，然后连滚带爬地落荒而逃，躲到萨摩藩邸里去了。遇刺受伤，也算是见过大世面了，大难不死，龙马的胆子越发地

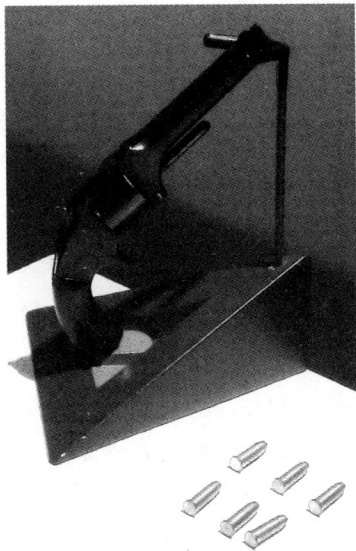

寺田屋事件中坂本龙马的配枪

　　壮了起来，完全不听警告。他反倒拉着中冈慎太郎坐下："来，来，一起喝几杯，咱来谈谈三条制札事件。"

　　所谓"三条制札事件"，乃是土佐的尊王志士和新撰组在去年九月份发生的一次冲突。且说江户幕府在征讨长州之时，曾于京都各主要街道上立下制札（告示牌），写明长州犯上作乱的罪状，向来往行人宣告。等到"第二次长州征伐"以幕府失败而告终，全国风向都转向尊王倒幕，就有人悄悄地把这些制札拔出来扔掉，以此来嘲弄幕府。

　　其中最严重的是立在三条大桥西侧的制札，竟然连续被拔起三次，扔到桥下的鸭川里去。于是幕府就下令新撰组去守护制札，捕拿胆敢破坏的不法之徒。新撰组重新立好制札以后，悄悄地设下了埋伏，由十番队长原田佐之助和专门负责暗杀的大石锹次郎、剑术教头新井忠雄率领三队共三十六名组员，藏身在三条大桥周边。等啊等的，还真被他们等着了，就见一伙八个家伙朝大桥走过来，四下望望没有人，动手就去拔制札。

　　这伙人都是土佐尊王志士，领头的名叫藤崎吉五郎，他老哥藤崎八郎曾在池田屋事变中死在新撰组刀下，对新撰组，对会津藩，对幕府，那都是仇深似海。一听说破坏者出现了，原田佐之助和新井忠雄立刻各举武器冲了出去，藤崎吉五郎猝不及防，当即被砍翻在地。可是因为负责侦察的浅野熏一时害怕，慌了手脚，没能及时通知大石锹次郎，导致土佐志士们后路没被卡断，前后战死三人，剩下五个竟然逃出了生天——在新撰组的镇压史上，这也算是少有的失败案例了。

　　且说坂本龙马和中冈慎太郎谈论着三条制札事件，一边喝着小酒，憧憬着日本的未来，倒是很滋润，可就在这个时候，门外突然传来杂沓的脚步声。龙马皱皱眉头，吩咐身边的山田藤吉："去瞧瞧是谁呀？"

　　这位山田藤吉既是龙马的保镖，也算是好朋友，他本是相扑力士，艺名叫云井龙，后来辞职不干了，跟随了龙马。这回听到朋友兼老板招呼，就走过去打开屋门，可是不开门还则罢了，才开门就是一道刀光闪起，山田藤吉立刻倒在了血泊之中。

　　刺客，终于来了。

　　冲入近江屋刺杀坂本龙马的刺客，究竟是一人还是数人，现在已经说不清了。根据事后调查现场和盘问隔壁访客，只能得到三条线索：一、刺客操的是四国地区的口音；二、刺客自称是"十津川乡士"；三、现场遗留下一柄来历不明的刀鞘。可是这三条线索仔细分析一下，全都不靠谱。先说四国口音，当时各藩武士、浪士们群集大坂和京都，互相串联，倒幕各阵营里有四国人，佐幕一方也有四国人，而且串联久了，伪造口音，转移视线也很容易。坂本龙马、中冈慎太郎出身土佐，那是如假包换的四国人，也说不定是别人听岔了，操四国口音的不是刺客，其实倒是他们两人中的一个。

再说"十津川乡士"，大和国十津川乡出身的武士，既尊奉朝廷，又敬仰幕府，乃是"尊王佐幕"的典型例子。最近几年来，朝廷从十津川乡征召了大批下级武士，和萨摩、土佐等勤王兵马共同警卫皇宫。可是刺客说自己是"十津川乡士"，就一定是吗？若真无心隐瞒，干嘛光提出身，不把真名实姓喊出口？这条线索也很可能是假的。

最后再说刀鞘。事后根据御陵卫士的指证，这柄遗留在暗杀现场的刀鞘，其主人乃是新撰组的十番队长原田佐之助——他们大多是新撰组退组成员，然而新撰组，尤其是原田佐之助之类的高级干部，做事是很严谨的，既然自己全身而退了，干嘛还会把刀鞘留在现场？栽赃的痕迹也太明显了吧。此外还有人指证说，

今天坂本龙马和中冈慎太郎的雕塑

看山田藤吉身上的伤口，应该是左手握刀之人所为，而新撰组中惯使左手刀的，只有三番队长斋藤一。这也是倒果为因，左撇子武士难道全日本就只有斋藤一一个吗？明显是先认定刺客来自新撰组，然后才下的结论。

总而言之，这回的"近江屋事件"，成了一个永远的谜团。

坂本龙马和中冈慎太郎猝不及防，双双倒在了血泊之中。龙马首先额头受重伤，似乎还爬了几步想去拔搁在一旁的佩刀，但随即就被刺客或刺客们连捅几下，当场呜呼哀哉了。中冈慎太郎和保镖山田藤吉都没有立刻咽气，昏迷了好长一段时间才魂归极乐，他们根本留不下任何相关证言。

其实别说刺客是谁，就连刺客的真实意图竟然也是个难解之谜。龙马的思想倾向于和平解决争端，逼迫幕府交权，中冈慎太郎则是坚定的武力倒幕派，两人分别指挥着一支队伍，那就是由龟山社中改编成的"海援队"和慎太郎的"陆援队"，可谓是倒幕各强藩间最主要的联络人。

海援、陆援，互为表里。虽然中冈慎太郎创建陆援队，灵感是来自龟山社中，但坂本龙马把龟山社改编为海援队，实际是仿效陆援队。相比之下，海援队更像商团，龙马更像辩士，而陆援队仿佛军队，慎太郎无疑是名战士。虽然有关"龙马的主要目的是赚钱，慎太郎的主要目的才是维新"的论调简直是无稽之谈，但中冈慎太郎在明治维新中的作用，确实并不小于龙马——并且更遭幕府嫉恨。

所以很长一段时间内，社会舆论都认为近江屋事件刺客的目标不是龙马而是慎太郎，可怜的龙马只是受到牵连而已。维新以后，随着新政府对龙马的大肆鼓吹，随着各种颂扬龙马的文艺作品的出现和流行，坂本龙马的声望被越抬越高，正反就来了个大颠倒，龙马被认为是主要刺杀目标，中冈慎太郎倒变成陪着倒霉的了。

既然搞不清刺客的主要目标究竟是谁，所以刺客的来源，也就成为一个历史之谜。一般认为有以下三种可能：

一、刺客来自京都见迴组。这个组织和新撰组相近，都是幕府所建立的维持京都治安的半警察团体，上级机关也都是京都守护。所不同的，新撰组主要成员都是一群下级武士和浪人，见迴组的主要成员却是身分较高的幕府直辖武士。维新以后，据见迴组成员今井信郎、渡边笃交代，刺客乃是同组的佐佐木只三郎（如果还记得新征组清河八郎被杀一事，应该对这个名字并不陌生），并且指使者很可能是坂本龙马的老师胜海舟，或者与海舟同级的其他幕府高层官员。

非常可惜的是，佐佐木只三郎那时候已经挂了，他是在1868年倒幕战争中重伤而死的，死无对证。而今井信郎、渡边笃两人并没有亲身参与或谋划近江屋事件，对事件细节几乎一无所知，指证佐佐木只三郎也只不过是听信传言而已。虽有人证，却不可靠。

二、刺客来自新撰组。这种猜测的证据，前面已经开列，就不必多说了，但问题是提供证言的御陵卫士们和新撰组是仇深似海，很可能只是故意栽赃。

就在近江屋事件发生三天以后，近藤勇邀请伊东甲子太郎去自己小妾家喝酒，将其灌醉，然后在他回家途中，大石锹次郎带着数名新撰组组员突然从街边杀出，砍死了甲子太郎——是为"油小路事件"。不仅如此，新撰组还有狠的，他们就把伊东甲子太郎的尸体陈列在大道上，设下埋伏，突然袭击前来收尸的"御陵卫士"七名主要成员，砍死了其中三人。

为什么这么狠呢？因为根据新撰组的规章，退组就是叛组，只有死路一条。后来被杀的三人，藤堂平助本是新撰组八番队长，服部武雄、毛内有之助也都是旧日的组员——新撰组杀自己人，比杀敌人还狠！所以一口咬定近江屋事件的凶手来自新撰组的御陵卫士们，他们的话也不可尽信。

三、一切都是萨摩藩的阴谋。虽然曾经是志同道合的同志，但在对待幕府是以武力讨伐还是政治威压的态度上，萨摩藩和坂本龙马是越走越远。况且，龙马支持山内容堂向德川庆喜提出《大政奉还的建议书》，在萨摩方面看来，几乎是把弹药资助敌人的卑劣行为。故此有学者猜测，刺客是由萨摩藩所雇佣的，或者是萨摩藩悄悄向幕府泄露了龙马的行踪。

真相，恐怕会永远湮没于历史的荒草残烟中，无从追寻了吧。

坂本龙马挂掉以后，起初他的名望并不算高，也就是一名普通的维新志士、成功的商人和雄藩间的联络人罢了。直到维新成功十多年以后，其故乡土佐——当时已变更为高知县——的新闻和文学团体开始有计划地为他做大肆宣传。1904 年，日俄战争爆发，据说在黄海海战之前，日本皇后突然梦到一名男子对她说："此战，日本海军绝对会取胜！"醒来后向大臣们提起此事，宫内大臣田中光显——也就是那位高杉晋作的弟子田中显助——根据描述取出一张坂本龙马的旧照片，皇后双眼一亮："就是这个人！"

坂本龙马的名声，从此才响彻整个日本。

他可以说是日本历史上最幸运的人，死了几十年以后，突然大名传遍全国，甚至蜚声海外，并且深受各阶层的爱戴——大众百姓认为他是拯救日本的平民英雄；资产者认为他是近代日本商业的始祖；民主派认为他是民主先驱；保守派认为他是尊皇的忠臣；军国主义者认为他是帝国海军的保护神。因此，坂本龙马的名声远在"维新三杰"，甚至高杉晋作和老师胜海舟等人之上，不能不说是种异数。

当然，很可能是有计划的异数，因为到了那个时候，残存的维新志士们，大多名声已经烂到渣了……

后世的不断美化之下，坂本龙马成为维新志士的代表和一个文化符号

二十七、王政复古——德川家族被迫交出政权及"和平倒幕"的挫败

庆应三年（1867）十一月十三日，萨摩藩主岛津忠义率领三千兵马进入京都，请求朝廷召开会议，下达"王政复古"的大号令。

什么叫作"王政复古"呢？日本的大和王朝，最初还是以天皇为中心的朝廷说了算，虽说当时很多地区开发落后、土豪林立，天皇的控制力实在有限，终究没有另一个可与皇家相抗衡甚至更强有力的政治实体存在。11世纪以后，贵族藤原氏开始垄断以太政大臣和摄政、关白为首的主要朝廷职位，一步步架空天皇，开创藤原氏摄关政权。12世纪中叶以后，武士政权抬头，逐渐地，连藤原氏也只好蹲在天皇驾前吃闲饭，凡事都必须看幕府的脸色了。

王政复古，表面的意思，就是恢复古代天皇掌权的政治模式，藤原氏贵族也好，武家幕府也好，全都得靠边站。当然，历史的倒车是不能强开的，更何况一倒就连倒八九百年，萨摩藩要是追求武士阶层还压根儿没有的那种"王政"模式，脑袋里肯定是进了水。借用"王政"这个名词，要求"复古"，实际上只是为了从中央政权里把德川氏江户幕府排除掉，以天皇为名义上加实际上的全国领袖，以"有材之公卿、诸侯及天下之人材"组成议会和新政府。

其实土佐藩山内容堂等人提出来的目标和萨摩的理想，就表面上看起来没什么不同。山内容堂向幕府提交《大政奉还的建议书》，主张"公议政体"，也是要建立以天皇为首脑的议会制国家。但这个议会制国家基本框架里是不排斥德川氏的，而且很明显，德川家以其全日本第一的土地占有量、人力和物力，将会在未来的议会和新政府中占有相当多席次——萨摩、长州，当然容不下这一点。

德川庆喜将军装模作样上奏朝廷，大政奉还以后，亲幕府的摄政二条齐敬、中川宫朝彦亲王等人立刻加紧活动，召集各地有力的诸侯上京来开创公议政体。主要召集了哪些诸侯呢？咱们先来点一点人头——尾张藩主德川庆胜、越前福井藩前藩主松平庆永、萨摩藩"国父"岛津久光、土佐藩"老公"山内容堂、宇和岛藩主伊达宗城、安艺广岛藩主浅野长训、肥前佐贺藩前藩主锅岛直正、冈山藩主池田茂政。

八个人中德川庆胜、松平庆永，不用说了，都是德川氏一门，冈山的池田茂政还是德川庆喜的亲弟弟。倘若以这八个人为核心创建新的政府和议会，肯定四成都是亲幕府的势力，还有两成是

德川庆喜主持的"大政奉还"仪式

山内容堂这种公武合体派。所以萨摩藩受不了这个，得匆忙让岛津久光带兵上京，敦促朝廷尽快下达"王政复古"的大号令，要在排除德川家的基础上组建新政府。

在萨、长、土、艺等藩尊王志士和公卿三条实美、岩仓具视等人的努力下，十二月九日早晨，明治天皇终于下达了《王政复古今》，包括以下内容：

恩准德川庆喜的辞职书。

废除京都守护和京都所司代这两个幕府委派的要职。

废除江户幕府。

废除包括摄政、关白在内的旧有朝官。

设置包括总裁、议定和参与在内的新官职，也就等于在全面改革前先组建一个新的临时政府。

新政府总裁，经过商议，确定为那位有栖川宫炽仁亲王；议定为：仁和寺宫嘉彰亲王、山阶宫晃亲王，公卿中山忠能、正亲町三条实爱、中御门经之，诸侯岛津忠义、德川庆胜、松平庆永、山内容堂和浅野长勋（安艺广岛藩世子）；参与为：公卿岩仓具视、大原重德、万里小路博房、长谷信笃和桥本实梁，尾张藩士丹羽淳太郎、田中不二麿，越前藩士中根雪江、酒井十之丞，安艺广岛藩士詹将曹、樱井与四郎，土佐藩士后藤象二郎、神山左多卫，萨摩藩士岩下方平、西乡隆盛和大久保利通。

大家看明白了，这个新政府首脑是反幕府的炽仁亲王，成员大多是各雄藩藩臣和曾遭到幕府迫害的岩仓具视等中下级公卿，那么倒幕色彩之浓厚，是不必多言的了。

新政府人选确定以后，大家开始商量具体问题，一是怎么对待长州，二是怎么对待德川家族（幕府名义上已经没有了）。因为并没有原幕府的要员参加，所以赦免长州藩和毛利父子一案得以顺利通过；再谈德川家的问题，岩仓具视首先发言：“庆喜公辞去官职，奉还大政，可见其对朝廷的忠心。但这足够吗？不，还不够，应当让庆喜公代表德川家族‘辞官纳地’。”

幕府作为日本的权力中心，虽然在名义上算是废除了，但德川宗家仍然保留着武士最高职务征夷大将军的世袭权，德川庆喜还挂着朝廷高官大纳言的头衔，岩仓具视希望庆喜把这些官职也交出来——辞官，此外，还必须将所有德川家直辖的土地也一并交还给朝廷——纳地。

此言一出，山内容堂第一个跳出来表示反对，说："这是政变，这是暴举！庆喜公已经表示了他对朝廷的忠心了，不加以奖勉，反而要剥夺他的官职和封地吗？汝等公家不要因为天皇陛下年纪还轻，就妄图盗取权力，任意胡为！"论口才，谁也比不过不事劳作，不事耕战，每天光磨嘴皮子的公卿们，岩仓具视立刻揪住山内容堂的话柄，大声斥责道："当今天子乃是不世出的英主，今日会中商议之事，最后都得请陛下御裁，谁敢盗取权力？谁敢因为陛下年轻而大胆藐视？！"

这一声大吼，把山内容堂吓得一哆嗦，赶紧承认失言，缩到后面去了。紧跟着松平庆永也发言说，这是"刑名为先，道义为后"，怎么处理德川家，应该有德川家的代表在场，发言为自己辩护，

土佐藩主山内容堂

才能最终拿出方案来，否则就太不公平了。

　　这话说得有道理，然而此次开会，并非没有邀请德川庆喜等人，但庆喜也好，会津藩主松平容保、桑名藩主松平定敬也罢，这些最铁杆的佐幕派却害怕被围攻，遭毒手，纷纷托病不肯进入御所。这回松平庆永再提召德川庆喜前来开会，岩仓具视和大久保利通立刻一口回绝："他自己不肯来的，又不是咱们故意将其排除在外。"否决了庆永的建议。后藤象二郎装模作样出来打圆场，实际却站在他主子山内容堂一边。其余众人也立场各异，就此展开了激烈的争论。

　　这次会议是在皇宫内召开的，史称"小御所会议"。但是并非全部的议定、参与都出席了，比如西乡隆盛，他肩负警护宫门之责，一直待在会场外面。待在外面是待在外面，却不时有人向他通报会议的进程，当听说对于德川家的处理问题，与会各人争

口才了得的公卿——岩仓具视

论不定的时候，隆盛冷冷地撇了撇嘴，叫人去悄悄通知岩仓具视和大久保利通："此时口舌无用，当用刀剑！"

会议开到中途，岩仓具视宣布暂时休息，然后他就利用这个机会和浅野长勋相串联，说："只有用非常手段，才能解决问题。"意思是咱们动武吧，反正西乡隆盛领着萨摩兵就在外面哪。这话让长勋的家臣辻将曹听见了，将曹素来与后藤象二郎交好，就悄悄地通知了象二郎。象二郎赶紧去找山内容堂，说好汉不吃眼前亏，咱还是先退一步为好。

结果会议重开，一心想要既改革政治又保留德川家的山内容堂先认怂了，松平庆永、德川庆胜无力支撑大局，只得勉强同意让德川家辞官纳地。小御所会议，以倒幕派全面获胜而告终。

小御所会议的结果传到德川庆喜耳中，庆喜瞬间不知所措，麾下群臣则怒不可遏。幕府时代改易诸侯，曾经造成很多藩士直接变成浪人，俸禄全无，生计窘迫，这些情况幕臣们也都看在眼里。如今德川家就要失去全部土地了，那自己也要步那些家伙的后尘，沦落乡间。是可忍，孰不可忍！

群臣磕头如捣蒜，苦苦哀求德川庆喜，万不可接受这般"乱命"。德川庆喜这人胆子小，不爱惹事，他惹不起朝廷，更惹不起这群眼看就要没活路了的家臣，于是一方面请求山内容堂、松平庆永等人"你们再给想想办法"，另一方面给朝廷上书，说一旦辞官纳地，家臣们怕会闹出大乱子来，请求朝廷准许延期。

山内容堂等人接受了德川庆喜的哀求，开始在上级公卿间大搞串联和游说，一方面以"幕府兵力雄厚，惹急了怕对朝廷不利"做要挟，另一方面也煽动上级公卿说："岩仓、大久保之类的身分太低，又是唯恐天下不乱之徒，怎能听他们的意见呢？"力图分化瓦解倒幕派阵营。

德川家本就在大阪驻有重兵，于是德川庆喜匆匆逃离京都，前往大阪，又以"在京各藩意见不一，易起冲突"为名，把佐幕的桑名、会津等藩兵马陆续调去大阪守护，兵势更为雄厚。德川家大目付（各藩监察官）永井尚志更放出话去，说将军大人就要下诏讨伐"萨长二奸"了。这软硬两手一玩儿，软弱的公卿们就此开始摇摆。

二十三日、二十四日再次召开新政府会议，在岩仓具视缺席的情况下，山内容堂和松平庆永成了主导。既然朝廷已经下令让德川家辞官纳地了，命令不可更改，咱就在辞官纳地的具体内容上做点文章吧——辞官可以，但得保留曾经有过的官声，以后就称庆喜公为"前大纳言"好了；纳地可以，但是没说要纳多少，就让德川家缴纳新政府一笔"政务费用"，当作上交土地好了。最后，要求任命德川庆喜为议定，也参与到新政府里来。

就这样，公武合体派和佐幕派卷土重来，小御所会议的决议，彻底变成了一纸空文。眼看着改革形势就要逆转，岩仓具视之类公卿们是害怕流血打仗的，只好认怂，西乡隆盛、大久保利通等武士们可没有那么好打发，他们聚集在一起商量："时机已到，必须武力倒幕，否则，多年来的劳苦就要化为泡影。"

大久保利通提出："德川庆喜主动大政奉还，山内容堂又使新的辞官纳地案在会议中得以通过，此刻挑起战争，恐怕名不正而言不顺呀。"西乡隆盛一撇嘴："我早都计划好了，让幕府先动，咱就有借口和他们全面交锋了。"

西乡隆盛这个家伙手段是极狠辣的，他立刻下令早就埋伏在江户的棋子——萨摩藩臣益满休之助、伊牟田尚平——闹点大乱子出来，逼迫德川家抢先动手。于是以萨摩藩为后台，集合了相乐总三等大群尊王派的浪人，在江户集市上到处纵火、抢劫，把德川家的大本营搞得一团糟。

按照幕府规划，京都的治安主要交给松平容保的会津兵，而江户的治安则交给了谱代庄内藩。庄内藩主酒井忠笃，他老祖宗酒井忠次乃是德川家康麾下"四天王"之一，那对幕府当真是忠心耿耿。一听说有人在江户闹事，忠笃立刻亲自领兵前往镇压，逮住了几名浪人严刑拷问，很快就查明了幕后主使原来是萨摩。

酒井忠笃向幕府请示，应当如何惩处萨摩。勘定奉行（相当于内政部长）小栗忠顺闻听此讯怒不可遏："萨摩果真要造反吗？倘若置之不理，各藩都会起而效尤，则幕府的威信何存？"立刻命令庄内藩兵前去包围萨摩藩邸，以及萨摩的支藩佐土原藩的藩邸，一把火全都烧成了白地。

幕府大目付泷川具举和勘定奉行并（指勘定奉行的助手）小野友五郎是在当年的十二月二十八日来到大阪，上报焚烧江户萨摩藩邸之事的，这件事极大地鼓舞了城内的强硬派——"开战！杀上京都去，讨伐奸贼萨摩，拱卫天皇陛下！"虽然在他们心目中，德川氏江户幕府永远是第一位的，可是传统和舆论摆在那儿，也不可能把矛头直接指向天皇朝廷，于是只好打着"清君侧"的旗号，希望能够从萨摩、长州等倒幕诸藩手里把天皇给抢过来。

只要天皇到手，公武合体就能顺利达成，幕府就不会倒台，萨摩、长州，还有什么可闹腾的呀。群情激昂，搞得德川庆喜一时没了主意。庆喜本人是没有开战决心的——就这一点点软弱，后来直接导致了德川氏政权的彻底垮台——但扛不住强硬派的一再游说，最终在第二年也就是庆应四年（1868）正月二日签署了《讨萨表》，正式派出大军前往京都，去跟萨摩交战。

德川方共有多少兵马呢？根据统计，总数大约为一万五千人，其中既包括幕府的旗本，也包括会津、桑名等佐幕方的兵马，更包括新撰组、见廻组等准警察部队。大军分为三个部分，两部各五千，浩浩荡荡杀奔京都，剩下五千继续守卫大阪城和德川庆喜。

京都周边忠于江户幕府的各路武装

　　相比之下，萨摩兵、新入京的长州兵，以及其他护卫京都御所的倒幕派各藩兵马，总数还不到五千。以一敌三，即便萨、长的装备再精良，士卒再英勇，这仗也是很难打的，况且，幕府军还大多是法式装备，不见得比英式装备的萨、长兵差。消息传来，三条实美、岩仓具视、西乡隆盛、大久保利通等人赶紧聚在一起商议，并且做好了战败的准备。

"这第一仗，看起来是必败无疑了，重要的是要保护天皇，不能让天皇落到德川家手里！"听了岩仓具视的话，西乡和大久保连连点头，回复说："我等已有腹案。一旦情况危急，就请三条公护卫着天皇陛下换穿女装从御所逃出，前往长州暂避。再请凤辇（天皇出行的正式仪仗队）驾幸比叡山，以欺瞒敌军。只要计划周密、时机准确，则等德川军抢到凤辇，知道上当的时候，陛下已经远离京都去了。"

天皇男扮女装逃亡，这是个传统。1159 年，源义朝发动叛乱，十六岁的二条天皇就曾经这么干过；1331 年，为了对抗当时的武家政权镰仓幕府，五十三岁的后醍醐天皇也曾经这么干过。据说二条天皇是个容貌俊秀的美男子，还则罢了，那年过五旬的后醍醐长着张大宽脸，还留着威武的大胡子，竟然能够穿女装骗人，实在够搞笑的。

二十八、关原再见——鸟羽、伏见之战及其影响

庆应四年（1868）一月三日，旧幕府一万大军浩浩荡荡杀奔京都，逼近伏见和鸟羽。伏见在京都正南约十公里处，也就是今天的京都市伏见区。鸟羽在伏见的西面，也就是今天京都市南区的上鸟羽。两地都是从大阪前往京都的必经之地，可以说是京都的南大门，历来都设有关卡，所以也叫伏见口和鸟羽口。当日旧幕府一万大军分为两队，以德川步兵为主力的五千人逼近鸟羽口，主将为旧幕府大目付泷川具举；以会津、桑名等佐幕各藩兵马，也包括新撰组在内的五千人逼近伏见口，主将为旧幕府陆军奉行竹中重固。

对应旧幕府一万大军，守卫京都的新政府军数量少得可怜。当时驻守伏见口的是萨摩、长州、土佐三藩兵马两千人，驻守鸟羽口的只有萨摩和长州兵一千人。根据情报，新政府军早就做好了迎战准备，严阵以待，但他们都知道这一场仗并没有胜算，主要任务只是拖延时间，掩护天皇逃出京都罢了。

守备鸟羽关卡的将领乃是萨摩藩臣椎原小平太，他当天的打扮有点土洋结合，不伦不类。话说萨摩兵经过英国洋教习多年领导和训练，也都改了统一军服，身穿深蓝色西洋军装，腰佩武士刀，肩扛新式火枪，但脚上还按照传统穿着草鞋，头戴薄铁皮做的"半首笠"——一种头盔性质的尖头斗笠。椎原小平太呢？为了标示指挥官的身分，他在西洋军服外面罩了一件"阵羽织"，也就是

THE BOSHIN WAR, 1868-69
1: Samurai of Shinsengumi; Shogunate army, 1869
2: Satsuma infantryman; Imperialist Army, 1868
3: Choshu infantry officer; Imperialist Army, 1868-69

伏见·鸟羽之战中的萨摩军

将领在铠甲外穿着的日式无袖马甲，不戴头盔也不戴半首笠，却披着"熊篾"——原本是头盔的装饰物，好像披散着的假发。这种古怪打扮在当时相当流行，成为新政府军绝大多数将领的标准穿着。

且说泷川具举率领旧幕府军来到鸟羽口，先派人上前喊话："德川庆喜公奉朝命入京，你等速速打开关门。"椎原小平太听了这话，心中暗笑："当日朝命召庆喜开会，他不但不到，还跑回大阪去了，怎么，现在倒敢打着朝命的旗号回来。鬼才会信你呀！"于是大声回复："在下并未接到这般朝命，不能开门！"

这倒也在预料之中，于是泷川具举把手一挥："既然如此，那便进攻吧。"可是他的命令还没能下达到全军，椎原小平太先下手为强，已经命令麾下的萨摩兵平端火枪，瞄准了敌人——"射击！"

这是元月三日黄昏时候发生的事情，新政府军首先对旧幕府军打响了第一枪，著名的伏见·鸟羽之战就此展开。这一年是农历戊辰年，以伏见·鸟羽之战为发端，武力倒幕的戊辰战争，终于拉开了序幕。

旧幕府军虽然装备精良，但因为主家根基已朽，战斗激情比起新政府军来差着老大一截，那些会津、桑名等藩的兵马，装备比起萨、长等军来就根本不够看了。故此新政府军虽然以寡敌众，但仗着士气高昂，又加上道路狭窄，敌方很难全军压上，竟然一直固守到天黑也未曾落败。

战斗首先在鸟羽打响，听到枪声，伏见口对峙的双方也立刻厮杀起来。如前所述，新撰组正在攻打伏见口的旧幕府军阵营里，战场上硝烟翻腾，子弹横飞，从来就耍刀弄枪，很少使火器的新撰组员空有满腔激战的热情却根本冲不上去，急得人人跺脚，个个眼红。

当日新撰组的战场指挥官是副长土方岁三，局长近藤勇不在。近藤干嘛去了呢？原来经过多年奋斗，德川家终于答应接受全体新撰组成员为幕臣——原属会津的总警察部队，算是被中央收编了——从此近藤勇就有资格参与旧幕府方的重臣会议。就在去年的十二月二十八日——那时候德川庆喜还待在京都二条城里，没有逃去大阪——在二条城中召开了军事会议，近藤勇得以列席，会议到天黑才结束，他骑着高头大马从二条城出来，得意扬扬地回归新撰组的新屯所——西本愿寺。

自己原本不过是名乡士，在八王子耕地、学剑，谁能料到今天会成为德川的家臣，手下还管着好几百号人呢！可算是功成名就了。近藤勇越想越是得意，却不料街边突然暴起一声枪响，随即他右肩一阵剧痛，差点没从马背上栽下来。

刺客不是别人，正是新撰组的死敌御陵卫士的残党。遇刺中弹，近藤勇侥幸逃得了性命，躲进大阪城养伤去了。于是此次出阵伏见，他就任命土方岁三当指挥官，代行局长职务。土方岁三是个极有头脑的人物，知道一旦两军开战，先得枪炮对射好一阵子，才能轮到短兵相接，才能轮到新撰组发挥实力呢。于是开战前，他不知道从哪儿搞来了一门火炮，当下指挥组员把火炮推到阵前，填火药，舂炮膛，装炮弹，朝着新政府军的阵地就是连番猛轰。不过新撰组财力有限，人脉更有限，搞不到什么好东西，这门火炮也是老旧货色，对战斗基本上没什么太大的影响。

本以为敌众我寡，打没两下就得失败，新政府早就做好了撤出京都的准备，连天皇改扮的女装和化妆品都预备好了。可谁料想打了一个多小时，伏见、鸟羽俩关卡竟然一个都没丢，消息传来，西乡、大久保、岩仓等人气都足了，腰板也硬了，聚在一起商量："似乎有取胜的可能！"

西乡隆盛呼地站起身来："我亲自上前线去，定要鼓舞士气，将德川叛逆全数击退！"

"且慢，"岩仓具视拦住隆盛，然后瞟了大久保利通一眼，神秘兮兮地说，"那东西，现在应该可以派上用场了吧？"

"现在使用，正其时也。"大久保利通不禁点头微笑。

"你们在说啥玩意儿？"只有西乡隆盛一人是丈二的金刚——摸不着头脑。

元月四日，也就是伏见·鸟羽之战爆发后的第二天，新政府百官聚集在御所内开会。听闻德川大军压境的消息，某些人忧心忡忡，某些人却面露喜色——当然，就算再同情甚至是拥护德川家，在这种情况下都不敢提出投降或全面撤退的主意来。

会上，岩仓具视提出建议，德川大军逼近京都，反形已彰，必须下旨讨伐。经过反复磋商，最终确定让议定仁和寺宫嘉彰亲王担任征讨大将军，率军增援伏见、鸟羽，征讨旧幕府军。按照传统，年轻的明治天皇主持了出征仪式，并且赐予嘉彰亲王御剑和锦旗。

"把锦旗打起来呀！"岩仓具视高声吩咐。

代表天子征伐的锦旗共有两种，一是日轮旗，一是菊纹旗。

咱们先来描述一下日轮旗，基本样式是红底上绘有一个金色的太阳。按照日本神话传说，最重要的创世神为伊邪那岐和伊邪那美兄妹夫妇，他们生下了日本列岛和大群自然神，其中最尊贵的三个神是治理天界的太阳神天照、治理"夜之国"也即冥界的月神月读，以及治理海洋的须佐之男。日本天皇自称是天照大神的直系后裔，所以太阳就成了皇家的当然标志。

此外，天皇徽章是十六瓣花瓣的菊花，所以红底或白底的菊纹旗，也算是皇家标志。后鸟羽、顺德两位卸任天皇起兵讨伐镰仓幕府，就曾经给麾下十名武将颁发过锦旗；到了14世纪，后醍醐天皇率军倒幕，也照章办理过。高张锦旗，是为了表明己方才是堂堂正正的官军，而敌人都是叛贼。

　　拉回来再说伏见、鸟羽方向，战争很快就进行到了第三天，也就是元月五日，一大清早，旧幕府军发动了全面突击，新政府军终究兵力有限，阵地很快就被撕开多个缺口。"杀呀，把萨摩和长州的奸贼全部杀光！"旧幕府官兵挥舞着刀枪冲入关卡，最后的搏杀战就此全面展开。

　　正在这个时候，突然京都方向出现了大片旗影——"是敌人的增援吗，来了多少？"旧幕府军抬头望去，一看对方的援兵倒不算多，也就一两千人，然而可怕的是，其间夹杂着不少日轮或十六瓣菊的大红色或白色锦旗——不是一面锦旗，竟然有数十面之多！这是岩仓具视珍藏许久的法宝。

SHOGUNATE ARMY, 1860s
1: Infantryman, Sampeitai, 1866
2: Infantryman, Denshutai, 1867
3: Cavalryman, Denshutai, 1867

伏见·鸟羽之战中采用法式装备的旧幕府军

所谓名正才能言顺，言顺才能事成，岩仓具视深知，只有高张朝廷的旗帜，以天皇号令天下，才能最大程度地鼓舞本方士气，讨平江户幕府。所以他在三个月前就和大久保利通，以及长州的品川弥二郎商议，偷偷制作了日轮锦旗两面、红白两色的菊纹旗各十面，一半送给长州，另一半留在萨摩藩邸。

这回既然向天皇请下了代表皇家的锦旗，岩仓具视就叫萨、长两藩把那些私造的锦旗全都亮了出来，几乎是同时出现在伏见和鸟羽战场上。锦旗的威力是巨大的，终究无论旧幕府，还是桑名、会津等佐幕诸侯，甚至包括新撰组，每个人心目中都仍然有朝廷存在，每个人都不得不承认天皇才是全日本的最高统治者，他们和倒幕派的差别，仅在于天皇算虚位元首还是实位元首，新政府应该由德川家来领导还是由倒幕派来领导而已。此刻敌人高扬起皇家御旗，表明了官军的身分，旧幕府方的武士们人人胆落——"他们是官军，难道我等倒全是叛逆不成？！"

旧幕府方的士气就此一落千丈，从泷川具举等指挥官以下，几乎是人人掉头就逃。他们首先逃向附近的淀城，可是淀藩害怕被官军指斥为"朝敌"，紧闭城门，不放残兵进入，于是他们只得再逃入津藩领内——津藩又名安浓津藩，乃是死硬的佐幕派。元月六日，新政府军乘胜追击，开炮猛轰津藩的主城津城，旧幕府军至此全面崩溃。消息在当日晚间传回大阪，德川庆喜肝胆俱裂，连夜乘坐军舰"开阳丸"驶离大阪湾，逃回江户去了。

第二天一早，残兵纷纷逃入大阪，他们还商量着要凭借大阪的坚固城防抵御新政府军，寻找时机发起反攻呢，可是哪儿都找不到德川庆喜的影子。"大树倒了么？！"大家伙儿又是悲痛又是灰心失望，鸟无头不飞，人无头不行，就此一哄而散。伏见·鸟羽之战，终于以新政府军的全面胜利拉下帷幕，但对于倒幕之战来说，这还仅仅是开始而已。

反映德川庆喜从大阪狼狈出逃的浮世绘

　　末代将军德川庆喜究竟是个怎样的人呢？身为旧势力的总代表，他维护旧势力的努力却实在有限。后世有人评论说，庆喜本人也深受尊王思想的影响——他终究出身水户藩，老爹是水户学说的领军人物德川齐昭——因此本没有对抗朝廷之心，全因时势所迫，才站在了新政府的对立面上。庆喜本人也早有交出政权之意，这从他多番推辞就任幕府将军就可以看得出来，若非旧幕府内部主战派的围攻，或许战争根本就不会爆发吧，一切流血、死亡都将被阻止，日本将会从幕藩政体和平地过渡到近代议会政体。

　　但这种种猜测，其实都是在做梦。混乱时局下，绝大多数人都无法看清历史的走向，他们首先关心的是自己的利益，或起码是自己的存亡。德川家族统治日本数百年，拥有数万幕臣，倘若将政权奉还给朝廷，大多数幕臣身分都会降低，甚至还可能失去生活来源，这就是他们簇拥在将军身边，不惜以武力驱逐萨摩、长州倒幕派的原因。即便德川庆喜真的心向朝廷，心甘情愿交出大权，他也很难约束自己的部下不闹出乱子来，这从以后的历史可以很清楚地得到证明。

　　倘若庆喜真是个有能力的人，有魄力的人，他或许将把日本历史朝向两个彻底极端的方向推动——一是死不认输，顽强抵抗，就此造成长年的内战；二是压制主战派，尽量提供新政府积聚力量的时间，即便最终不能阻止战争，也能将战争规模压缩到最小。

　　然而庆喜却几乎什么都没有做，他既无力压制主战派，也没有魄力把战争进行到底。伏见·鸟羽才输了第一仗，他老兄就浑身筛糠，抛下为德川家尽忠的部下们，连夜乘船逃回江户去了。一言以蔽之，这家伙的性格就是——软弱，彻底的软弱。江户幕府最终交到他手上，是德川家的大不幸，对于维新来说，也未必就能算是件好事情。

身着法式军服的德川庆喜

　　元月十一日，末代将军德川庆喜乘船回归江户。江户城内上上下下，从宫中女眷、幕府重臣直到卫兵和奴仆，大家全都吓了一大跳——刚传来消息说开战，怎么将军大人就灰溜溜逃回老家来了？咱们败得有那么惨吗？重臣们聚集在一块儿商讨对策。这时候在旧幕府内部执掌大权的早就不是"老中"们了，而是德川庆喜新近提拔的一批有能之士，原本身分大多不高，包括军舰奉行胜海舟、海军副总裁榎本武扬、步兵奉行大鸟圭介，还有咱们前面提过的那位勘定奉行、新近兼任海军和陆军奉行并的小栗忠顺。

　　大鸟圭介首先提出："将军大人既然回归江户，群龙无首，则大阪必不可保。萨贼定会煽动朝廷发兵关东，直取江户。我等应当在东海道的箱根山和中仙道的碓冰岭一带构筑防御阵地，准备打一场大仗。"日本古代以京都为中心，官修了数条大道通向东西两侧，向东的由北而南就是北陆道、东山道（江户时代称为中山道或中仙道）和东海道，后来这些大路名称又转化为沿途的地区名称。

　　且说听了大鸟圭介的话，榎本武扬也连连点头："在下认为，主战场应该是东海道，在下将亲率舰队沿岸而下，配合陆军，一举将敌人击溃。"说到这里，他转头望了一眼小栗忠顺："但不知军费方面……"小栗忠顺胸有成竹地回答说："请放心，我已经和法国领事接洽过了，他们不仅不会撤走教习，还答应暂借军费，帮幕府打赢这一仗！"

　　三个人你言我语，商量得很起劲，但却被胜海舟当头浇了一瓢凉水："你等只想大战一场，却丝毫也不考虑后果吗？伏见•鸟羽之战，我方兵力强过敌人数倍，却被几面锦旗就吓得全面溃逃，即便在箱根和碓冰迎敌，倘若锦旗再出，能保证定有胜算吗？一旦战败，数百年繁华的江户城将化作一片火海；若是打个平手，全日本都会卷入战火，绵延不绝。你等口称对幕府的忠心，其实只想着个人建功立业，完全不把德川家的安危放在心上，更不把日本的未来放在心上！"

　　虽然身为幕臣，但胜海舟和小栗忠顺等人不同，他出身更为低微，并没有丝毫愚忠的思想。拥戴幕府，是因为幕府是全日本的代表，自己期望幕府可以领导日本走向明天；如今理想已经彻底破灭了，幕府的灭亡只是时间问题和形式问题罢了，既然如此，为了日本的明天，为何还要罔顾人命地顽强抵抗呢？况且，从庆喜将军逃归江户也可以看得出来，将军本人是没有抵抗到底的决心的，光这几个人喊打喊杀，又有什么用！

　　胜海舟向德川庆喜提出建议，希望能够和平解决与朝廷的争

江户幕府的『军舰奉行』胜海舟

端。软弱的庆喜本来就怕打仗，听了海舟的话，好像找到了主心骨，于是立刻升任海舟为海军奉行兼陆军奉行并，不久又提升为陆军总裁，要他全权负责战争进程——是战是和，怎么和，你看着办吧。

德川庆喜前脚离开大阪，以萨摩、长州两藩藩兵为首的新政府军就杀入了大阪城。西乡隆盛进城以后第一件事就是调查府库——德川家终究财雄势大，谁都没盼望几个月就结束战争，那么打仗就需要有钱——可他跑进库房一看，眼珠子瞪成了鸡蛋大，里面竟然空空如也，什么都没有了！

东西被谁运走了呢？原来抢先下手的是幕府勘定奉行并、主战派的小野友五郎。正当鸟羽、伏见恶战之时，萨摩的军舰也开向大阪湾，想要封锁港口，幕府海军副总裁榎本武扬率舰队迎击，虽然损失惨重，好歹没让萨摩得逞——德川庆喜因此才能顺利离开大阪，逃归江户。庆喜才刚离开，小野友五郎就知道情况不妙——主帅都落荒而逃了，大阪还有可能守得住吗？于是他下令把库里的十八万两黄金全部搬上榎本武扬的军舰，跟在庆喜屁股后头驶回江户去了。

如今新政府军进了城，西乡隆盛面对空空荡荡的仓库，气得连咬牙带跺脚，却终究于事无补。打仗本就是花钱的买卖，这没钱可怎么打仗？

江户幕府虽然腐朽，虽然多次遭逢财政危机，终究瘦死的骆驼比马大，两百多年的幕藩体制和参觐交代制度，使得各藩的金子哗哗地往幕府流，虽经多年改革强国，萨摩和长州加起来都凑不出这十八万两黄金。如今幕府得着了这笔黄金，他们背后还有法国佬做靠山，能够商借外债，短时间内军费不愁。新政府这边就不同了，朝廷是个空架子，各藩肯出兵就不错了，再要他们出钱，非跟你急不可。

　　怎么办呢？难道被迫要向英国人去商借？那维新之战不就变成英法两强的代理人战争了吗？你幕府可以不顾大局，不管将来，不要脸面，让法国佬插手战争，他们得寸进尺，说不定将来还会把整个日本都献给法国，咱可不能这样干！

　　西乡隆盛急得团团转，好像热锅上的蚂蚁。还好在这个时候，突然有根救命的稻草浮上水面，被他一把揪住——这根稻草，就叫作三野村利左卫门。这位三野村利左卫门，乃是幕府御用钱庄三井组的大番头，按现在的话来说，就是总经理。三井组原本不过是伊势国松坂地方的服装商，近十几年来转做钱庄生意，利左卫门还巴结上小栗忠顺，成为幕府御用的全日本首屈一指的大豪商。如今眼看幕府垮台在即，小栗忠顺的日子也不好过，利左卫门思来想去，咱还是改换门庭，去资助新政府吧。

江户时代的三井家店铺招牌

三井组当即向新政府献上十万两黄金，并且献策说可以帮忙向大阪、京都等地的豪商们再借三百万，请政府承诺战后用地租来缴还。有了商人们的支持，新政府一下子变得财大气粗起来，于是商量着立刻集结兵马，讨伐"逆贼"德川家。三井组就此冒出头来，后来与住友、三菱并称日本"三大财阀"。

二十九、无血开城——德川家族的一败涂地及江户的易手

元月七日，新政府正式颁布了对德川庆喜的"追讨令"，十日，下旨剥夺庆喜，以及会津藩主松平容保、桑名藩主松平定敬的一切官位，并将原幕府"天领"收归朝廷直辖。随即集结各藩兵马，于二月九日任命政府总裁有栖川宫炽仁亲王为东征大总督；十五日，五万大军离开京都，分别从北陆、中仙、东海三道直进，气势汹汹杀往江户城。

事情都到了这个份儿上了，倒幕已是大势所趋，包括山内容堂、松平庆永、德川庆胜在内的公武合体派或佐幕派议定们也只好低下头去不再言声，土佐、越前福井、尾张等藩兵马也陆续加入到新政府军的队列中去了。

咱们暂且放下东征，先简述一下西日本的形势。日本列岛，最大的就是本州岛，而京都差不多是位于本州的中部。在地图上以京都为中心，先画一个小圆，包括本州岛的中部区域，由此往东，是江户所在的关东地区，还有北陆地区和东北地区；由此往西，就是四国岛、九州岛，还有习惯上被称为"中国地区"的本州岛西部。

九州本就基本上算是倒幕派的势力范围，南部有萨摩，北部有佐贺。伏见·鸟羽之战的消息一传过来，幕府派驻的长崎奉行、西

迅速平定西日本的新政府军

国郡代等官吏无不闻风丧胆，纷纷下海逃命去了。佐幕各藩一开始还想联合起来抵抗，却慑于萨摩的威势，均持观望态度，谁都不敢动兵。从正月一直拖到闰四月，没怎么交火，九州就彻底平定了。

四国平定得更快。原本两头摇摆的土佐藩和宇和岛藩既然已经归从了新政府，那么周边丸龟、多渡津等外样各藩也都不敢参毛，纷纷派出兵马与土佐军会合，进攻旧幕府的亲藩——赞岐高松和伊豫松山。正月二十日，高松藩打开城门，表示恭顺，两名佐幕派家老被逼切腹自杀；二十七日，松山藩也弃甲归降。四国全境就此归从新政府指挥。

对于本州岛西部地区，新政府展开了两路夹击。一路是最西面的长州藩，趁着挥师上京的机会，沿着山阳道（本州岛西部的南线主干道）一路走一路威逼；另一路是委派公卿西园寺公望为山阴道（本州岛西部的北线主干道）镇抚使，率军西进。在强大的武力威慑和宣传攻势下，中国地区的佐幕各藩——比如丹波龟山、丹后宫津、出云松江等等——无不望风归降，中国地区没有流一滴血，就统一在新政府麾下了。

以京都为中心，咔嚓一刀把日本从中切开，东日本还有一多半的土地归属旧幕府或者向背不明，西日本可全都归了新政府了。戊辰战争就此进入了高潮，美国有南北战争，日本这场仗也可以算是"东西战争"。

朝廷下诏讨伐德川氏旧幕府的消息报到江户，德川庆喜手足无措，只好再召胜海舟来商量。海舟给他出了三个主意：一、请求山内容堂和松平庆永两位帮忙向朝廷说好话，表明自己并没有抗拒新政府之意，伏见·鸟羽第一枪也不是德川家打的；二、庆喜立刻自请"谨慎"，面壁思过；三、找个替罪羊关起来，以示我方诚意。

找谁当替罪羊呢？胜海舟明白，新政府东征大军虽然打着朝廷的旗号，主力却是萨摩、长州和土佐等藩的私兵，虽然主帅是炽仁亲王，担任参谋一职的西乡隆盛才是真正说了算的人。西乡隆盛最恨谁呢？是谁把大阪仓库给搬空了的？可怜的小野友五郎就这么给关了起来，德川庆喜宣布他"妄启战端，抗拒朝廷，本当死罪，格外开恩，减一等为无期徒刑"。

然后二月十二日，德川庆喜就悄然离开江户城，跑到北边五公里外的上野宽永寺面壁反省去了。胜海舟出的这些主意，庆喜将军是照单全收，主战派小栗忠顺等人倒也并没有什么不满——反正指挥作战，庆喜公也派不上用场，他早早离开江户城躲出去，倒不失为一条保住性命的安全之策。小栗忠顺早就完成了一整套战略方案，成竹在胸地来找胜海舟，提出建议说："前次所言在箱根迎敌的想法，有些过于轻率了。在下与法国教习详细研讨过，不如放萨贼通过箱根，然后派遣海军突袭骏河湾，断其后路。如此一来，东海道萨贼定会

江户城内最为坚决的主战派——小栗忠顺

遭到包围歼灭，江户城和德川家也便安泰了。"

　　据说事后长州的大村益次郎听闻这个方案，不禁抹一把额头冷汗："太危险了，倘若德川军真的如此行动，我方将会陷入万劫不复之地。"可是为什么德川军最终并没有这么做呢？原因很简单，小栗忠顺当场就遭到胜海舟一口回绝："不行。"胜海舟心里这个气呀，你们竟然还在喊打喊杀，就算真的歼灭了官军又如何？战争会以德川家的全胜而终结吗？一旦战争长期化、胶着化，列强在旁虎视眈眈，日本就不会再有明天了！胜海舟打定了主意，在保全德川一门的前提下，以和为贵。

　　三月五日，新政府东征军主力经东海道东进，开入骏府城，将此地作为东征军总督府的大本营。骏府乃是江户幕府除江户、大阪外的第三个重要基地，当年德川家康宣布退隐，把将军之位传给儿子德川秀忠以后，就长年留在骏府玩幕后操纵。如今骏府却变成了打倒德川家的大本营，历史真是开了个有趣的玩笑。

担任新政府『东征大总督』的炽仁亲王

　　翌日，总督府召开军事会议，确定了十五日对江户城展开总攻。会议结束，大总督炽仁亲王刚回到内室，突然侍卫前来禀报："轮王寺宫大人在外求见。"轮王寺宫乃是法亲王，也就是位出家为僧的亲王，担任宽永寺主持，法号公现。听闻轮王寺宫公现法亲王来到，炽仁亲王立刻吩咐快请。不出他的所料，法亲王此来之意，乃是为德川庆喜求情，希望新政府军能够立刻后撤或起码延缓对江户的总攻。

　　"朝命在身，恕难从命。"眼见德川家灭亡在即，法亲王再口绽莲花也是说不服炽仁亲王的。其实自从德川庆喜跑去宽永寺面壁思过以来，他就多次派人去京都或者东征军内部，拉关系，套交情，帮自己求情。然而这时候无论新政府还是东征军都彻底是倒幕派的天下，恨不能一脚就把旧幕府剩下的空架子彻底踢翻，没人再可怜他德川庆喜。即便最终出动法亲王，仍然只得空着两手，垂头丧气地回归宽永寺。

德川庆喜的诸般努力全都化为泡影，胜海舟方面却不一样。海舟轻易不出手，一出手就力求必中。他直到三月九日才派遣使者前往骏府，但并未求见名义上的大总督炽仁亲王，却将一纸书状献到了参谋西乡隆盛手里——"只求保住德川家和庆喜公的性命，有什么条件，请尽管提出来吧。"

胜海舟派去和西乡隆盛谈判的使者，乃是个非同寻常的人物。此人高身量，大脑袋，宽肩膀，相貌堂堂，名叫山冈铁太郎高步，别号铁舟。胜海舟、山冈铁舟，还有一位高桥泥舟，都是当时幕臣中大名鼎鼎的人物，合称"幕末三舟"。后人评价说："朝敌德川庆喜有家臣山冈铁舟盛风凛凛。"虽然是打着恭顺朝廷、乞

幕府特使山冈铁舟

求活命的旗号来的，铁舟的态度却丝毫也不谦卑，不仅如此，他似软实硬，逼迫西乡隆盛立刻停止计划中对江户城的进攻。

　　一方面晓以大义："庆喜公已然前往宽永寺谨慎（一种惩罚方式），向朝廷表达恭顺之意了，官军再进攻江户，就是名不正，言不顺，并且罔顾百姓生命安危！我等皆盼望和平到来，日本从此国富民强，何必定要内战不休，将国家置于危亡的境地呢？"另一方面威吓西乡隆盛："江户城内，幕臣尚有数万，倘若断其生路，则人人奋勇，拼死而搏，官军有必胜的希望吗？即便取胜，恐怕也会损失惨重，死伤枕藉吧。若要强攻江户，我等将纵火把城池烧为白地，以焦土相对，关东向北是群山密林，撤退到彼处顽强抵抗，官军要多长时间才能剿灭？"

　　堂堂一番话说出来，西乡隆盛不禁陷入了沉思。对于攻克江户城，他本人信心满满，但正如山冈铁舟所说，倘若幕臣们焦土抗战，这场仗就不知得哪年哪月才打得完了。日本明天不明天的暂且不论，东征军的军费可又有点捉襟见肘了，能够维持多长时间还真不好说。为了筹措军费，新政府不久前接连食言而肥，恐怕会遭万世唾骂的事情都干出来了，倘若还不撞南墙不回头，最终会酿成何种苦果，那是谁都不希望看到的呀！必须承认，这个时候的日本，已经开始显露出民本主义的苗头来了。

　　一千多年的日本历史，贵族、武士们打来杀去，从来就没老百姓什么事儿，也从来没人理会过百姓的想法，但维新新政府不同，大部分成员终究羞答答地打开半扇国门，接触到了欧美资本主义国家的部分社会制度和政治思想，他们认识到想打赢对幕府的战争，就得最大限度煽动和利用老百姓的热情。

　　中国人早就知道"得民心者得天下"，因为两千年来农民是社会的基础，农民暴动掀翻了一个又一个王朝；日本人不明白这一点，因为虽然农民也是日本封建社会的基础，但却很少有纯农民力量颠覆领主的事例，席卷全国，改朝换代，更是前所未闻。日本古代的贵族和武士打仗，张锦旗，称正统，都是做给同一阶级的中央或地方势力看的，不是做给农民看的。

这回新政府军东征讨伐德川家族，情况却有所不同，不仅仅打出了御赐的锦旗，还由品川弥二郎填词，大村益次郎谱曲（这家伙倒真是多才多艺），做了首儿歌到处传唱："亲王呀亲王的御马前，随风飘扬是什么旗？干到底呀干到底。那是征伐朝敌的御锦旗，干到底呀干到底！天子呀号令传四方，抗拒朝命是什么东西？干到底呀干到底。萨长土的战士奋勇出击，干到底呀干到底……"

为了最大限度地鼓舞各地农民支持官军，骚扰德川家的领地，新政府还灵机一动想出个好主意来，下令"年贡半减"。要说江户幕府时代，各地农民的负担是很沉重的，他们必须把收成的相当一部分缴给领主老爷，称为"年贡"。本来日本封建社会的架构比起中国来相对简单，没有那么多层次的盘剥，上级领主的收入得自于下级领主，农民不必多重交税，不必交了官府再交地主。可是领主老爷们设定的"年贡率"实在高得离谱，按幕府的规定是"四公六民"，也就是说农民要把收获物的40%上交给领主，这还不算领主额外加派的劳役，以及各地诸侯为了应对财政危机而临时更改税率（八公二民竟然都有人收过）。

德川家康就曾经说过这样的话："对于农民，既不要把他们饿死，也不要让他们踏实活着。"因此江户幕府时代，尤其是中后期，各地农民暴动是很常见的事情，只是因为诸侯分封和农村独立性强等原因，没能引发全国规模的大起义而已。对于维新新政府来说，一方面要避免这种暴动延续到推翻幕府以后，另一方面也希望利用这种暴动，牵制和削弱旧幕府的力量，所以才会下达"年贡半减令"，以宣扬新政府的德政。

　　为了宣传德政，西乡隆盛相中了一个人，也就是咱们前面提过在江户城里放火抢劫，逼迫幕府抢先动手的那个相乐总三。相乐总三本是下士出身，了解农民百姓的疾苦，他同时又是聚拢来成为萨摩藩打手的各地浪人的总头领，这个任务交给他，那真是再放心不过了。

　　于是总三在接到命令以后，立刻邀请原御陵卫士铃木三树三郎等人加入，组建了一支"赤报队"，名称的含义就是"赤心报国"，拥戴公卿高松实村为盟主，总三是实际上的负责人。赤报队从京都出发，沿中仙道向信浓国前进，赶在东征大军之前到处宣传"年贡半减"，发动农民，造德川旧幕府的反。

　　可是赤报队前脚才走，新政府后脚就突然犯了难，觉得这条新政策很难贯彻下去。为什么呢？原因之一，农民暴动不仅仅打击德川家的势力，也很有可能影响到倒幕各藩的利益；二、向豪

赤报队成员的照片

商借的那三百万两军费，得在战后靠年贡偿还，倘若真的年贡半减了，政府得还到哪年哪月去呀？

于是新政府食言而肥，不仅如此，还极其卑劣地宣布赤报队为假官军，他们所宣扬的任何政策都是扯谎。赤报队就这样被取缔了，以相乐总三为首的诸多干部也遭到新政府军的逮捕甚至是处刑。总三本人是于三月三日在信浓境内被东征军斩首的，享年只有三十岁。这一冤案要到整整六十年以后的1928年才得以平反……

维新新政府从成立之初，就不是一个关心平民百姓的政府，他们明摆着不需要农民的力量，也打算在维新以后继续残酷地压榨农民。虽然对于这一点，从年轻时代当郡方书役佐的时候就很同情农民的西乡隆盛未必赞同，却也根本无力回天。

山冈铁舟跑来骏府城和西乡隆盛谈判，这个时候的隆盛正为军费问题犯愁。商人们的借款就快周济不上了，真要强攻江户城，甚至按铁舟所言准备打一场长期战争，非把新政府彻底搞破产了不可。正因为如此，再加上害怕引发长期战争的英国人在背后施压，于是在跟铁舟会面以后，从来倒幕最坚定的西乡隆盛也不得不放软身段，当场写下《德川处分案七条》，答应保留德川庆喜的性命和德川宗家的部分领地。同时，命令已经越过箱根天险、逼近江户的东征军也原路撤回，暂停十五日总攻江户城的计划。

三月十四日，西乡隆盛来到江户城下町的萨摩藩邸，在这里接见了胜海舟。海舟胆子真大，只带着一名随从，就出城来跟敌方将领会面了，他提出：“在下不愿见到江户城内和城下町的百姓受到任何损害，愿意无血地打开城门。只请阁下宽放德川家一马。”西乡隆盛点头应允。

四月四日，朝廷敕使桥本实梁和柳原前光来到江户城中，下达最后通牒，要求十一日必须打开城门，由新政府军接管江户。

十日，胜海舟在宽永寺内接受了德川庆喜的全权委托。十一日清早，庆喜便按照预先商定的方案离开宽永寺，回老家水户隐居反省去了，随即江户城门大开，东征大军浩浩荡荡进入城中。后人称此事为"大江户无血开城"。

西乡隆盛和胜海舟会见地点的纪念碑

庆应四年（1868）四月十一日晨，大江户无血开城，东征军参谋、萨摩藩士海江田信义率领萨摩、长州、尾张、肥后等七藩的兵马率先策马而入。信义随即下达命令，派尾张藩兵警护和巡查各门，派肥后藩兵去收缴城内的武器。肥后藩兵忙活了大半天，结果只收容了二百名旧幕府士兵，收缴到七百二十二支火枪——堂堂一座江户城，应该不会就这么点警卫人马和武器装备吧？原来从当年二月份开始，知道大势已去无可挽回的旧幕府家臣们和会津藩兵就陆续潜出城去，还把城内最精良的武器也带走了，据说，仅开城前一天逃出的兵将就有二千多名！

　　江户城按照日本古代行政区划，位于武藏国，武藏以北是上野国（和宽永寺所在的上野地区，是同名异地），上野以东是下野国。下野国北部多山，其中最有名的一座叫日光山，建有供奉德川家康灵位的奢华宏伟的日光东照宫。日光东南平原上还有座宇都宫城，乃是幕府谱代奥平家的领地。

　　旧幕府步兵奉行大鸟圭介就在开城前悄悄潜往宇都宫城，并且很快聚拢了大群逃出来的幕臣——也包括以土方岁三为首的新撰组——打算等待时机，和新政府军恶战一场，夺回江户。这支队伍对新政府东征军构成了极大的威胁。

旧幕府步兵奉行大鸟圭介

　　况且，这个时候的江户城及其城下町，早已不复昔日繁华。一方面，按照幕府的规定，各地诸侯都必须把妻子送来江户城下居住，这群人再加上他们的护卫、仆佣，占了城下町人口的将近半数，因为维新倒幕，他们大多都撤回各自的领地去了；另一方面，害怕战火烧到江户，大批城下居民抢先逃离——这时候江户城下町里占人口比例最高的，反倒是旧幕臣和各地的浪人。东征军搞不定这票旧幕臣和浪人，也没有足够经费长期驻扎在江户，于是就考虑组建一支准警察部队——就像原本在京都的新撰组、见迴组——来维持治安，保证和平过渡。找谁好呢？查来查去，嘿，这不现成就有一支队伍吗？

　　这支队伍原本名叫"尊王恭顺有志会"，是由幕臣本多敏三郎、伴门五郎、涩泽成一郎等人于二月份组建的，口号是"警护将军，讨灭萨贼"，后来改名为"彰义队"，头取（首领）是涩泽成一郎，副头取是天野八郎。彰义队并不仅仅是幕臣们的组织，只要尊王佐幕，谁都可以加入，包括各地浪人，甚至江户町里的流氓、侠客、赌徒们全都呼啦啦地拥了进去，东征军进入江户的时候，彰义队总数竟然已经超过了两千人。

　　既已无血开城，就没有在江户再打一场仗的道理，对付彰义队，与其取缔倒不如招安。于是东征军就把维持江户治安的重责交给了彰义队——这是一项无可奈何的大失策，比把饿狼扔进羊群还不靠谱！先不提彰义队对德川家的忠心，对新政府和东征军的仇恨，成员品流复杂更是个大问题。咱们前面说了，江户城中的浪人、侠客，甚至赌徒、流氓，只要抱有尊王佐幕的理念，全都可以加入彰义队。这支队伍虽然像新撰组一样拥有统一的制服（水色外套）和队旗（日轮加一个"彰"字），内部管理能力可比新撰组差太远了，见天在城下町打砸抢烧，胡作非为。新政府军前往阻止，自然会和彰义队起冲突，流血伤亡事件层出不穷。

　　胜海舟实在看不下去了，跑去找西乡隆盛，提出："还是下令取缔彰义队吧。"隆盛垂着头不说话，那意思是："麻烦呀，难办呀。"新政府军还在忙着进攻宇都宫呢，哪有余力两线作战呀，况且，倘若在江户城内酿成大规模流血冲突，大本营不稳，前线的仗也不可能打得赢。胜海舟只好再去找老朋友涩泽成一郎："你要是管不好自己的队伍，还不如快快撤出城去。我费尽心机和口舌才使得江户城不陷入硝烟血海，可别让你们给破坏了，由你们引发新一轮战争！"

　　涩泽成一郎也不想看到那悲剧的一幕——"我们想要为庆喜公鸣冤，想要讨伐萨贼，但现在还不能动手，得等朝廷下达对德川家的正式处分才行，倘若朝廷真的宽大为怀，又何必多造杀业呢？可是万一朝廷在萨贼的操纵下下达乱命，战争便一触即发。可不能在江户城里打，我们得暂时撤出去才行。"

　　于是他召集干部们来商议，打算撤出江户，退到日光山上去。可是这提议立刻就被副头取天野八郎给一口否决了："不行，咱们得待在江户城里，随时做好夺回大江户的准备！"两人谈来谈去谈不拢，天野八郎一怒之下，干脆把涩泽成一郎给软禁了起来。

　　彰义队就此分裂。不久后，涩泽成一郎在亲信的协助下逃了出来，另组"振武军"，率领四百余人撤出江户。彰义队的首脑位置和主要力量，就此落入激进的天野八郎手中。新政府东征军三路并发，东海道一路敲开了江户城门，中仙道一路也快速挺进，先后在甲斐国的胜沼打败甲阳镇抚队（由新撰组改编而成），在下野国的梁田打败旧幕府冲锋队，四月间与东海道方面军会合，夹攻宇都宫城。从十九日到二十三日，连续四天的激战，终于攻克宇都宫，大鸟圭介、土方岁三等人率领残兵向东北地区溃逃。

　　前线捷报频传，西乡隆盛心里有了底，于是在五月一日，新政府终于下令取缔彰义队。天野八郎怒不可遏，于是退到德川庆喜曾经面过壁的上野宽永寺，拥戴主持轮王寺宫公现法亲王（就是曾经前去骏府帮德川庆喜求过情的那位），勾结仍在周边地区闹事的那些旧幕府残兵，正式和新政府军开战。彰义队二千人，占据了有利地形，新政府此时驻扎江户的不过三千来人，根本没有力量一口就把敌人吃掉，前线攻取宇都宫的兵马还在追击残敌，一时也调不回来，这可怎么办呢？西乡隆盛这个愁呀，只得派人前往京都去求取援军。

五月中旬，京都终于派人来江户了，然而并不是兵马，也没有火枪大炮，新政府只派了一个人来，穿着件简朴的和服，看长相简直像个老农——

"在下军防事务局判事，兼领江户府判事，大村益次郎永敏是也。"

西乡隆盛就和大村益次郎讨论彰义队问题，隆盛是底气全无："彰义队人数众多，装备也不算差，固守上野宽永寺，就在江户边儿上，这一仗实在很难打。更糟糕的是，江户城里的老百姓很多仍然心怀德川家，同情彰义队……"

"再难打也得打这一仗，"大村益次郎紧皱着眉头，"宇都宫的战事才刚结束，日光山中仍有敌军潜伏，田无（即今天的东京都田无市，在江户西方约十五公里外）还有振武军，倘若他们和彰义队合成一气，江户城就危险了。必须抢先动手，一战攻克上野宽永寺！"

西乡隆盛直摇头："这仗我可打不了，你有本事你来指挥。"

"既然奉了朝命来到江户，我自然要指挥打赢彰义队，"大村益次郎点点头，"交给我吧，就定在十五日对宽永寺展开全面进攻。"

"预计这仗要打多长时间？"

"一天。"

大村益次郎口出狂言，声称一天就能打败上野彰义队，西乡隆盛听了，差点没当场噎着。驻扎江户的新政府军就这么多人马，加上大村一个，就能那么迅速地扫平彰义队？简直杀了他的头都不带信的。可眼看着大村益次郎信心满满，西乡隆盛也有点乐意见到长州佬吃瘪，干脆生咽下疑问，全权委托益次郎指挥这场战斗。

其实对于解决彰义队的问题，大村益次郎是成竹在胸，向西乡隆盛拍胸脯做保证之前，他已经做了大量功课，对驻江户新政府军各部的素质、配备，以及宽永寺周边地形，都已经探查得一清二楚了。他知道这是一场硬仗，相当难打，但倘若不能在一天之内扫平彰义队的话，说不定各路守旧势力都会赶来增援，江户城下町同情彰义队的市民也会闹事，真到了那个时候，局面就会糜烂到不可收拾了。

宽永寺在江户的西北方向，南北两头尖，中腹宽，格局有点像个枣核。寺庙的正门朝南开，名叫黑门，黑门往北是山王台和吉祥阁，再往北偏西就是彰义队的大本营寒松院。从黑门到寒松院，紧靠寺庙西南墙有个不小的池塘，名叫不忍池，不忍池往西是富山藩邸，再往西是加贺藩邸，往北是水户藩邸。

大村益次郎决定分南、西两个方向进攻宽永寺：分派最具战斗力的萨摩兵从正面黑门攻打，以肥后和因幡、鸟取两藩之兵辅助进攻；加贺、肥前、越后、尾张、津、备前等藩兵马从不忍池方向发起进攻；长州、大村、佐土原等藩兵马则攻打宽永寺西北面的谷中门和清水门。

计划书递到西乡隆盛手里，隆盛看了，不禁大吃一惊——这不明摆着要让萨摩兵去和敌人硬磕，其余各藩只是配合进攻吗？黑门南方，一边是不忍池，一边是河沟，地势非常狭窄，强攻黑门的话，肯定会引发最惨烈的肉搏战的。他紧盯着大村益次郎，反问说："你打算让萨兵全灭吗？"大村益次郎点点头，面无表情地只回答了一个字："然。"

别看东征军从京都出发的时候只有五万兵马，幕府方按极限算，撑死了"旗本八万骑"，仅剿灭上野彰义队一场战役，也不过三千对两千而已。然而日本的国情和世界其他国家都不同，诸侯们割据林立，并不简简单单西军（新政府军）五万、东军（旧幕府军）八万而已，各地大大小小的藩，或者相助西军，或者暗助东军，更多的骑墙观望，大家伙儿为了在战争中存活下来，无不秣马厉兵，可着劲儿地扩充军备。美国南北战争也好，普奥战争也罢，列强在战争中淘汰下来的和在战争后剩余下来的武器，是一船一船地往日本运呀。一时间，日本变成了全世界最大的武器市场。

英法两国为了能够在战后控制日本，希望打一场代理人战争，他们卖给或者白送给交战双方的武器不会很差，但美、德、奥等别家列强就不同了，趁着机会在日本大捞一票，无论是劣质的还是过时的武器，只要小日本肯出钱，他们是什么都敢卖，毫无商业道德。于是大量次等武器就充斥整个日本，从某种意义上来说，直接影响了戊辰战争战局的走向。

占便宜的是谁？主要是萨、长、土、肥等倒幕诸藩，这些藩大多开放国门和改革较早，财力雄厚，买得起新式武器，也知道哪些是好东西，哪些是劣等货；幕府倒是也有法国人撑腰，可是德川庆喜临阵逃亡，好武器都分散到各地佐幕组织手里去了，难以凝聚力量与新政府军一战。倒霉的是谁？主要就是那些佐幕和骑墙派的亲藩、谱代，以及部分外样诸侯，他们临阵磨枪，光门面上好看，买到的大多是淘汰品。

就以上野战争为例，新政府军虽然只有三千人，但主力是萨摩、长州、肥前等藩，武器装备绝对精良。相对地，彰义队方面虽然士气高昂，人人勇斗，武器却相对劣等——不是数量不足，而是大多为旧货（幕府仓库里的好东西早就被搬去日光、宇都宫和水户了）。正因为如此，大村益次郎有绝对的信心可以打赢这一仗，他所要争取的是尽量缩短战斗时间。

　　上野战争爆发于五月十五日的凌晨时分，这一天乌云四合，下起了中雨。屯驻江户的新政府军突然集结起来向北移动，从西、南两个方向构筑阵地，冒雨猛攻宽永寺。主战场是在宽永寺南面的黑门方向，装备精良、训练有素的萨摩军首先开响了第一枪。彰义队头取天野八郎这时候正骑着马在黑门附近巡逻，见此情景立刻退入门内，召集部署，开始进行顽强抵抗。一来通路狭窄，再精良的武器也很难集中火力，彻底压制敌人；二来彰义队里大群的幕臣、侠客，知道自己没什么退路，人人怀有必死之心，因此整整一个上午，一直呈现一进一退的局面，新政府军以众击寡，没能占到一点便宜。

反映上野之战的浮世绘

　　战局的转变是从中午开始的，首功应该归于肥前佐贺藩兵。上野战争，佐贺藩兵的预设阵地是在不忍池正西、加贺藩邸内。于是他们拉来了两门自造的 75 毫米口径阿姆斯特朗炮，填上炸裂弹，朝着宽永寺就是连续猛轰。一开始没能调准方位，连发几炮都落进不忍池里去了，但随着炮手的不断调整，炮弹一步步接近寺内，到了中午时分，终于有一颗炮弹越过不忍池，直接命中彰义队本营寒松院东南方的吉祥阁。

　　硝烟、大火，立刻腾空而起。彰义队隔着不忍池无法直接进攻加贺藩邸，只好以炮还击，但他们拥有的都是落伍货色，距离太远，根本就打不到，就算打到了也基本上打不准。佐贺藩的炮弹却一发比一发准确，很快就连寒松院也笼罩在熊熊火光中了。

　　彰义队的斗志就此逐渐丧失，士气低落，以萨摩藩兵为主力的新政府军趁机发起最后猛攻。临近黄昏的时候，彰义队全线崩溃，残兵离开寺庙，朝东北方向狼狈奔逃。

　　就这样，在大村益次郎的规划和指挥下，只用短短一天的时间，固守上野宽永寺的彰义队就彻底覆灭了。时间卡得将将好，占据田无的振武军赶来增援彰义队，就差一步没赶上战斗，只好收容彰义队的部分败兵，仓皇退却。江户城，从此稳如泰山。

三十、无力回天——旧幕府残余势力的顽抗和覆灭

　　短短一天时间，新政府军就攻灭了盘踞在上野宽永寺的彰义队，盟主轮王寺宫公现法亲王和头取天野八郎都落荒而走，法亲王后来经海路逃到东北去了，天野八郎没有这么幸运，躲藏多日后还是做了新政府军的俘虏，最后病死狱中。彰义队覆灭的消息立刻传遍四方，关东平原上的各路旧幕府军无不心惊胆战，大村益次郎和西乡隆盛乘胜追击，很快就把他们逐一击破。

德川家达

在上野战争结束九天以后，也就是五月二十四日，朝廷终于下达了对德川家的最终处分决定：首先，认可德川庆喜的退隐，指定由御三卿之一田安家的幼主龟之助（年仅六岁）继承德川宗家，后来改名为德川家达；其次，没收江户城和所有天领，将德川家移封为骏府七十万石。

拉回来继续说戊辰战争。当初新政府是兵分三路，从东海道、中仙道和北陆道齐头并进，讨伐目标不仅仅是旧幕府的大本营江户城，还包括同样被宣布为朝敌的会津、桑名两藩。桑名藩距离京都最近，首先遭到打击，但桑名藩主松平定敬已经跟着德川庆喜逃往江户，所以藩内分裂，主战派跟着定敬走了，主和派拥立定敬的义兄弟定教，主动打开城门，归降了东征军。

东海道一路东征军势如破竹，很快就突破箱根天险，逼近江户，最终迫使大江户无血开城，这咱们前面已经说过了。中仙道和北陆道的兵马则会合起来，一齐向日本东北地区进发，去讨伐距离最远的会津藩。等到大村益次郎和西乡隆盛陆续扫平旧幕府军，平定了关东平原，再朝北一望，怎么，那两路兵马竟然还在越后国内转悠，距离会津有好大一段路程。这又是怎么了呢？

新政府一方面派军从北陆道进发，讨伐会津藩；另一方面任命公卿九条道孝为奥羽镇抚总督，督促会津附近的米泽、仙台两个大藩率先发起进攻。然而米泽、仙台两藩一方面同情江户幕府和会津藩，另一方面听信了谣言，反而转过头来和会津连成一气。

就在大江户无血开城的前一天，也就是四月十日，出羽的庄内藩和会津藩结成同盟，史称“会庄同盟”，不久后米泽、仙台等藩陆续加入，合称为“奥羽列藩同盟”——几乎整个东北地区都独立于新政府之外。于是北陆方面的东征军加快了前进步伐，而走中仙道的兵马因为江户已经开城，也转向东北，两军同时进入越后国内。

相对的，奥羽列藩兵马，以会津藩兵和桑名藩残兵为主力也进入越后，于闰四月二十七、二十八两天先后在小出岛、雪峠、鲸波等地和新政府军狠干了几仗，败退而走。到了五月二日，越后国内排位第三的长冈藩突然派人来到小千谷慈眼寺，求见中仙道军监岩村精一郎。

越后国内大藩，首推西部十五万石的谱代高田藩榊原氏，东征军在进入越后国以后，高田藩流放了主战的大批藩臣，主动表示恭顺，还把高田城贡献出来作为东征军的大本营——那些主战的藩臣则组建“神木队”，南下加入了彰义队。排位第二的是东部十万石的外样新发田藩沟口氏，向背暂且不明。

夹在高田和新发田中间，是排位第三七万石的谱代长冈藩牧野氏，在家老河井继之助的主持下，同时压制主战派和主和派，定下了“武装中立”的方针政策。什么叫武装中立呢？就是说绝不放下武器，任人鱼肉，但对于新政府和奥羽列藩的战争，保持中立，绝不主动掺和。

为了向东征军表明这种态度，取得谅解，河井继之助亲自跑到小千谷的慈眼寺，求见东征军指挥官，递交"叹愿书"。接见他的，乃是原土佐藩士、中冈慎太郎的得力助手，并在慎太郎遇害后主掌陆援队的岩村精一郎。这一年河井继之助四十二岁，岩村精一郎却只有二十四岁，两代人对面而坐，短短三十分钟的交谈，就决定了东北战局的走向。战争，无可避免地扩大化了……

越后国长冈藩，领地面积虽然不大，产出虽然不多，但藩主牧野氏的身分却不算低。这个家族从德川家康的祖父清康时代起，就开始侍奉德川家，家康统一日本以后，分封牧野忠成为谱代诸侯。牧野忠成十传到牧野忠恭，正处幕末时代，曾先后担任过江

长冈藩藩主牧野忠恭

户幕府奏者番（礼仪事务官）、寺社奉行（宗教事务官）、京都所司代等要职，1863 年更升任为老中。

这位牧野忠恭大人虽然身居高位，忠诚于江户幕府，倒也不算完全的守旧派，他任命河井继之助为家老，在长冈藩内搞了一系列卓有成效的改革——领地虽然只有七万石，论起经济、军事实力来，却可比二三十万的大藩。当时全日本七成以上的诸侯全都搞改革，力求富国强兵，但成果大多建构在对农民加重压榨的基础上，河井继之助的方法却不相同，他非常关注民生问题，抑制豪强，扶贫恤弱，在长冈藩内很得民心。

不过换个角度来思考问题，河井继之助的改革具备非常浓厚的封建时代的均贫富思想，却甚少近代唯财为视、劫贫济富的资本主义原始积累色彩——虽然对老百姓很好，但不得不承认，他的思想还是相对旧式的。

牧野忠恭后来退位隐居，把藩主宝座传给了养子、出身松平家的牧野忠训。德川庆喜假惺惺大政奉还的时候，这位年仅二十四岁的牧野忠训带着家老河井继之助正待在大阪城里。当时倒幕、佐幕思潮正在激烈碰撞中，河井继之助生怕因此会引发全日本的大动乱，因此一方面请求藩主保持中立立场，另一方面向朝廷上书，建议将大政重新委托给德川家。

"如此一来，倒幕派再无目标，佐幕派也不会闹事，自然太平无事了。"继之助这样想道。当然，河井继之助人微言轻，而他的想法也实在太过天真，根本没人搭理，戊辰战争终于还是无可避免地爆发了。在听闻旧幕府军在伏见、鸟羽惨败以后，河井继之助立刻保护着藩主逃往江户，然后把江户城下长冈藩邸整个儿给拆掉卖了，换成大批新式武器运回越后长冈，为即将到来的战争做好准备。这家伙脑筋还算是动得挺快的。

1868 年闰四月，新政府东征军杀入越后，首先降伏了高田藩，然后攻克柏崎城——这是桑名藩的一块飞地，大群桑名残兵会聚于此。新政府军进攻的下一个目标就是长冈，于是气势汹汹向东杀来，占据了长冈城南面的小千谷。

消息传来，河井继之助召集同僚们商议，是应当臣服于新政府，还是背靠奥羽列藩同盟与之一战呢？次席家老山本带刀等人是主战的，终究长冈乃是江户幕府谱代诸侯，世世代代忠诚于德川家，在这个紧要关头，又怎能弃主不顾呢？然而河井继之助却并不想开战，他说："我等的原则，应该是既尊奉朝廷，又忠诚于德川家，此两者不可偏废，因此必须保持中立。"

山本带刀冷冷一笑："你说保持中立就保持中立呀。官军汹涌而来，勒令沿途诸侯出兵出粮协助。我等必须明确立场，否则官军是不会放过长冈的。"河井继之助轻轻皱了一下眉头："希望官军可以允许我等中立，不把战火烧入长冈境内吧。嗯，你们先不要轻举妄动，我这就亲自到小千谷去请愿。"

河井继之助一心避免战火蔓延，因此不顾个人安危，孤身前往小千谷慈眼寺，去拜会新政府东征军的指挥官。大家都知道，东征军里由亲王、公卿担任的什么总督、镇抚总管等主将，其实全是虚衔，实际权力都掌握在萨长土肥等强藩藩士出身的参谋、军监们手中。于是继之助到了慈眼寺，立刻求见这支新政府军真正说了算的家伙——土佐藩士、军监岩村精一郎。

年仅二十四岁的岩村精一郎年轻气盛，根本不把佐幕诸侯们放在眼中，一听说长冈的家老来了，还以为和高田藩一样，是来请降的，喜滋滋地赶忙下令接见。可是他料想不到，竟然从河井继之助嘴里听到了这样的话："是相助官军，还是为幕府效忠，我藩之人经过长时间争论仍然无法达成一致意见，请您千万谅解，允许我藩保持中立。请您不要向长冈进兵吧。"

河井继之助接着赶紧分辩说："在下和长冈藩都并无与朝廷

为敌之意，只希望消弭兵祸。阁下请三思，内战倘若继续下去，只能造成生灵涂炭，国家疲敝，列强再趁机插手战争，日本便会堕入万劫不复的深渊了呀！"

"毫无意义的说辞！"岩村精一郎再也不耐烦听继之助的游说了，猛然站起身来，"我奉朝廷敕命讨贼，不可能停步不前，更不可能后退。若然尊奉朝廷，长冈就速速派遣兵马或运送物资前来，否则，便做好打仗的准备吧。"说着话，大步流星地走了出去，任凭河井继之助在后面如何喊叫挽留，他老兄头也懒得回一下。就这样，短短三十分钟的时间，谈判就破裂了，岩村精一郎的骄横和固执，直接把长冈推入了佐幕阵营。

北陆道东征军真正意义上的统帅，乃是参谋山县狂介和黑田了介。山县狂介乃是长州藩士、原奇兵队军监，而黑田了介大名清隆，是萨摩出身。他们在数日前于高田和北上的中仙道兵马会合，然后杀向柏崎，中仙道兵马则在岩村精一郎的指挥下进至小千谷。

后人评价说，岩村精一郎过于年轻气盛，强硬有余，柔软不足，这才导致小千谷慈眼寺会谈的失败，把长冈藩推向佐幕阵营，倘若年纪较大、经验较为丰富的山县和黑田在此，或许历史的进程将会彻底转变吧——可惜这只是一厢情愿的妄想罢了。

席卷全日本的戊辰战争既然已经爆发，佐幕、倒幕两派势不两立，在这种情况下，保持中立云云根本就是痴人说梦，长冈藩既不可能彻底置身事外，也不可能真正一碗水端平。别的不提，光说一件事来证明就可以了：河井继之助在从江户回到长冈以后，为了增强实力，派兵占据了原本幕府直辖的良港新潟，而奥羽列藩同盟就利用新潟港，利用长冈的中立表态，经海路大量输入物资、武器，这是新政府绝对无法容忍之事。所以即便换了山县或黑田在小千谷会见河井继之助，也顶多延长谈判的时间而已，最终还是不可能认同所谓"武装中立"的。

　　历史的大背景、社会的大环境，注定了长冈要么投降，要么抵抗，没有第三条道路可走。1868 年五月四日，越后长冈藩终于确定了和新政府的对抗原则，与新发田藩一起加入了奥羽列藩同盟，从此这个同盟就被称为"奥羽越列藩同盟"。新政府军前锋驻扎在信浓川西岸的小千谷，而长冈城就在其北方二十公里外，在信浓川东岸。为了进攻长冈，新政府军首先东渡信浓川，占据了朝日山。

　　"必须夺取朝日山，把敌人赶回信浓川西岸去，"河井继之助与前往增援长冈的会津、桑名等藩将领商议道，"官军中还有不少亲藩和谱代的兵马，只要咱们打出为庆喜公和德川宗家鸣冤的旗号，他们必然士无斗志，甚至还很可能临阵倒戈。"

　　他的判断并没有错，五月十日，奥羽越列藩同盟军进攻朝日山北麓的榎峠，守备朝日山的尾张藩兵马既无心作战，又害怕后路被断，果然不战而走。这支新政府军虽然指挥官是土佐的岩村精一郎，但麾下多为松代、尾张等原德川谱代和亲藩的兵马，战斗意志极为薄弱，而岩村精一郎受他们的影响，再加上骄傲轻敌，根本就没做好打一场恶仗的准备。榎峠交火的时候，他还在小千谷优哉游哉吃着晚饭呢。

　　这时候，原驻柏崎的萨长两藩兵马听闻长冈藩倒向佐幕派，特意南下赶来会合，才走到小千谷，就远远听到了信浓川对岸传来的枪炮声。领军将领正是山县狂介，匆忙策马奔入慈眼寺，可是放眼一看，大家都忙着吃晚饭呢，根本没有增援榎峠的意思，他气得几乎说不出话来。于是跳下马，飞起一脚，把岩村精一郎捧在手里的饭盒踢出一丈多远。

　　"还有心情吃饭，你们都疯了不成！"

　　可是他再愤怒、再着急也没有用，尾张兵已经陆续从朝日山上撤了下来，奥羽越列藩同盟军只付出很小的代价，就轻松占据了制高点。山县狂介仗着资格老、年纪大，斥退岩村精一郎，把部队重新整合起来，于翌日也就是十一日，渡河发起反击，这才击退同盟军，重新夺取了榎峠。

"夺回朝日山，就可在心理上、形势上双方面压迫长冈。"山县狂介招来麾下的奇兵队将领时山直八吩咐道，"这个任务交给你了，我得先赶回小千谷去整备物资，准备发起对长冈的最后一击。"夺回朝日山的战斗是在十三日凌晨打响的。这一天突降大雾，几乎伸手不见五指，时山直八心说是个好机会呀，我军仰攻朝日山，损失必重，若有大雾掩护，事情就好办多了，于是指挥麾下奇兵队一齐朝山上开火。

长冈藩争夺战

守备朝日山的乃是桑名藩大将、"雷神队"队长立见尚文，这家伙后来归降新政府，在维新后做到日本陆军大将，是个很有本事的人物。山上驻扎的除了桑名藩雷神队等组织外，还有不少长冈藩兵，骤闻枪声，猝不及防，立刻乱作一团。但立见尚文凭借他出色的指挥才能，很快就制止了混乱，命令兵将们凭坚而守，顽强抵挡住了奇兵队的进攻。

恶战之中，突然一发流弹击中了时山直八，直八当场毙命。指挥官战死，奇兵队士气崩溃，掉头就逃，立见尚文趁机杀下山去，把新政府军彻底赶回了信浓川西岸。这恐怕是新政府军东征以来吃的第一个大败仗，甚至也是长州奇兵队自组建以来吃的第一个大败仗……

朝日山之战以后，两军隔着信浓川一连对峙了好几天，双方将领都在绞尽脑汁寻思打破这种对峙局面的妙策。同盟军方面，河井继之助提出了一个计划："我等从前岛悄悄渡河，攻击敌军的后路，定可将其一举击退。嗯，就定于二十日深夜发动奇袭吧。"说来也巧，那边山县狂介也想到了奇袭："敌军主力都集中在榎峠，我军正好趁此良机，从信浓川下游秘密渡河，攻击长冈城。"不过他时机的选择比同盟军快了一小步——"定于十九日凌晨发起总攻！"

就早了这么一天，新政府军占据了战场的主动权。当时驻扎在长冈城北的乃是越后松村藩兵，本想着敌人还在南面数十公里外呢，根本没料到新政府军会从北面发起进攻，枪声才响，立刻就乱成一团，溃不成军。长冈城内的守军也根本没有作战的准备，听到城北有响动，还以为松村藩临阵倒戈了，匆忙前往镇压。在同盟军自相残杀的混乱中，新政府军仅用短短数个小时便夺取了长冈城。

消息传来，同盟军被迫放弃朝日山和榎峠，撤退到长冈东北方的加茂地方，在这里盼来了会津、米泽等藩的援军。河井继之助计划夺回长冈城，首先攻打的目标就是长冈北方的今町——新政府军的主力此刻便正驻扎在那里。六月二日，河井继之助派山本带刀率领长冈兵从正面发起进攻，吸引新政府军的注意，同时米泽、会津等藩兵马从两翼包抄，打了一个大胜仗，顺利攻克今町。

顺便一提，这位长冈藩次席家老山本带刀后来被新政府军俘虏，坚决不肯投降，被判死刑。将近三十年以后，长冈藩最后一位藩主、被新政府封为子爵的牧野忠笃感念带刀的忠诚，命令家臣高野贞吉把第六个儿子奉献出来，继承山本家业——那就是二战中猖狂一时的日本海军大将山本五十六。

上野彰义队覆灭以后，新政府从关东腾出手来，向北陆方面陆续增派援军，这就逼迫河井继之助必须以最快的速度夺回长冈城，否则越后的战局将彻底糜烂，不可收拾。七月二十四日半夜，足智多谋的继之助亲自率领长冈藩兵，人手一支竹杖，悄悄涉渡沼泽地带八丁冲，在天刚蒙蒙亮的时候突入了长冈城。

沼泽八丁冲本是长冈东北方向的天然屏障，除了熟悉周边地形、胆子又大的河井继之助外，没人想到在这个方向会突然出现敌兵。于是新政府军瞬间便陷入了全面混乱，河井继之助亲自挺着新进口的回转式机关铳一轮猛射，就把敌军杀得大败亏输，连山县狂介都差点做了他刀下之鬼。中午时分，继之助终于顺利回到了老家长冈，并且夺得新政府军抛下的大炮一百二十门、弹药二千五百箱。

可惜长冈城的再次易手，并不代表北越战争以同盟军全面胜利而告终。这边长冈、桑名、会津、米泽等藩正在大开庆祝会呢，那里萨摩藩的主力部队已经陆续开到了柏崎，新发田藩见形势不妙，竟然主动开门归降。河井继之助率军前往抵御，不幸膝盖中弹，被抬下了战场。失去主将的同盟军士气低落，加上人心不齐，因为怀疑别家有内通新政府军之意而相互监视，最终导致一溃千里。七月二十九日，新政府军再次攻克长冈，宣告了北越战争的终结。

北越战争后新政府军打开了北上的道路

河井继之助是在一个月后因为伤口恶化而病死在会津藩里的，享年四十二岁。他的家人亲眷大多死于战乱，剩下的也被新政府处以死刑，河井家族被官方下令断绝。原本并不想引发战乱，并不想生灵涂炭的继之助，最终却被迫要迈上战场，被迫使老家长冈几乎变成一片焦土，临终时想必会万分遗憾吧。虽然形势往往并不由人，但他真的有付出全部心力去阻止战争爆发吗？

末代将军德川庆喜从大阪城乘坐军舰开阳丸，惶惶逃回江户。和庆喜同船逃回来的，还有大群幕府要员和佐幕派诸侯，其中最惹人注意的，就是会津侯松平容保。这一年德川庆喜只有三十一岁，他的堂兄松平容保则是三十三岁，都在壮年。从当时遗留下来的黑白照片来看，庆喜生就一张长长的马脸，五官还算端正，却说不上有多威风，容保则是天生的美男子，瓜子脸，眼大鼻直，除了下巴略短、眉毛稍浓外，几乎毫无缺点——甚至略微化化妆，说他是女人也有人信。两张照片对比看，庆喜是一副没主意相，容保则似乎过于清秀柔弱了一点。

然而就个性来说，松平容保恐怕要比他的将军堂弟坚强得多。

如前所述，德川庆喜回归江户不久，就向朝廷上表以示恭顺，然后跑到宽永寺面壁去了。松平容保表面上跟着庆喜走，也向朝廷谢罪，暗地里却招兵买马，等着打一场硬仗——万一朝廷不肯赦免我等怎么办？总得做两手准备呀。听闻堂兄这般举动，德川庆喜生怕会连累自己，于是下令禁止松平容保登城议事。容保一怒之下，干脆带上自己的武装离开江户，回老家会津去了。

容保心里很清楚，现在新政府被萨、长等西南雄藩所控制，他们和德川庆喜其实并无私仇，讨伐江户幕府基本上出于公义，但对自己的态度就不一样了，自己终究从六年前就出任京都守护职，指挥着新撰组、见迴组和会津藩兵大砍尊攘志士，还在禁门之变中把长州兵打得落花流水。如今新政府连德川庆喜都不肯原谅，那就更别提会赦免自己了。

而从新政府的角度来说，或者更明确一点从萨、长等雄藩的角度来说，也是根本不允许德川家和佐幕诸藩不战而降，得到全面宽赦的。德川家有八百万石的土地，加上亲藩、谱代，拥有全日本一半还多的资源和兵力，如果不趁此大好机会把他们一棍子打垮，他们迟早还会卷土重来，掌控政府，压制萨、长的。照理来说，既然德川庆喜、松平容保等人都向朝廷递交了降表，战争就可以顺利结束了，也免得血流成河、生灵涂炭。可是旧势力不会因为一两个代表人物的认怂就乖乖躲进历史垃圾堆，新政府内部也矛盾重重、各怀私心，避免战争、恢复和平，只是痴心妄想罢了。

倘若不是军费短缺，西乡隆盛肯定要强攻江户城，用鲜血和死亡铺就自己和萨摩藩的宏图大业、万古名声，根本不会答应胜海舟无血开城。萨、长之间本就矛盾重重，大久保利通、西乡隆盛一直想要把实权都抓在萨摩人手里，着力排挤和打压长州志士，而长州的大村益次郎数次指挥战斗，都以萨摩兵为先导，表面上是"好钢要用在刀刃上"，实际却是想用萨摩人的性命为长州执政铺平道路。新政府才成立，自己人就先开始争权夺利了，怎么还可能容许外人来分一杯羹呢？

回到会津以后，松平容保立刻召集群臣商议，绝大多数会津藩士都要求奋起与萨、长的奸贼恶战一场，只有重臣西乡赖母等少数人表示反对。"大势已定，况且我等怎能违背朝廷的意愿呢？"西乡赖母恳求松平容保，"还是应当继续递交恭顺之表，请求朝廷宽大为怀，赦免我等之罪吧。"

容保闻言苦笑："表章已经多次递交朝廷，可朝廷不但不肯允准，反而宣布我为朝敌，兴兵讨伐。没有用的，只要长州人还在京都，他们与我等仇深似海，是不会宽容我等的。"最终在大多数人的怂恿和压迫下，西乡赖母等少数派也只好低头服从。虽然并不支持对抗新政府军，终究西乡赖母才能超卓，又直言敢谏，松平容保也颇为欣赏他，就任命赖母为总督，将作战的指挥权交到了他的手上。

在容保的支持下，西乡赖母立刻进行了大刀阔斧的军事改革，积聚粮草、购买武器，打算好好打上一场了。然而西南雄藩军事改革甚至政治改革都搞了那么多年了，会津要到火烧眉毛才起意追赶，真能产生多大成效吗？况且，因为松平容保多年担任京都守护职，率领一千名会津兵驻扎京都，藩里的开销很大，到处都是漏洞，根本就补不过来——这就是诸侯们的悲哀了，为了幕府的安定，他们不但要当差、出兵，还得同时出粮，幕府不会给你一分钱的补贴。

暂且放下会津藩的改革和备战，再说新政府方面。当年闰四月，公卿九条道孝被新政府任命为奥羽镇抚总督，离开京都，千里迢迢赶到了出羽米泽，督促米泽、仙台等藩攻打会津。

米泽、仙台，这两家诸侯都是外样：米泽藩的老祖宗是战国时代的"北陆军神"上杉谦信及其养子上杉景胜，原领地在越后，后来在德川家康夺取天下的大战中跟家康作对，战败后被转封到出羽米泽；仙台藩的老祖宗则是"独眼龙"伊达政宗，这家伙倒是一直忠心耿耿地巴着德川家，属于最受信赖和器重的外样之一。

照理说既然是外样，就不应该再伸手挽救腐朽的江户幕府、德川家，以及会津等亲藩，可是眼见着新政府被控制在西南藩阀手里，这些东北诸侯多少有点不爽，也想要分一杯羹。仙台藩主伊达庆邦和米泽藩主上杉齐宪就借着为会津请愿的机会试探九条道孝："请朝廷宽大为怀，不要讨伐会津吧。既然会津侯已经上表谢罪了，朝廷略施薄惩便可，何必还要大动刀兵呢？"

九条道孝倒是不怎么想打仗，而且也根本不会打仗，可问题是虽然挂着总督头衔，他说话分量却不重，实权都掌握在参谋、长州藩士世良修藏手里。长州和会津可是仇深似海，加上世良修藏很想趁着讨伐会津来抬高长州和自己在新政府里的地位，所以跳出来一口否决了："会津罪行累累，怎可宽恕？若要官军不杀向奥、羽，除非是松平容保自杀，把领地全部奉献给朝廷！"

这要求有点太过分了，会津绝对不可能答应，而一心想做和事佬的仙台、米泽，更是下不来台。仙台人为此对世良修藏是恨得牙痒痒的，最终以姊齿武之进为首的五名仙台藩士半夜潜入世良修藏的宅邸，把他捆出来砍了脑袋。世良修藏一死，和平解决争端的大门当然彻底关闭，新政府各路兵马气势汹汹杀向奥、羽两国，而仙台、米泽等藩也旗帜鲜明地站到了会津一边。

新政府军讨伐的主要目标，除了陆奥的会津，还有一家是出羽的庄内——也就是曾经警护江户城、放火烧了萨摩藩邸的那家诸侯。说到了会津和长州有仇，庄内和萨摩有仇，为什么不讨伐别家，就找这两家捏，要说萨、长等雄藩发动东征纯出大义，毫无私心，真是说破了天也没人信。

于是奥、羽两国绝大多数诸侯都以援助会津、庄内为名，结成了同盟，不久越后的长冈、新发田等藩也加入进来，一共三十一家，就是奥羽越列藩同盟。不仅仅同盟而已，他们还打算另立朝廷，拥戴从宽永寺逃出来的那位轮王寺宫公现法亲王为东武皇帝，改元大政，公开和京都朝廷对着干。

这个仓促组建的政权，历史上被称为东北朝廷，或者北方政府。1868 年五月一日——这时候明治天皇还没有正式登基，更没有改元，年号还是庆应——新政府东征军一部正在越后跟长冈等藩交战，另一部则从日光山北进，逼近陆奥的门户白石城。

首先杀到白石城下的，乃是由新政府军参谋、萨摩藩士伊地知正治率领的七百兵马，而守城的是会津、仙台、棚仓、二本松等同盟各藩兵马，总共两千五百人，主将便是西乡赖母。

赖母知道自己的军队虽然比敌方多好几倍，但装备较差，士气也不算高，因此并不打算出城迎战，认为只要固守白河城，守住这座南方的门户，新政府军久攻不克，后援不继，自然便会退兵的。但部下有一名将领却提醒他说："当面有立石、稻荷、雷神三座高山，请大人分兵把守，倘若被敌军占领了制高点，白石城就危险了。"

这员颇通兵法的将领是谁呢？据西乡赖母所知，此人名叫山口次郎，乃是旧幕府军的某小队队长——他不清楚，山口次郎其实只是一个假名而已，此人真正的身分和姓名乃是新撰组三番队长斋藤一。

新撰组原本的领导者是局长近藤勇，他在当年三月受命将新撰组改编为甲阳镇抚军，离开江户城前往甲府，去阻击新政府中仙道征讨军。途中一番队长冲田总司肺病加重，被迫独自退回江户。

可是甲阳镇抚军还没有赶到甲府城，城池就已经被由坂垣退助、伊地知正治率领的三千新政府军攻克了，近藤勇被迫在甲斐国胜沼地方布阵迎敌。甲阳镇抚军的主体是新撰组和会津藩士，总共不过三百来人，面对十倍于己的敌军，那些在大街上斗殴一流、打仗却毫无经验的组员和藩士心胆俱裂，陆续逃散，到最后只剩下了新撰组中坚一百二十一人而已。这种仗当然没法打，更倒霉的是会津藩许诺说将会派来援兵，却食言而肥，增援迟迟不到，最终甲阳镇抚军一败涂地，近藤勇等新撰组干部们落荒而逃。

二番队长永仓新八和十番队长原田佐之助请求撤回江户城，但被近藤勇一口否决了："现在江户城的兵权都落到胜安房守（指胜海舟）手里，此人只想着投降，根本没有作战的心思，咱们回去受他的鸟气干嘛？"永仓和原田等人本就不满近藤勇和土方岁三的独断专行，既然到了这个地步，干脆公开分裂，带着自己的亲信脱队而去。永仓新八一直活到战后的1915年；原田佐之助后来加入彰义队，在上野战争中负伤而死。

近藤勇其后继续与新政府军交锋，转战江户周边地区，最终杀至孤身一人，化名为大久保大和，打算突出重围，重整旗鼓。但他在经过板桥宿的时候，冤家路窄，被老对头、御陵卫士的加纳鹫雄认出，遭到逮捕。四月二十五日，这位曾经叱咤风云的新撰组局长被斩首示众，享年三十四岁。

近藤勇被杀两个月后，冲田总司才得到消息，他悲恸不已，病情恶化，很快便吐血身亡——去地下追随老大哥了。新撰组副长土方岁三收拢残兵，在宇都宫城陷落以后北归会津——斋藤一始终跟随在他身边。新政府军向白河城发起进攻的时候，岁三正在负伤休养中，就暂时把指挥权交给了斋藤一，也就是前文所言自称山口次郎的家伙。

山口次郎提醒主将西乡赖母要占据白河城外的制高点，但赖母一时大意，以为敌军只有七百兵马，即便占据了立石、稻荷、雷神等山，也不可能对白河城造成多大威胁。可惜他想错了，就在当日午后，新政府军果然夺取了雷神山，并在山顶架起大炮，朝着白河城就是一顿猛轰。同盟军无法立足，被迫放弃白石城向北撤退。陆奥国的南大门，就这样被打开了。

进攻东北地区奥羽越列藩同盟的新政府军，在攻占白河城以后，主力一路向北，协同各部两翼策应，气势如虹，攻无不克，先后平定棚仓、守山、三春等奥州各藩，七月底杀到了二本松城下。

二本松丹羽藩的主力两个月前就在白石城攻防战中差不多打光了，被迫把家里十二岁以上的少年全都武装了起来，由木村铳太郎（二十二岁）率领，出城迎战新政府军。经过两个小时的激战，木村中弹身亡，麾下少年武士六十二人里也先后战死了十五个——七月二十九日，二本松城终于陷落。

咱们前面说过，就在二本松城陷落前不久的七月中旬，河井继之助负伤逃遁，新政府军第二次攻克长冈城，宣布了北越战争的终结。山县狂介等将就打算立刻挥师东北地区，翻越高山进攻庄内藩，但却遭到大村益次郎的阻止。益次郎认为东北地区气候寒冷，冬季来得较早，非常不利于来自西南温暖地区的萨长等藩兵马，还不如北陆方面军暂缓进兵，中仙道方面军继续进攻仙台、米泽等藩，走到哪儿算哪儿，等明年开春再南北合攻会津为好。

可是土佐的坂垣退助、萨摩的伊地治正知却反对大村益次郎的决定，一方面，他们想平定会津藩，尽快结束战争；另一方面，也希望能够为本藩抢得首功，于是建议不等北陆方面军赶来会合，而由中仙道方面军单独进攻会津领。大村益次郎虽然认为此着过于凶险，但在萨、土两藩的压力下，还是被迫同意了他们的建议。

陆奥国内多山，包夹着多块平地，从白河城沿着大道一路向北，二本松南方有郡山盆地，北方有福岛盆地，都是重要的粮食产区，而从二本松直线向西，渡过猪苗代湖，还有一片比郡山、福岛两个盆地加起来面积还广大的平原，包夹在群山之中，名叫会津盆地——会津藩的统治中心就是会津盆地，主城名叫若松城。

从二本松城前往会津若松城，有两条道路可走，南面通过中山峠的一条路距离最短，也比较好走，北面通过母成峠的道路却要小小兜个圈子，因此会津藩判断新政府军主力将由南路而来，于是把主要防备力量放在中山峠。至于母成峠，只派大鸟圭介率领旧幕府传习队，以及会津、仙台等藩兵，新撰组和二本松藩的残兵，总共八百人左右把守。

可是布置才刚完成，消息却竟然走漏了。怎么回事呢？原来会津领内的很多农民都心向新政府，不愿给德川·松平家殉葬，争先恐后地把情报传递给新政府军——想想也知道，这些年来松平容保一直待在京都为江户幕府卖命，消耗了大量钱粮物资，都从哪儿来？那不得加重对领内农民的搜刮呀。根本不需要什么《年贡半减令》，农民们就自然地倾向于新政府，反感那些旧诸侯。

戊辰战争、明治维新，表面上是西南雄藩联合起来打垮了江户幕府，往深了一层探究，维新主力是中下级武士和京都、大阪等地的豪商，可是说到底，发挥最大作用的还是农民——既包括加入奇兵队、力士队等组织的农民，包括以大阪为中心为粮价搞暴动的农民，也包括在战争中拖幕府和佐幕各藩后腿的农民们。

北越战争的重要转折点是新发田沟口藩归顺新政府，这直接导致了长冈藩腹背受敌，河井继之助在苦战中受伤，那么新发田藩为何会突然转变立场呢？原来这家的藩主沟口直正本来是打算亲自领兵上前线去协助河井继之助的，可是才出城门，就被领内数百个农民挺着竹枪给拦住了。农民们大声鼓噪："不可对抗官军，否则定会灭亡！"硬生生把沟口直正给逼回了家去。正是因为农民们的反对，新发田藩最终才不得不主动退出奥羽越列藩同盟，转投入维新政府的怀抱。

得民心者可得天下。虽说西南各藩、尊攘武士们并不把农民放在眼里，甚至还不惜损害农民的利益来达成自己的野心，但农民们对于旧的封建统治更为怀恨，所以才不待号召便主动协助新政府军。民心丧尽的旧幕府和佐幕势力，他们的灭亡乃是历史必然，而这必然有一半是勤劳而悲惨的日本农民所造成的。

庆应四年八月中旬，也就是 1868 年 10 月初，新政府中仙道方面军以二本松为基地，开始向会津若松城展开进攻，本队直指母成岭，另以游兵逼近中山岭，以迷惑和牵制会津军主力。

八月二十日，前哨战首先在母成岭东面的坂下地区打响，在传习队的奋战下，新政府军攻势受挫，被迫暂时停下脚步。这支传习队，乃是大鸟圭介从江户城里带出来的队伍，主要成员为赌徒、搬运工、马匹饲养员和消防队员，当初为了保卫大江户，圭介不论身分录用了他们，由法国教习严格训练，并且装备了一水的法式武器，战斗力相当之强——据说在传习队内部，连传达命令都是用的法语。

二十一日，新政府军二千余人再次发起进攻，利用浓雾的隐蔽，从侧面偷袭母成岭，遭到敌军的顽强抵抗。传习队是很能打啦，可惜数量太少，而与他们并肩作战的那些会津兵、仙台兵、二本松兵大多是老弱病残（主力都在防守中山岭呢），枪炮声一响，个个吓得遍体筛糠，没等分出胜负来就落荒而逃。友军一跑，传习队的士气也直线下降，大鸟圭介见势不妙，只得在抵抗了整整一个白天以后，趁着夜色放弃了阵地。

母成岭之战基本上确定了会津战争的结局，占据险要的新政府军此后长驱直入，二十二日突破十六桥，逼近若松城下。此时会津军的主力都还在中山岭防备，且赶不及撤回来，被迫把城里老弱病残全都拖上了阵，组建起青龙、白虎、朱雀、玄武四支全年龄段的部队来。

怎么叫全年龄段呢？朱雀队十六个分队，队员年龄从十八岁到三十五岁不等；青龙队九个分队，队员年龄从三十六岁到四十九岁不等——这算比较靠谱的；此外还由十五岁到十七岁的未成年人组成六支白虎队，五十岁以上的老年人组成四支玄武队。从十六岁到六十岁，基本上若松城里能扛得动刀枪的武士和武士家眷们全都上阵了。

　　咱们先说说最惨烈的白虎队二番队，总共三十七名少年，受命冒雨前往若松城东北方约八公里的大野原，抵挡正从十六桥汹涌杀来的新政府军。就这么点兵，还都是小孩子，即便再怎么忠诚勇敢，战斗力之弱也是可想而知的啦，在遭到新政府军新式枪炮的猛轰下，很快就扔下十多具尸体，狼狈而逃了。这支二番队属于"士中队"，也就是说出身于"士中"即中级以上武士家庭，对藩主的忠诚和盲信完全没话说，残兵二十名冒雨涉水爬上饭盛山，还打算抄小路赶回若松城去协助守备呢，突然也不知道谁喊了一句："城中起火了！"

无限美化后的白虎队少年

　　大家伙儿一起朝若松城的方向望去，只见滚滚浓烟，直冲天际——原来这个时候，新政府军已经杀到了若松城外，正在开炮猛轰城下町。白虎队的少年们误以为城池已经陷落，无不捶胸顿足，放声大哭。他们为了向藩主尽忠，竟然相约一起切腹而死，做旧制度的殉葬品。二十名会津少年，就在饭盛山上切腹，最终只有一个名叫饭沼贞吉的被救活过来，侥幸保住了一条小命，其余十九人全部魂归极乐。

　　会津战争中类似悲壮、惨烈，后人却又不免为其愚忠而哭笑不得的事情，远不止白虎队二番队这一桩。咱们接下来再说说有关"娘子队"的事情。且说八月二十三日上午，新政府军逼至若松城下——这里所说的若松城，既包括松平容保居住的城堡，也包括会津家臣、百姓、小商贩们居住的城下町。百姓和小商贩们还则罢了，在城下町里居住的武士家眷们全都在危机来到的钟声中拥入城堡，一方面避难，另一方面也协助防守。

　　就中有三位女性，乃是重臣中野平内的老婆幸子和女儿竹子、优子，她们才刚进城，突然听到一个消息，说藩主松平容保的义姐照姬公主还没有入城，于是急忙振臂高呼："都去保护照姬公主呀，不能让公主落到敌军手里受辱！"一呼百应，集合了大群女眷冲出城去，和防守城下町的旧幕府长枪队并肩作战。中野竹子虽为女性，却武艺高强，曾经担任过训练城中女眷、儿童使薙刀（一种长柄窄刃刀，古代的主战兵器，后来变成和尚和女子常用的武器）的教官，当下挥舞薙刀杀入敌阵，接连砍翻数人，真是勇不可当。

　　然而时代已经彻底转变了，即便面对女性，新政府军也不可能老老实实地上来和你一对一拼刺刀，他们手里可是有火枪的呀。恶战当中，中野竹子突然惨呼一声，额头中弹，一头栽倒在地。竹子是这支娘子队的核心人物，她的战死，宣告了娘子队的彻底崩溃。

　　经过激烈的巷战，会津城下町很快就失守了。当时新政府军中有一名军官名叫中岛信行，乃是萨摩藩士，他领兵冲进一座颇为豪华的宅院，搜杀敌军败兵，转了几个圈子，却连人影也没见到——是全都逃到城堡里去了吗？中岛信行刚想退出门外，却突然听见不远处一间屋子里传来呻吟之声，于是猛冲过去，一把扯开拉门。

眼前所见，使得中岛信行全身的血液都几乎凝固了。只见满地都是小孩和女人的尸体，全都穿着白色丧服，双手并合在胸口，脸朝前趴在地上，鲜血把她们身下的榻榻米都给染红了。信行一眼就看出来，这些人都是自杀而死的——日本武士自杀得切腹，女性和儿童却没有切腹的资格，习惯上要用短刀刺喉。

中岛信行仔细分辨呻吟的来源，终于发现其中一名女性还没有咽气。他急忙俯下身去抱住对方，却听那女子用微弱的声音询问道："是敌人还是自己人呢？"为了让对方安心，信行骗她说："是自己人。"那女子微微一笑，恳求道："请帮忙介错。"

所谓介错，是指无论切腹还是刺喉，倘若一时不死，平白的多受痛苦，就得找人来帮一下忙，割取首级，完成自杀仪式。中岛信行查看那女子的伤势，知道已经没救了，于是含着泪拔出刀来，彻底割断了她的咽喉……信行后来才知道，他所踏入的这所宅院，乃是会津藩家老西乡赖母的住宅，赖母的母亲、妻子以下女眷、儿童总共二十一人，因为来不及撤入城堡，就相约集合在一起自杀殉主了。

把女人和小孩子送上战场，最终导致他们身首异处，或者全体家眷在一起自杀，这些行为在今天看来，乃是彻底的残忍和悲惨。然而退回几百年去，战国乱世中这种事情可是屡见不鲜，说不上有什么奇怪的。只因为江户幕府统治下的日本已经两百多年都没有大规模战争了，更因为儒教中的民本思想和西洋新的理念已经大大动摇了传统的忠诚概念，所以当时很多人才会多少觉得有点难以接受，今天的我们更是不忍听闻此事。

但这类事情随着明治维新的成功，随着日本的近代化和逐渐

会津藩臆想中的娘子队破敌图

现代化，真的绝迹了吗？二战结束前，军国主义政府把大群少年儿童驱赶上战场，甚至让他们开着飞机去撞美国军舰，这和白虎队、娘子队又有什么区别？维新以后将近一百年，日本在政治思想上真的有多大进步吗？还是说军国主义根本就是朝向陈腐封建时代的大反动、大倒退？

会津若松城的惨烈战斗，一直延续了将近一个月的时间，到了九月十四日，新政府军开始对城堡发动总攻，集合了数门大炮对城内各目标展开猛烈轰击。此刻若松城内弹药将尽，人人皆知死期将至，就有那些愚忠的家臣们高呼："杀出去，和敌军拼个你死我活！"

他们想一死殉主，松平容保可没那么傻，他既担心自己的小命不保，更害怕会津藩的家名、数百上千个麾下家族就此灭绝，在与重臣们反复商讨之后，终于下定了投降的决心。于是在城里到处搜集绷带和内衣的碎片——全是白色的——缝合成一面大旗，上书"降参"二字，在二十二日上午高高举起。

就日本传统来说，白旗并没有投降的含义，镰仓幕府还曾经把白旗作为自己的军旗使用呢。举白旗等于投降，这个概念就从会津若松城的陷落开始，逐渐成为惯例。

最终的投降场所就设置在西乡赖母在城下町里的住宅——也就是那所二十一人集体自杀的院落——接受投降的乃是新政府军军监、曾以"人斩"之名震撼四方的萨摩藩士中村半次郎，松平容保的养子同时也是继承人松平喜德在家老们的簇拥下，低头向半次郎递交了降表。

不久后，新政府确定了对会津的处罚决定，没收其原有的二十三万石领地，转封到本州岛最东北方鸟不拉屎的下北半岛去，给了区区三万石——这和流放也没什么区别。据说他们根据一句"北斗以南皆帝州"的汉诗，从此将藩名改为"斗南"。

浮世绘中的松平容保出降

松平容保的投降，宣告会津战争走向尾声，在此前后，米泽、仙台、庄内等藩也陆续放下武器，奥羽越列藩同盟彻底瓦解。北方政府当然也就此覆灭了，作为军旗的"五芒星"旗跌落尘埃。那位东武皇帝、原轮王寺宫公现法亲王终于做了俘虏，被押送回京都蛰居。

米泽藩是在九月四日投降的，然后十五日是仙台藩、十九日是会津藩、二十七日是庄内藩，会津战争至此彻底拉下帷幕。可是戊辰战争至此还不算完，紧随其后的还有一场箱馆战争。

尾声　新时代
明治维新的剪影

一、虾夷共和国

箱馆战争的主要引发者榎本武扬，算是旧幕府里的新人物。他出生在江户，父亲本是备后国福山藩的武士，入赘到幕臣榎本家，生下武扬，小名叫釜次郎。釜次郎还没有成年，就跟从名师学习儒学和汉学，还进中滨万次郎开办的私塾学过英语。十九岁的时候，他担任箱馆奉行堀利熙的侍从，跟随堀利熙前往桦太岛（即库页岛）探险——这次经历，使他熟悉了日本东北部的地理人情，为日后的箱馆战争埋下了伏笔。

从桦太岛回来以后，榎本武扬又进入幕府开办的长崎海军传习所学习，六年后更被派往荷兰留学，还作为观战武官参加过普奥战争。可以说，无论在西洋的造船技术、航海技术、军事知识，还是国际法方面，榎本武扬都是当时为数不多的日本专家之一。

江户幕府曾经向荷兰订购了一艘大型军舰，起名叫"开阳丸"，1866 年，结束留学的榎本武扬被任命为开阳丸舰长，千里迢迢把这条军舰从欧洲开了回来。留欧多年，这位榎本舰长的做派完全西化，梳着油亮的分头，留着德国式的两撇翘须，西装笔挺，皮靴也擦得一尘不染。他回到日本的时候，正好德川庆喜继承幕府将军之位，大力提拔有才能的中下级武士，立刻便升任武扬为海军副总裁。

戊辰战争中，年轻气盛的榎本武扬是一心求战的，可惜庆喜将军不争气，还得请他指挥开阳丸军舰，把将军从大阪运回江户。回了江户总得好好打一仗了吧，可是海军传习所时候的老师胜海舟又一心主和，把武扬憋得有力没处使，一肚子闷气。

1868 年五月二十四日，新政府最终确定了对德川家的处罚决定，榎本武扬亲自指挥旧幕府舰队把德川庆喜和新任将军的德川家达运送去骏府城。八月上旬他回到江户，老师胜海舟亲自找上门来，要求他赶紧把舰队移交给新政府。

榎本武扬表面上答应得好好的，可心里总是不忿——德川家数百年基业，难道这么说完就完了吗？只封给七十万石的领地，朝廷也未免太过分一点了吧。想来想去，不行，舰队不能交给京都政府，为了给德川家鸣冤，我不如反了吧！

八月十九日，榎本舰队八舰（战舰四艘：开阳、回天、蟠龙、千代田形；运输舰四艘：神速、长鲸、咸临、美加保）约二千人突然离开江户，一路向北航行。按照榎本武扬的意思，是要北上支援奥羽越列藩同盟对抗新政府军的战争，可惜他走晚了一步，才开到仙台藩境内，就听说同盟军兵败如山倒，仙台、米泽等藩陆续归降，连会津若松城也将要不保了。

母成峠之战给打散了的大鸟圭介、土方岁三等将正好也在同时溃退到了仙台藩境内，于是五百多残兵登上了榎本舰队，继续迎着风浪向北航行。榎本武扬非常熟悉东北地区的情况，对众将说："虾夷地处偏远，官军很难到达，不如暂且到那里去容身吧。"

　　航行过程中，突然撞上大风浪，美加保和咸临两舰沉了底儿，剩下六舰冲风破浪，于十月二十日来到了虾夷地东南方的鹫之木。二千余旧幕府军在此登陆，随即便对新政府统治虾夷地的中心城市箱馆展开猛烈进攻。

　　虾夷地这个时候是怎样一种情况呢？江户幕府时代，大和族真正能够控制的，其实只有虾夷地最南端的松前半岛和龟田半岛，西面的松前半岛由松前藩统治，主城在福山，东面的龟田半岛则由幕府直辖，派驻一名箱馆奉行来管理。这一年的闰四月，突然有一名朝廷敕使千里迢迢航行到虾夷地，要求箱馆奉行交出政权，福山藩也必须表示臣服。

　　这位敕使名叫清水谷公考，乃是上级公卿出身，在维新新政府组建之前，官位做到正四位（即正四品）侍从。他向新政府提出建议，应该立刻派员控制虾夷地，以免成为旧幕府残兵的藏身之所，于是新政府就给了他一个"箱馆裁判所总督"的头衔，派他去镇抚虾夷地。

　　闰四月二十六日，清水谷公考进入箱馆东北方的要塞五棱郭，羽檄到处，箱馆奉行杉浦兵库头和松前藩主松前德广无不望风而降。于是朝廷设置箱馆府，任命公考担任首届箱馆府知事（相当于县长）。

　　夺取虾夷地非常顺利，可是接下来情况就不妙了。很快，奥羽越列藩同盟组成，基本断绝了虾夷地和本州的联系，物资运输极为困难，并且原本驻守箱馆的都是仙台、南部、弘前的东北诸侯之兵，他们全撤回本州跟新政府军干仗去了，箱馆府的防卫力量变得异常薄弱。

　　一句话，当榎本舰队到来的时候，清水谷公考是要粮没粮，要兵没兵，等于光杆司令一个。

　　十月二十六日，在榎本武扬、土方岁三等人的指挥下，旧幕府军浩浩荡荡杀向箱馆府最重要的军事要塞五稜郭。这座五稜郭乃是江户幕府防备俄国人南下，于 1857 年开始动工，花费了十八万三千两巨资和整整七年岁月才建成的。要塞的设计者名叫武田成章，他抛弃了传统日本式城堡的构架，纯学西洋技术，力求把五稜郭打造成全日本最坚固的要塞。

为什么叫五稜郭呢？原来这座要塞是由内外两个五角形组成的。内五角形是主体，坚固的城壁，外挖深壕，每个角上都设有炮台，可形成对来犯之敌最集中而猛烈的打击；内五角形的凹陷处另设一角，形成外五角，几乎可以弥补任何一个角度的火力不足。换种说法，按照武田成章的设计，五稜郭要塞内五角、外五角，拼成一个正十角形。

可惜，因为费用问题，外五角事实上只完成了一个角。除此之外，这个要塞还有一大缺陷，那就是距离海岸太近，极易遭受舰炮的轰击。武田成章开始设计的时候，因为舰炮距离有限，全世界恐怕没有一艘军舰可以从海上打到五稜郭要塞，可是等要塞正式动工的时候，情况起了变化，从欧美得到消息，舰炮射程已经大大强化，五稜郭变得不大安全了。于是成章请求更改修建要塞的场所，但却被当时的箱馆奉行以"离海太远，日常生活不便"为理由，一口回绝了。

五稜郭具体在什么地方呢？原来龟田半岛西侧向北凹入，却有一小块陆地突出在外，形成一座小小的箱馆山，箱馆城就建在山上——现在叫函馆山和函馆市。箱馆山和内陆相连的狭窄通道叫一本木关门，设有栅栏和关卡，名叫龟田川的河流在一本木关门附近注入大海。从一本木关门向东北方向行进三公里多，在龟田川东岸，就是日本第一的要塞五稜郭了。

五稜郭要塞虽然异常坚固，易守难攻，但要防守住它也得有个最简单的前提——你得有兵呀。清水谷公考这时候手下基本就没有兵，结果榎本武扬、土方岁三等人气势汹汹杀到五稜郭，竟然一枪都不用放就直接取得了胜利。听闻五稜郭陷落的消息，清水谷公考知事被迫放弃箱馆，坐船逃回本州去了，于是旧幕府军又兵不血刃拿下了箱馆。

十一月初，旧幕府军水陆并进，轻松地攻克了福山城，把整个南方虾夷地尽数纳入掌中。然后指挥官们开始坐下来研究下一步的行动计划——很明显，虽然占据了虾夷地，但咱们还没有实力杀回本州去，得先在这里好好积聚一段时间，既然如此，可得想个名号才行。名不正则言不顺，幕府已降，要想和新政府对抗，就不能再打德川家的旗号，得换个花样。

榎本武扬微微一笑："德川家的旗号既然不能打，咱就来缔造一个共和国，如何？"明治元年十二月十五日，按照西历来算，已经是1869年的1月份了，日本历史上前无古人并且后无来者，在咱们可预见的将来也绝对不会再出现的"共和国"诞生了。

这个定名叫做"虾夷共和国"的政权，最高领袖为"总裁"，表面上是由选举产生，但可笑的是，只有逃亡到虾夷地的旧幕府士官和官员才有选举权，广大普通士兵加虾夷本地居民是根本挤不进去的。据说总共搜集到八百五十六票，其中过百票的共有三人，即旧幕府海军副总裁榎本武扬、陆军奉行并松平太郎和大目付永井尚志。

最终确定由榎本武扬出任虾夷共和国总裁，松平太郎就任副总裁，永井尚志出任箱馆奉行（相当于首都市长），此外担任要职的还有：陆军奉行大鸟圭介、陆军奉行并土方岁三、海军奉行荒井郁之介、松前奉行人见胜太郎、开拓奉行泽太郎左卫门、会计奉行榎本道章和川村录四郎，等等。

共和国国旗确定为篮底黄色的菊花纹，菊花上还添加红色七芒星（七芒星这种图案倒实在少见得很）。

　　为什么要装模作样耍共和国这招呢？一来作为日本人，无法否认天皇才是日本最高的领导者，榎本武扬当然不敢自称天皇，建立帝国；二来作为旧幕府的臣子，他也不可能自称开幕，出任征夷大将军（况且怎么说将军也不算是一国真正的首脑）；三来，榎本武扬认为创建一个"民主"的共和国，有利于和美、法等西洋各国发展关系。

　　谁都知道维新新政府背后有英国人撑腰，旧幕府背后有法国人撑腰，但自从德川家投降以后，法国就再也无法名正言顺地在日本扶持自己的势力了。虾夷共和国若想击败或起码挡住即将汹涌而来的英式装备的新政府军，多少也得找个靠山才行。于是共和国肇建伊始，榎本武扬立刻把原驻箱馆的各国领事和暂泊虾夷地的各国船长都召了过来，一方面发布建国宣言，希望能够获得欧美各国的一致承认，另一方面也游说各国在即将爆发的虾夷和日本的战争中保持"局外中立"。

　　只要你们承认了咱的共和国，咱和维新新政府之间的战争就不是内战了，而是国与国之间的战争，除非你们明确和维新新政府结盟，否则根据国际法原则，是不能插手这场战争的。咱的共和国才刚创建，不太可能拉到同盟国，咱要求也不高，你们全都保持中立，别瞎掺和就成。

　　不得不说，榎本武扬果然深通国际法，他这一招玩得非常漂亮。

　　武扬的外交政策和手腕，一开始确实产生了不错的效果，法国人和俄国人不用说了，他们本就正郁闷英国所支持的势力控制大半个日本，巴不得再闹出点乱子来呢，而美国人刚从南北战争中腾出手来，也不甘心英国独占日本市场，以这三国带头，列强纷纷表示承认虾夷共和国，并在共和国和日本帝国交战的过程中严守局外中立。最立竿见影的效果就是：旧幕府时代，曾经向美国订购过一艘铁甲炮舰，眼看着就该交货了，美国既然采取中立姿态，就立刻把此舰扣下，不肯转让给新政府。

消息传到东京（这会儿明治天皇已经行幸东京了，东京作为事实上的新首都地位已经基本得到确立），岩仓具视大吃一惊，赶紧跑去找英国公使帕克斯商量。英国佬只想借着明治维新的机会独占对日贸易，压根儿没打算和日本结成军事同盟，所以他们是坚决不可能承认虾夷共和国，不能把一场内战搞成两国交兵的。大家知道一战以前，英国是真正的日不落帝国、全球霸主，他们在外交上一施压，法、俄、美等国纷纷吃不住劲了，被迫撤回局外中立的声明，允许向交战双方出卖武器和物资。

就这样，铁甲炮舰顺利地落到了新政府手中。

榎本武扬带到虾夷地的舰队，包括主力战舰四艘，可以算是当时日本最强大的海军力量，即便新政府拿到了新的铁甲炮舰，也未必是其对手。武扬用这支舰队封锁了虾夷地和本州岛最东北端之间的津轻海峡，新政府想要派兵讨伐，那真是千难万难。

然而海军军力强弱的天平瞬间就产生了倾斜，究其实质，全是榎本武扬个人的失策。原来不久以前，就在土方岁三率领陆军进攻松前藩的时候，海军官兵联名给武扬写了封信，大致内容是：自从登陆以来，陆军异常活跃，海军几无用武之地，倘若不能参加对松前藩的战斗，或起码朝岸上发上一炮的话，恐怕士气将会极度低落，也将有损我舰队的威名。

榎本武扬本就是海军出身，考虑问题总会把舰队放在第一位，再加上海军官兵们的怂恿，他立刻不顾天气恶劣、海上风浪很大，指挥着舰队就朝松前藩城福山进发了。倒是顺利朝岸上开了几炮，但在回航的途中，巨浪掀起旗舰开阳丸，笔直地就朝暗礁上砸了过去——最终开阳丸触礁沉没，榎本舰队遭受了重大的损失。

此消彼长，新政府的海军力量奋起直追，已经足堪与虾夷共和国一战了。

　　日本陆海军之间的争功与不和，乃是二战败北的一个重要因素，其实这苗头在维新之初、榎本武扬时代就露头了。后来长州出身的将领掌握了陆军、萨摩出身的将领掌握了海军，双方的内斗更是愈演愈烈，这个大问题几十年后都没能得到圆满解决。日本军国主义陆海两个拳头朝外乱打的同时，还互相妨碍，互相掣肘，吃败仗也是理所当然之事。

　　拉回来再说新政府方面对虾夷地的军事政策，本打算立刻挥师北上的，却被军事方面的第一把手大村益次郎给拦住了。益次郎的话很简明扼要："不必着急，敌人将日益穷困，锐气将会尽失。"原来虾夷地广人稀，物产虽然丰富却很单一，和本州岛的贸易乃是最大财政来源，可是虾夷共和国和新政府处于敌对状态，贸易活动自然基本上中止了，这导致共和国的财政状况是每况愈下。为了解决财政危机，榎本武扬被迫增加各种税收甚至向妓女

妄图割据自立的榎本武扬

征税、默认赌博业的盛行、提前一年向农民征收年贡，实在穷疯了还用劣质金属来铸造货币。短短几个月的时间就搞得天怒人怨，虾夷地的老百姓暗地里都骂武扬是"榎本蚋（吸血的小蚊虫）"。

虾夷共和国捉襟见肘、日暮途穷，新政府倒是踏踏实实过了一个好年，直到翌年也就是明治二年的三月份，才集结兵马向北挺进。箱馆战争，终于正式打响了。

二、宫古湾奇袭作战

虾夷地的最南端，隔着津轻海峡与本州岛的最东北端遥遥相望——这最东北端，有两个半岛（即津轻半岛和会津移封后所在的下北半岛）突出在外，包夹着陆奥湾，陆奥湾最南端是青森町，后来改名为青森市，成为现在青森县的首府所在地。旧幕府军杀上虾夷地以后，箱馆府知事清水谷公考落荒而走，乘坐洋船逃回了本州，就落脚在青森町里。到了明治二年的三月份，新政府就任命公考为青森军总督，全权负责对虾夷共和国的战事。

当时让皇族或公卿担任军队统帅乃是惯例，但这些家伙大多不怎么会打仗，实权都掌握在西南各雄藩出身的藩士手中。青森军的情况也是如此，有两名参谋名义上是清水谷公考的部下，实际是军队的真正领导者和战争的真正指挥者，那就是长州藩士山田显义和萨摩藩士黑田清隆。

新政府舰队在这两人的指挥下，离开东京，浩浩荡荡向北进发，包括四艘战舰：甲铁、春日、阳春、丁卯，四艘运输舰：丰安、戊辰、晨风、飞龙，载运士兵八千余人。陆军主力是津轻、松前两藩藩兵，长州也出了八百来人，萨摩出了二百来人，其余为冈山、熊本、水户等藩兵马。

情报传到箱馆，榎本武扬召集诸将商议，大家都说，我方旗舰开阳丸既已沉没，实力大损，倘若在战争中丧失了津轻海峡的制海权，那局势便危险了。海军奉行荒井郁之介提出："必须运用奇策，在敌舰队进入津轻海峡之前，便大挫其锐气，战争才有取胜的可能！"武扬问他："有何奇策？"郁之介自信满满地回答说："捕拿甲铁！"

所谓的"甲铁"舰，正是咱们前面所说从美国新买回来的铁甲炮舰。这艘舰的型号叫"斯通沃尔"，意译为"石壁"，是由南北战争中南方政府所建造的，战争结束后，美国海军力量极大缩水（据说烧煤都得各舰舰长自己掏腰包），新舰也好，旧舰也罢，大多折价卖了，此舰也是其中之一。日本人拿到石壁后，嫌这名字既不好听，又不符实，于是改名为"甲铁"。

甲铁舰乃是新政府海军的王牌，若能摧毁或者夺得此舰，无疑将对青森军造成重创，虾夷共和国的海军力将再次占据压倒性优势。只要海军足够强，别说八千青森军，八万都靠不了岸，上不了陆，那共和国还不是稳如泰山吗？

因此荒井郁之介在法国教习的指导下，就提出了捕拿甲铁舰的"奇策"。他建议共和国舰队抢先出发，别等新政府军到达青森，就先在半道展开奇袭，务求通过肉搏战夺取甲铁。此次行动的总指挥，就由荒井郁之介亲自担任，行动地点确定为陆奥国东海岸的宫古湾。

三月二十一日，回天、蟠龙、第二回天（原名高雄丸，是旧幕府军在箱馆捕获的）三舰离开箱馆，开始了这次"宫古湾奇袭作战"。

事实证明，越周密的计划，越容易出岔子，所谓"人算不如天算"。宫古湾奇袭作战一开始就很不顺，航至半路突然撞上了暴风雨，把舰队给彻底打散了。蟠龙丸兜个大圈子，被迫回归箱馆，第二回天则机关受损，被迫比预定计划晚了将近一个小时才赶到宫古湾。

　　最终执行计划的只剩下了旗舰回天丸。且说三月二十五日凌晨，这时候青森军舰队正泊靠在宫古湾里，突然看到海面上风帆飘扬，一艘打着美国旗的军舰直朝自己驶来——这就是回天丸了，日本佬在海战中惯玩这种卑劣伎俩，后来于丰岛海战中偷袭清朝运输舰队，也是先挂上英国旗来麻痹我方（那回更卑鄙，等于是不宣而战）。

　　青森军舰队一开始不以为意，谁料想那艘军舰冲到面前，突然改挂起了"日之丸"旗——日之丸是江户幕府所规定的"日本总船印"，后来演化为日本国旗"日章"。随即回天丸直直地朝甲铁舷侧撞来，巨响声中，两船相接，共和国海军官兵纷纷冲向侧舷，想要跃过去靠白刃战来夺取敌舰。

　　有啥不对呢？咱们先得在这儿描述一下，甲铁究竟是一艘怎样的军舰。首先，与当时流行的舰船相同，甲铁是风帆和蒸汽双重动力的；其次，与当时绝大多数舰船的木壳不同，甲铁在木壳外还包裹着一层超过 100 毫米厚的铁甲（甲板部分无）。这艘舰总长 58.97 米，吨位 1358，航速 10.5 节，续航能力为 1200 海里，装配有六门大炮。

　　甲铁还有一个最大的特色，那就是传统舰船舰首是朝上倾斜的，甲铁则向下倾斜，水线下冲角长达 3.5 米。这种奇特的舰首形状，大概是为了增大冲角正面撞击的威力吧，也是基于相同的理由，甲铁的甲板要比同吨位舰船低很多。

　　所以两舰相撞，共和国军跑到船舷旁一看，敌舰的甲板竟然在三米以下！可是事到如今，再退缩也不可能了，舰长甲贺源吾一声令下，士兵们纷纷纵下这三米的距离。再厉害的家伙，从三米高处跳下来都会立足不稳，且得晃悠一阵子呢（先别说摔伤的），这就给了甲铁舰上官兵非常宝贵的反应时间。于是乎，在回旋式机关铳的扫射下，共和国兵成了活靶子，当场就给打死了好几个，剩下的再也不敢胡蹦乱跳了。

甲贺源吾被迫下令回天丸全速后退，尽快脱离与敌军的接触。刹那间，反应过来的青森军舰队全炮猛轰，回天丸沐浴在弹雨下，短短三十分钟时间里就战死了十多名官兵——也包括舰长甲贺源吾。海军奉行荒井郁之介亲自掌舵，好不容易才逃出了生天。

回天丸是逃走了，晚来一步的第二回天却变成了清森军舰队的猎物，被甲铁和春日丸两舰追得上天无路，入地无门，最后触礁搁浅，官兵们被迫烧船登岸而逃，都做了附近盛冈藩的俘虏。

本想夺取甲铁，不但没能成功，还把第二回天扔在了战场上，这次奇袭计划，可以说是彻底的失败。从此以后，虾夷共和国丧失了制海权，青森军得以放心大胆地在虾夷地登陆，从海陆两个方向向共和国军展开迅猛进攻。

四月九日，青森军顺利通过津轻海峡，在乙部登陆。

咱们前面说过，虾夷地最南端由东面的松前半岛和西面的龟田半岛组成，当初旧幕府军是在龟田半岛一侧登陆的，这回青森军则选择了松前半岛。所以在乙部登陆以后，首先攻打福山城，然后在一个月后，多路并进，逼近箱馆。

五月十一日，甲铁舰开始对箱馆城内各要害目标展开猛烈轰击。因为火力足，打得也准，很快就把这些地方夷为了平地。

为什么能打得这么准呢？原来当日清水谷公考逃离箱馆的时候，还暗中布下了一枚棋子。这枚棋子名叫村山次郎，公考给了他一百五十两活动经费，要他等待时机，配合官军夺回箱馆。村山次郎就靠着这笔钱暗中串联，很快召集了包括武士、神官、医生、平民、商人在内的一百二十多人，组成"游军队"，当青森军杀到以后，这伙人帮忙搜集情报同时大搞破坏，给共和国军造成了沉重打击。

　　终究，虾夷地的老百姓大多反感这个不靠谱外加横征暴敛的共和国政权，民心归向于新政府一边。

　　于是，在内外配合下，箱馆城很快就陷落了。共和国海军在箱馆城外打了最后一仗，轰沉了新政府方军舰朝阳丸，算是多少挽回一点劣势。然而回天舰虽强，也终究无力回天，最终回天、蟠龙、千代田形三舰全都落入了青森军手中，曾经算是全日本最强大的榎本舰队，至此彻底覆灭。

箱馆湾海战中的春日丸和甲铁舰

　　箱馆城大部陷落以后，共和国军退守五稜郭，以及在五稜郭北方临时修建的要塞四稜郭，继续负隅顽抗。陆军奉行并土方岁三亲自出马，率领精锐之兵经过一本木关门，打算去增援箱馆城中最后的阵地——弁天岬台场。从土方岁三当时所拍摄的照片来看，这家伙早就已经不是背着箱子卖药散的小商贩，也不是京都大街上挥舞刀剑的新撰组副长了，他梳着大背头，身穿洋式军装，胸前佩戴怀表，一副共和国高级官员的新派头。

从京都到江户，从甲府到上野，再从会津直到箱馆，短短一年的时间，这位"鬼副长"便亲身经历了戊辰战争几乎所有大仗，连番恶战，终于杀到了毫无退路的这一步。他知道自己气数已尽，于是剪下一缕头发，和上述那张照片一起用白布包好，交给亲信市村铁之助，吩咐道："我的义兄佐藤彦五郎就住在江户日野宿，你不要再跟着我了，逃出去把这些东西交给他，以作永久的留念吧。"

市村铁之助含泪而去，土方岁三则跨上战马，挥舞武士刀，领兵直朝一本木关门冲去。他麾下兵马包括彰义队、额兵队、见国队、杜陵队、传习队，以及原新撰组成员——全是残余——总共五百来人。青森军近二千人列队阻截，枪炮齐发。战至黄昏，突然一颗子弹从斜刺里飞来，洞穿了岁三的腰部，他呻吟一声落下马来，很快就咽了气。

弁天岬台场、一本木关门，还有四稜郭，都是十一日同一天内陆续被攻克的，随即青森军各路合围五稜郭，把虾夷共和国的官员和残部团团围住，就连飞鸟都难以逃出生天。榎本武扬知道最后的日期临近了，慨叹之下，派人出城把一套荷兰文的《万国海律全书》送给青森军参谋黑田清隆。

这套《万国海律全书》乃是榎本武扬留学荷兰的时候，经常放在手边的爱书，他生怕五稜郭破，玉石俱焚，这套书也难逃被烧毁的下场，实在可惜，于是就送出城去，交到了黑田清隆手上。

这位黑田清隆在萨摩算是个举足轻重的人物，当初萨长同盟，萨摩方最早的联络人就是他。在接到榎本武扬送来的书籍以后，清隆不禁陷入了深深的思索——早便听闻这个榎本精通洋务，尤其对于海洋法有独到的见解，乃是日本不可多得的人才，为了对德川家的无聊忠诚而死在这里，实在太过可惜了……

大势已定，共和国军再如何顽强抵抗，也难逃败亡的命运，五稜郭的陷落只是时间问题而已，既然如此，黑田清隆就突然产生了劝降榎本等人的念头，留下他们一条性命，可以并肩开创日本的未来，岂不是好？然而两军交锋之际，五稜郭大门关得死死的，得找个合适的人去穿针引线，才能开始劝降谈判呀，找谁为好呢？

黑田清隆正在发愁找不到合适人选呢，突然部下前来禀报一件特别之事，一下子打开了清隆的思路，他高兴地拍拍大腿："好，就是此人！"

话得往前几个小时来说。且说青森军攻入箱馆城，到处搜杀共和国残兵，找着找着，一群萨摩兵气势汹汹地闯进了箱馆医院。进了医院一看，好嘛，敌方伤兵几乎全躲在这儿呢，萨摩兵这个高兴呀，掏出绳子来就要绑人。正当此时，突然一名穿着西洋白大褂的医生越众而出，双臂张开，挡在了伤兵身前，并且大喝一声："他们都是我的病人，已非战斗人员了，你等岂可胡作妄为？！"

就这么一声大喝，救下了很多伤兵的性命，也使得黑田清隆注意到了这个名叫高松凌云的外科医生。高松凌云本是幕府御医，曾赴巴黎留学，在跟随旧幕府军逃到虾夷地以后，他知道战争即将爆发，就专门在箱馆医院里设置了野战病房，以收容双方伤病员。黑田清隆听说这位高松大夫和榎本武扬交情不错，就委托他先去跟武扬接触，以《万国海律全书》的回礼为名，往五稜郭里送去了五瓶好酒。

共和国官员们接到这五瓶酒，全都瞠目结舌，不明白新政府军究竟是什么意思。有人就喊："这酒一定有毒，是逼迫我等自杀呀！"额兵队军官星恂太郎是个火爆脾气，当场打开一瓶，连喝了好几口："毒酒就毒酒，难道老子还怕死不成？"可是美酒下肚，只感觉浑身暖洋洋的，根本没有任何不适反应。

共和国方面就此接受了新政府军的诚意，于是五月十七日，榆本武扬、大鸟圭介等人出城与黑田清隆展开会谈，商定了投降事宜。十八日，五稜郭无条件地打开城门，箱馆战争，以及延续整整一年半的整个戊辰战争就此拉下了帷幕。

战争结束后，榆本武扬、大鸟圭介等人都被押回东京接受审判，随即被下了大牢。黑田清隆一直为了特赦榆本等人而奔走努力，甚至不惜剃发以明志，到了明治五年（1872）的 1 月份，他终于如愿以偿，榆本等人陆续出狱，并很快就被新政府录用。此时黑田清隆正担任着"北海道开拓使"一职，主动要求把榆本武扬调到身边担任开拓副使。武扬最终做到海军卿、文部大臣、外务大臣、农商务大臣等高官，在基本由萨、长藩阀掌控的明治时期历届内阁中，他是例外中的例外。

为什么呢？榆本武扬的卓异才能固然是一个方面，还有个更重要的原因：黑田清隆在大久保利通去世后，成为萨摩藩阀的领军人物，并出任日本第二届内阁总理，有这位当年靠一套《万国海律全书》结下善缘的大老做靠山，武扬还能不飞黄腾达吗？至于大鸟圭介，后来也历任元老院议官、枢密顾问官等要职。

三、西化改革

戊辰战争打倒了封建主义的总代表江户幕府，但并不是说封建基础一日之间就在全日本被掀翻了，说倒了，打赢仗的是千余年来封建社会名义上的领袖京都朝廷，是封建诸侯西南雄藩们，是农民辛苦种地供养着的武士老爷们，还有封建气味比资本主义气味更浓厚的京、阪等地的豪商。广大农民仍在可预见的相当长一段时间内被踩在社会最底层，真正意义上的日本民族资产阶级和工人阶级也在可预见的相当长一段时间内组织不起来，戊辰战争实际上是开明封建主义对顽固保守派的一场内战，它为日本的近代化扫清了部分障碍，辟出来一条道路，但这条道路还没能迈出几步来呢。

话再说回来，因为封建残余根深蒂固，这条道儿打一开始就是歪的，日本迈向现代军国主义，这根子从维新初期就已经种下了。大道一开始走着还像那么回事儿，可是越走越歪，越走越黑，最后走到了悬崖边，还得等美国佬去扯他一把——但因为是纯外力的作用，缺乏内部真正的反省、反思和开辟新方向，日本到今天仍然保留着相当多的封建残余，日本的道儿还未见得就走对了。

后话不提，拉回来说戊辰战争是走出了维新的第一步，那么接下来的明治政府又搞了些什么花样呢？综合起来有三点：一、从表面上清算封建主义；二、从表面上全盘西化；三、增强军备，为对外侵略做好准备。

首先说清算封建主义。第一部分是改革朝廷结构，逐步地把旧藩主和除三条实美、岩仓具视等少数公卿以外的贵族们都从政府里清除出去，大权彻底被以萨、长、土、肥为首的各藩藩士所霸占。日本直到明治十八年也就是1885年才真正确定内阁制，在此之前政府架构进行过多次变革，都属于试验性质，掌权的主要有如下人等：

长州：木户孝允（桂小五郎）、大村益次郎、伊藤博文（伊藤俊辅）、井上馨、山县有朋（山县狂介）等；萨摩：大久保利通、西乡隆盛、寺岛忠则、黑田清隆等；土佐：坂垣退助等；肥前：大木乔任、大隈重信、江藤新平、副岛种臣等。

罗马不是一天盖起来的，维新的道路也不是一战或一天就铺平的，任何变革和革命都会有反复，明治维新也难逃这般历史的宿命。上述人等思想倾向都有所差异，内部也是矛盾重重，待一块儿没两年就开始拉帮结派地互殴——此乃后话，暂且不提。

　　清算封建主义，第二部分是铲除旧的封建割据势力。大家知道，朝廷原本没有几亩地，全日本的田地山川，有四分之一都捏在江户幕府手中，剩下四分之三在各路诸侯手里，经过戊辰战争，幕府和佐幕各藩都被改封，大片领土落到了新政府手上，新政府终于有实力对各家诸侯开刀了。当然，本身封建色彩就很浓厚的新政府是不会对诸侯下狠手的，也不愿意再引发新一轮的内战，让诸侯们交出土地，基本上是通过劝说和赎买两种手段来逐步完成的。

　　1869 年 1 月，首先在大久保利通、木户孝允、板垣退助和大隈重信的分别劝说下，萨、长、土、肥四藩头领向朝廷"奉还版籍"，也就是说，把名下土地的所有权归还给朝廷，自己只保留暂时的管理权。经过一年多的内战，诸侯们大多濒临破产，再加上农民暴动此起彼伏，很多藩都已经撑不下去了，这一看四雄藩做出表率，于是顺水推舟，纷纷效法。当年 6 月，新政府废除诸侯分封制，把各藩藩主和直辖领地的地方长官同等对待，改名为"藩知事"。

　　从这一年下半年开始，在岩仓具视、大久保利通等人的策划下，陆续有藩知事上书政府，请求干脆"废藩"算了。到了 1871 年 7 月，政府最终用赎买的方式、承担各藩外债的承诺，废除了所有的藩，全国统一设定都、道、府、县的行政区划——东京都，北海道，大阪、京都两府和四十三个县。这一举措，学名叫"废藩制县"。

　　攘夷论已成昨日黄花，在政府的宣传煽动下，全日本很快就掀起了一股开国论的疾风暴雨，老百姓们逐渐相信西洋的花样什么都是好的，穿洋装、读洋书、坐马车，一时间蔚然成风。仅以饮食习惯来说，中世纪的日本人是很少吃肉的，到了这个时候也不知道谁鼓动起来的歪论，说日本人身矮力小，就是因为不吃肉之故，想要追赶欧美列强，先得从吃肉开始，并且得学着洋人吃牛肉。咱们看现在的日本料理，除了鱼生外，牛肉也是一大主料，什么生牛肉片、牛肉锅子、牛肉饭等等，种类非常丰富，那全是从明治以后才陆续开发出来的新花样。

就政府来说，也学人家西洋搞三权分立。维新之初，中央设置太政官，下设议政官（立法）、行政官（行政）和刑法官（司法）。可是封建的根子还没铲除，光表面上是维持不了多久的，很快行政就凌驾于立法、司法之上，产生了大久保独裁政府，再后来军部直属于天皇领导，不鸟政府，甚至插手政府事务，终于酿成了军国主义的苦果。

西洋讲究人人平等，实际上是不是真的平等，只要研究一下美国南北战争为啥而打，以及马丁·路德·金为啥而奋斗，就可以明戏了。西洋尚且做不到真正的平等，有样学样又学不像的日本就更不用提。江户幕府时代，实际上日本存在着六个主要阶层，即超然物外的公卿贵族、掌握实权的武士、受压榨最狠的农民、城市手工业者、商人（前述四种统称士农工商），最后是世代从事屠宰、清粪、整尸等所谓"贱业"的贱民。归一下类，公卿贵族和武士是统治阶级，农工商被统治，贱民最下等，按规矩这三个等级间是不能通婚，不能互转的（破产武士变农工商，豪商有钱买武士身分，那都是见不得光的地下买卖）。

明治维新宣扬四民平等，政府下令，允许老百姓使用姓氏（那可是贵族和武士的专利，手工业者和商人也有学着样把商号当姓的，农民绝对没有），并且解放贱民。可是在这一基础上，却又确定了新的等级制度，把天皇一家称为"皇族"，公卿贵族和各藩藩主都定为"华族"，旧武士定为"士族"，以与老百姓相区分。虽然并不禁止各等级间通婚，但不能不说从这个过渡期临时政策就能看出所谓四民平等不过是句门面话而已，社会经济结构和基础不改变，就不可能实现真正的人人平等。

其余殖产兴业、文明开化、地税改革、制定宪法等等措施，过于专业也过于枯燥，咱就不多说了。

最后，咱们再说说明治政府增强军备，为对外侵略做准备这一方面吧。其实从吉田松阴开始，维新志士们就大多抱持着对外侵略的野心。松阴在世时曾经说过："我与美、俄的媾和既成定局，不可由我方决然背约，以失信于夷狄。必须严订章程敦厚信义，在此期间养蓄国力，割据易取的朝鲜和中国东北的土地作为补偿。"吉田松阴是维新倒幕的思想导师，他都这么宣称，他的徒子徒孙们就更不必说了。

资本主义的原始积累是非常野蛮残酷的，对内压榨，对外掠夺，日本人对此学了个十足十，并且因为欧美列强瓜分世界已经瓜分得差不多了，所以后起的日本就下手更快，下手更辣。明治政府才刚成立，木户孝允就提出为了抵御沙俄南下，必须出兵朝鲜——是为"征韩论"。

据说木户孝允只是说说而已，并没有真打算在国内还没搞好的情况下就贸然对外用兵，西乡隆盛、江藤新平等人却不一样，力主出兵。于是稳健派和征韩派就开始大打出手，直接酿成了明治十年的"西南战争"。然而，事情其实并没有那么简单……

德川家康和江户幕府
年表

天文十一年（1543）：德川家康出生于日本三河国的冈崎城。

永禄三年（1560）：德川家康趁着今川义元战死桶狭间之际，正式宣布独立。

元龟三年（1572）：德川家康于三方原会战中落败，当即便让画师记录下自己狼狈不堪的模样。

天正十年（1582）：本能寺之变爆发，德川家康通过战乱中的伊贺国逃回自己的领地。

天正十四年（1586）：德川家康前往大阪城，向丰臣秀吉表示臣服。

庆长三年（1598）：丰臣秀吉病故，德川家康以"五大老"的身分把持丰臣政权。

庆长五年（1600）：德川家康在决心性的"关原会战"中获胜，从而全面掌控日本列岛。

庆长八年（1603）：德川家康就任"征夷大将军"，由此开启了"江户幕府"的时代。

庆长二十年（1615）："江户幕府"所组织的联军，攻克大阪，丰臣家由此灭亡。

元和二年（1616）：德川家康因病去世，享年 75 岁。

元和八年（1622）：江户幕府在长崎以火刑处决了 55 名不愿意放弃信仰天主教的教徒，史称"元和大殉教"。

元和九年（1623）：江户幕府第二代将军德川秀忠退隐，由其长子德川家光出任"征夷大将军"。

宽永六年（1629）：江户幕府借口所谓"紫衣事件"，流放了泽庵宗彭等高僧，全面强化对宗教的控制。

宽永十四年（1637）：九州岛北部爆发大规模农民起义，江户幕府被迫调集十余万军队前往镇压，史称"岛原之乱"。

宽永十九年（1642）：因火山爆发、气候异常等原因，日本全境普遍出现粮食减产，并引发饥荒，史称"宽永大饥馑"。

正保三年（1646）：明帝国流亡政府领袖郑成功向江户幕府寻求军事援助，为江户幕府方面所拒绝。

庆安四年（1651）：德川家光病逝，享年 48 岁。其年仅 11 岁的长子德川家纲就任将军之位。自诩"兵学家"的由井正雪结党谋乱，为江户幕府所侦破，史称"庆安之变"。

明历三年（1657）：江户城内发生大规模火灾，在短短两天之内将江户的三分之二化为灰烬，史称"明历之大火"。

宽文十一年（1671）：仙台藩内爆发家族内讧，江户幕府介入调查后更引发恶性的械斗事件，史称"伊达骚动"。

延保八年（1680）：江户幕府第四代将军德川家纲暴病身亡，由于膝下无嗣，将军之位由其弟德川纲吉继承。

贞享四年（1687）：德川纲吉陆续颁布"生类怜悯令"，试图建立野生动物和家畜的保护体系。因此被坊间笑称为"犬公方"。

元禄十五年（1702）：原赤穗藩士大石内藏助遂率领同僚 47

人夜袭幕府旗本吉良义央宅邸，史称"赤穗事件"。

宝永六年（1709）：德川纲吉病逝，其侄德川家宣出任江户幕府第六代将军。但德川家宣享寿不长，正德二年（1711）便一命呼鸣，史称"三年将军"。他的继子德川家继年仅四岁便成了江户幕府第七代将军，却亦在正德六年（1716）夭折。由于没有改元，家宣、家继父子执政的这段时间，被合称为"正德之治"。

享保元年（1716）：纪州德川氏藩主德川吉宗入主江户，有鉴于当时日本列岛纷乱的经济态势，德川吉宗开启平抑米价的经济改革，其也因此被民间戏称为"八十八将军"。

宝历元年（1751）：中兴江户幕府的德川吉宗病逝，享年67岁。其长子德川家重正式掌权。但德川家重自幼体弱多病且沉沦酒色，因此被坊间戏称为"尿床将军"。

宝历十一年（1761）：德川家重去世，遗命长子德川家治重用近臣田沼意次，晋升为老中的田沼意次随即推进"重商主义"的经济改革，并着手对北海道地区进行开发。

天明六年（1786）：德川家治病逝于江户，享年49岁。其养子德川家齐继任为江户幕府第十一代将军，田沼意次亦随即失势。新任老中松平定信于次年开启紧缩财政的"宽政改革"。

宽政十二年（1800）：地理学家伊能忠敬对北海道地区进行测绘。

文化二年（1805）：江户幕府拒绝沙俄帝国的通商请求。此后日、俄双方围绕千岛群岛不断发生摩擦，史称"北寇八年"。

文政十一年（1828）：荷兰东印度公司雇员西博尔德私藏伊能忠敬绘制的《大日本沿海舆地全图》被发现，江户幕府开始采取更加严格的"锁国政策"。

天保八年（1837）：大阪地区的兵学家大盐后素聚众叛乱，为江户幕府所镇压。

天保十二年（1841）：德川家齐病逝，其次子德川家庆就任江户幕府第十二任将军。

嘉勇六年（1853）：美国海军准将马休·佩里率舰队抵达东京湾，史称"黑船来航"。当年德川家庆病逝，其弟德川家定继承为江户幕府第十三代将军，并于次年与马休·佩里签署《美日神奈川条约》。

安政五年（1858）：江户幕府与美国公使签署《日美友好通商条约》，面对朝野内外的非议，时任大老的井伊直弼强势压制反对派，史称"安政大狱"。同年德川家定去世，纪州德川氏藩主德川家茂入主江户。

安政七年（1860）：井伊直弼于江户城樱田门外遇刺身亡，史称"樱田门外之变"。

文久二年（1862）：公主和宫亲子下嫁于德川家茂。同年萨摩藩主岛津久光于东海道生麦村附近斩杀了英国商人查理斯·理察逊，史称"生麦事件"。英国海军于次年炮击鹿儿岛展开报复。

元治元年（1864）：长州藩借口其该藩人士于京都酒家"池田屋"为会津藩招募的民间武装"新撰组"诛杀，大举向京都进军，随即与江户幕府军在京都西郊蛤御门展开激战，史称"禁门之变"。

庆应二年（1866）：江户幕府调集10万大军征讨长州藩，却被长州藩士高杉晋作各个击破。同年德川家茂病逝，德川庆喜继任为江户幕府第十五任将军。

庆应三年（1867）：德川庆喜向新任天皇睦仁奉还国家行政权力，史称"大政奉还"。江户幕府法理上至此宣告终结。

明治元年（1868）：长期为江户幕府所压制的长州、萨摩等藩国以天皇为旗号向江户幕府发动进攻。德川家族及其盟军连战连败，最终被迫于次年投降，史称"戊辰战争"。